いま平和とは何か

●平和学の理論と実践

藤原 修＋岡本三夫❖編

グローバル時代の平和学1

法律文化社

〈グローバル時代の平和学〉刊行の辞

日本平和学会は、一九七三年の設立以来、戦争をはじめとする暴力的紛争の解決・予防、核兵器などの軍備の縮小・廃絶、人間社会の安全を脅かす貧困、環境、人権をめぐる諸問題など、広く人類社会の平和に関わる諸問題の解決に向けて、学術研究活動を進めてきた。

本学会の設立三〇周年を記念して、平和学の各基本分野を網羅して日本の平和学の今日における到達点を明らかにする〈グローバル時代の平和学〉全四巻が刊行されることになった。刊行主体は、〈グローバル時代の平和学〉刊行委員会であり、各巻の編集は、同刊行委員会の下に組織された編集委員会が担った。

本シリーズは、単に学会三〇周年の節目の企画という以上に、新しい戦争や暴力の時代の到来とも見える二〇世紀末から二一世紀初頭にかけての世界的な平和の危機に対して、平和の実現をその目標に掲げる平和学は、一体どのようなメッセージを社会的に発信しうるのかという問題意識の下に構想された。

グローバル時代とは、ボーダレスで個人の活動のフロンティアと機会が限りなく広がってゆく、寛容と可能性に満ちた世界であるのか。それとも、戦争とテロ、環境破壊、個人・集団のエゴの渦巻く、身構えながら生きて行かなければならないような世界であるのか。混迷を深める時代環境の下、現代世界の深層を明らかにしつつ、明日への希望を与えてくれるような知的な道標が、いま、切実に求められているように見える。刊行委員・編集委員一同、本シリーズが、平和の問題に対する市民の知的関心に応えうるものであることを願ってやまない。

本シリーズの企画の最初から刊行に至るまでの全プロセスは、法律文化社編集部担当者、小西英央氏の的確なアドバイスとかじ取りによって支えられた。各巻の表紙カバーにおける作品利用に関し、第2巻については、福田繁雄氏、第3巻については、小柏二郎氏と窪島誠一郎氏、第4巻については、世界身体障害芸術家協会関係各位のご好意を得た。記して感謝申し上げる。

刊行委員：ロニー・アレキサンダー（第4巻編集にも参加）、小柏葉子、岡本三夫
（第1巻編集にも参加）、北沢洋子、藤原　修（編集委員長を兼ねる）
村井吉敬（刊行委員長）、最上敏樹（五十音順）
編集委員：第1巻　藤原　修、第2巻　磯村早苗、山田康博、第3巻　内海愛子
山脇啓造、第4巻　高柳彰夫

刊行に寄せて

北沢　洋子

冷戦構造の崩壊によって、それまで米ソ対決の陰に隠されていた諸問題が、一挙に表面化した。平和研究の課題も大きく変化した。

第一に挙げられるのは、冷戦中のようなイデオロギーにもとづくものではなく、宗教、民族の対立に名を借りた地域レベルの武力紛争が激化したことである。九〇年代の一〇年間に武力紛争が勃発した地域は八〇カ国に及び、一億五〇〇〇万人の難民が発生した。国連をはじめ先進国各国は、さまざまな形でこれに介入を試みたが、ほとんどの軍事介入は究極的には成功していない。これに対して、非軍事的解決と紛争予防の道をさぐるNGOなど民間レベルの動きがある。平和研究にたずさわるものは、これまでの科学的な調査、分析という静的な手法にとどまるのではなく、一歩進んで、解決にむけた大胆な提案を社会に問うべきである。

第二に、社会主義の崩壊によって市場経済がグローバル化したことと、ITの発展とあいまって、格差が世界大に広がった。さらにIMF・世銀、WTOなどが推進するネオリベラリズム政策が、途上国をグローバリゼーションの弱肉強食の世界に放り込んだ。途上国には、一日一ドル以下の絶対的貧困層が一三億人もいる。これに対して、一社の年間売り上げが、最貧国（LDCs）四九カ国六億人のGNPを合わせたものより大きいという肥大化した多国籍企業が出現した。

貧困の増大は、さまざまな人権侵害と環境破壊を生み出した。国際社会にとって、貧困の根絶は最優先課題となった。二〇〇〇年九月、国連はミレニアム・サミットを開催し、二〇一五年までに貧困数を半減させることを宣言した。これまで平和研究の課題はどちらかというと国際間の力の政治にそそがれてきたが、今後は貧困の問題に積極的に取り組んでいくべきである。

これらに加えて、平和研究にとっては、多くの新しい課題が生まれた。その中のいくつかを挙げると以下のようになる。

(1)貧困の増大と格差の増大は、テロリズムの温床となる。そして、テロリズムもグローバル化した。二一世紀初頭には、9・11事件が発生した。このテロリズムの根源を問うことをしないで、軍事的に封じ込めることは不可能である。さらに、反テロリズムの名の下に、民主主義や人権の侵害がまかり通っている。

(2)冷戦後、唯一の超大国となった米国は、国連や国際法を無視した軍事力の行使と脅迫行為を世界各地で行っている。また、米国はこれまで国際社会が合意してきたマルチラテラルな解決の枠組みから脱退するというユニラテラリズムをとっている。その背景には石油資本の権益やネオコンサーバティブ派の台頭があると見られる。

(3)平和研究者は、ジェンダーの視点に立たねばならない。九〇年代、国連はグローバルな課題でサミット級のマンモス会議を開き、それぞれ行動計画を採択した。これら行動計画の達成を保障するのは、加盟国政府の政治的意思であるが、同時に世界の女性が果たす役割が決定的である。女性は、戦争の犠牲者であり、貧困の重荷を最も背負っているのだが、一方では、平和構築と持続可能な開発の主体である。

（きたざわ　ようこ・国際問題評論家）

目次

第Ⅱ部　平和理論の新たな地平

第Ⅲ部　平和をつくる人々——思想・運動・教育

序　論　グローバル時代の平和学の意義と課題

——世界暴力構造の解明と克服に向けて

藤原　修

平和学とは何か

平和学は、戦争・暴力のない世界の実現を目指す。平和の危機の時代においてこそ、平和学はその社会的発信力が問われる。本巻を第1巻とする〈グローバル時代の平和学〉シリーズは、そうした課題を果たす一つの重要な試みとして企画された。第1巻は、全巻の導入的、総論的な巻であり、今日の世界的な危機の構造を解明する論文、および平和学の理論と実践に関わる原論的性格の論文を収録する。第2巻は、戦争、安全保障、平和構築に関わる一連の諸問題を扱う。第3巻は、歴史認識および共生社会の形成を扱い、民族と個人の歴史的な対立と悲劇を克服する道を探る。第4巻は、開発、環境、人権、ジェンダーに関する、平和学で「構造的暴力」と呼ばれる一連の諸問題を取り上げる。

平和学は国際的には既に半世紀近い歴史を持っているが、平和学の果たすべき役割、存在意義は、二一世紀を迎えてますます高まっているように見える。以下、平和学の基本的な視座と方法、今日的な意義と課題を説明しつつ本巻の紹介を行う。

平和学の基本視座

平和学の出発点は、二〇世紀前半期の二つの世界戦争の経験に求めることができよう。とりわけ核兵器の出現以降、戦争の防止と平和の確保は、人類的な課題として特別な重要性を帯びることになった。

戦争の予防は、当然ながら戦争の原因となる社会条件の除去を含む。それは、国際関係だけでなく、経済や文化、教育なども平和学の研究領域として取り込んでいくことを意味する。同時に、核兵器の脅威に見られる、文明の発達がその破壊につながるという逆説は、産業の発展においても、世界的な経済格差や貧困の深刻化、環境破壊という形で現れた。したがって、開発や環境なども また、戦争と並ぶ重大な人類的課題として平和学の主要な関心領域となった。

他方、二〇世紀前半期の戦争の経験は、幾多のジェノサイドを含んでおり、戦争の予防は、人権の確保と深い結びつきを持つようになった。戦争に触発された人類的諸課題の自覚は、個々の人間の価値と尊厳を重視する人権思想の普遍化を伴うものであった。平和学は、こうして、人類および個々の人間存在という二つの視座を基本とする(1)。

平和学の基本方法

平和学は、この二つの視座に基づきつつ、具体的な学問的実践として、暴力概念の拡大という方法で独自の発展を遂げていった。本巻第4章の岡本三夫論文が詳しく論じているように、この拡大は、主に、直接的暴力と構造的暴力という概念で定式化された。

戦争や武力紛争などの直接的暴力以外に、貧困や格差、差別、抑圧などの個人・集団の価値剝奪を広く「暴力」概念に含め、「構造的暴力」と呼んだことは、平和学が大きく発展する契機となった。岡本論文が明らかにしているように、それは、戦争がなくても平和とは呼びえない状態があるという、多くの人々の直感的理解に沿うものであり、また何より、さまざまな社会矛盾の克服を平和の名の下で追求していくことを可能にした点において、多くの研究者や実践者に強力なインスピレーションを与えたと言ってよいであろう。

他方で、そうした暴力概念の拡張は、平和学の対象領域がほとんどあらゆる社会問題に広がり、独自のディシプリンとしての平和学のアイデンティティーが曖昧になっていくことにもなった。ところが、二〇世紀末以降のグローバル化に並行して、平和学は、単なる学際的な寄せ集めということではなく、独自のディシプリンとしてさらなる発展を遂げ得るような社会環境に置かれることになった。それは、一言でいえば、現実の世界において、暴力概念の一層の拡大が必要となるような事態が進行したことによる。

グローバル化と平和学

グローバル化そのものが平和学の新たな課題を生み出すようになった状況は、第1章の武者小路公秀論文が明らかにしている。貧困・紛争・地下経済・人身売買・移民・民族差別・治安の悪化というグローバル化時代特有の一連の国際・国内問題は、行動暴力（直接的暴力）と構造（的）暴力との連動として説明し得る。また、武者小路論文は、従来専ら国家間関係について言われていた「安全保障のディレンマ」が、グローバル化に伴い市民社会レベルでも現れることを指摘している（既存社会の安全を確保しようとするとニューカマーらの不安全感を増してしまう）。こうした事態は、まさに内外の社会関係を流動化させるグローバル化の直接的帰結としての暴力現象の拡散と複雑化である。今日のグローバル化の抱えるこのような矛盾の構造は、暴力概念を拡大してきた平和学の方法をもって、はじめて有効に解明し得るといってよいであろう。

テロと戦争の時代

グローバル化の時代はまた、湾岸戦争に始まり、9・11の米同時多発テロ、アフガン戦争からイラク戦争へと、中東紛争が世界的なテロと暴力の拡散につながっていった時代であった。第2章の板垣雄三論文は、9・11に始まるかに見える米国を中心とする対テロ戦争を、より射程の長い歴史的文脈に置き、そこで問われているものは、単に中東という一地域の紛争ではなく、「ユダヤ人問題を背負ったパレスチナ問題」という、二〇世紀において人類が抱え込んだ歴史的課題であることを明らかにしている。

さらに、グローバル化時代の戦争一般の歴史的位相を見極めるために、第3章の油井大三郎論文は、戦争や国家の起源、近代化と民主化、戦争の記憶という論点を中心に、先史時代から二〇世紀に至る世界史の流れを戦争と平和の相関関係という視点から検討し、内集団と外集団との境界を低め、法の支配を実現していくことが世界平和の基本条件であることを指摘する。

政治・社会の新たな諸課題と平和学

グローバル化の進展は、社会内部におけるさまざまな「暴力」の諸相をあぶり出していく過程とも並行している。政治、経済、教育、文化などの各領域がジェンダー化されており、その中に差別や抑圧の構造が存在することは、ジェンダー研究の発展によって明らかにされてきた。平和学においてジェンダーが自覚されるようになったのは、かなり後になってからであるが、第6章の森玲子論文が明らかにするように、ジェンダー研究の方法は、「平和」な社会に埋め込まれた「暴力」を明らかにしてきた平和学の方法と通底している。

一方、暴力の正統な独占者としての国家を前提とする政治学と、非暴力を指向する平和学との新たな出会いを示すのが、第5章の萩原能久論文である。グローバル化時代における最もおぞましい暴力の形態である「民族浄化」＝ジェノサイドは、かつてのように全体主義の言葉ではなく、デモクラシーの言葉で正当化される。萩原論文は、カントやルソーという平和思想の定番ではなく、カール・ポパーというやや意外な思想家を通して、デモクラシーにひそむ暴力を摘出する。

宗教は、暴力を前提とする政治的営みとは対照的に、本来、内在的に平和と深く結びつく。ところが今日においては、宗教の名の下に戦争やテロが正当化されるという倒錯が世界的に一般化している。第7章の鈴木規夫論文は、近現代における宗教現象の特質を、帝国主義の世界史的展開と西洋近代政治哲学の批判的検討によって解明しつつ、今日の宗教現象の倒錯の根元に迫る。

平和学的方法の社会的広まり

このように、二〇世紀末以来、グローバル化、ジェンダー、デモクラシー、宗教など、様々な問題領域で、暴力現象の深刻化と顕在化が進行している。本巻では取り上げていないが、大災害などを通じて社会的に広く知られるようになった心的外傷後ストレス障害（PTSD）も、これまで特に「暴力」とは意識されていなかったようなことが、個人の生に重大な脅威をもたらしていることが認識されるようになった一つの重要な例である。また、犯罪被害者の立場を重視する司法の動きや、戦争や植民地支配などの過去の国家暴力の犠牲への贖いの要求なども、「暴力」の再認識と、正義の回復を求める社会的要請の強まりと見ることができよう。

要するに、平和学が自覚的に行ってきた暴力概念の拡大ということが、人間社会の多くの領域で世界的に進行し、暴力概念の多様化と複雑化が現実のものとなってきたということである。

世界暴力構造の形成

さらに注意すべきは、こうした世界的な暴力の拡散と深化は、ある一つの大きなまとまりないし連関を持っているように見えることである。アフリカなどの紛争地域において近年際立っている暴力現象に、子ども兵士の問題および四肢切断がある。そして今日のテロのやはり際立った特徴として、権力中枢ではなく一般市民への無差別攻撃がある。また日本などの先進社会においても、いたましいばかりの子どもへの虐待、性暴力が絶えない。これら全てに共通するのは、力の弱い者、抵抗力の劣る者に対する、極端なまでの暴力の集中である。(2) 武力紛争の絶えない最貧の破綻国家と、世界で最も豊かで平和な日本社会とは、およそ共通するものはないように見える。ところが、弱者への極端な暴力の集中という点において、破綻国家と最富裕社会との間に、奇妙な共振が見られるのである。また、メアリー・カルドーが指摘するように、今日の地域紛争においては武装勢力間の戦闘行為はむしろまれであり、武力は丸腰の市民に向けられている[3]。さらに言えば、第8章の藤原修論文が指摘しているように、米国をはじめとする西側先進国の軍隊は、近年、自国はあまり犠牲を出すことなく、しかし、相手国家の戦闘員や市民に大量の犠牲を強いる新しいタイプの戦争に従事している。これは、二〇世紀前半期までの戦争に見られたような、ほぼ対等の軍隊同士が互いに大きな犠牲を出しつつ戦闘を行うという、古典的な戦争とは非常に異なる、極端なまでに不均衡な者同士の「戦争」である。

　即ち、ハイテク精密誘導兵器を駆使する先進大国の軍隊による戦闘行為から、交通機関や繁華街を狙ったテロ、親に餓死させられる豊かな国の子どもに至るまで、「強者」の側の、抵抗や反撃の機会を奪われている「弱者」の側に対する、非対称で極端に不均衡な力関係の中での暴力行使の連鎖が、先進国、途上国、破綻国家を問わず、世界的に延々と見られるのである。一九七〇年代から八〇年代にかけて、平和学では世界軍事秩序論が提起された[4]。これは、やはり、超大国を頂点とする軍事的な連鎖構造を指摘したものであるが、依然として、暴力の正統な独占者としての国家によって暴力が強固に制御されている国際社会の枠組みの中での軍事秩序であった。ところが、今日の世界に現出しているのは、単純なピラミッド構造ではない、複雑な入れ子構造をもつ、そして現実に継続的に行使される暴力の連鎖体系（いわば無秩序の「秩序」）である。

暴力の歴史性

この暴力の連鎖構造は、世界的・空間的なものであると同時に、時系列的・歴史的なものでもある。二〇世紀末の暴力の拡散は、一般的に、二重の意味で歴史性を持つ。一つは、冷戦時代あるいはそれ以前に生み出された紛争、戦略や兵器が冷戦後になって様々な形で暴力の拡散をもたらしている。もう一つは、上述のように、過去の不正義の犠牲者たちが、沈黙し、沈黙させられてきた状態からカムアウトして、暴力の事後において継続している「暴力」状態をただすこと、即ち「歴史の清算」を求める声が強まった。

この暴力の持つ歴史的性格を、英国の社会学者マーチン・ショーは、次のように説明する。暴力行為は、一度解き放たれれば内在的な論理において限界がない。これは、暴力は実行過程においてエスカレートし、何らかの外部のチェックが働かなければ停止しない、というだけではなく、暴力は、それに伴う不正義を贖って倫理的な矯正を施さない限り、表面的な暴力の停止にもかかわらず、実質的に継続されるということである(5)。つまり、暴力は単なる一回性の行為ではなく、長期にわたるプロセスであり、その発生、停止、不正義の認定、正義の回復、そして、実際上終わることのない被害者への贖いという展開を含むものである。この暴力現象の持つ歴史性は、暴力が、物理的な破壊現象であると同時に、(反)倫理的行為であるという性格に由来する。

このように、二一世紀の平和学は、これまでの暴力概念の拡大という方法をさらに一層発展させ、様々な社会領域における「暴力」の存在を、より精緻に、より徹底して明らかにしていくことが求められている。先進国、途上国、破綻国家を通じて存在している暴力の世界的・歴史的構造を追究し、その克服の道筋を明らかにしていくことが、平和学の新たな課題となろう。

平和の担い手

当然ながら、その最後の決め手となるのは、個々人の、一人ひとりの人権を守ろうとする意識と人類社会全体に対する責任意識である。第8章の藤原論文は、戦争と平和をめぐる思想の諸類型を解明する。この類型論は、単なるアカデミック・エクセサイズではない。自らが選び取る「平和主義」が実践的にどのような意味内容のものであるのかを正確に認識することは、自身の政治選択の責任を明確にすることである。

平和運動は、そうした個人の責任意識よりも、緩やかな連帯感の維持に重きを置いてきた。第9章の鈴木達治郎論文は、科学者平和誓約運動という、個人の良心の重みを突き詰めて自覚することを重視する新しいタイプの運動を論じる。この運動は、平和に関して特に重大な関与を余儀なくされる科学者のものであるが、しかし、「全ての科学者が自由に、また良心に基づいて活動できるような社会」を築くには、一般市民の関心と責任意識が不可欠である。

「戦争は人の心の中で生まれるものであるから、人の心の中に平和のとりでを築かなければならない」（ユネスコ憲章）のであり、平和をつくる人を生み出す教育は大事である。第10章の村上登司文論文は、平和教育の歴史と現状、課題を明らかにする。

注

（1） これは、人類と個人の中間にある国家や民族を無視するということではない。近代社会において自明視ないし絶対視されてきた国家や民族という枠組みが、二〇世紀後半期の世界的条件の中で、人類や個人に対し相対化されるようになったということである。

（2） 二〇世紀における戦争やジェノサイドの特徴としての個体への暴力の集中という現象については、Shaw, Martin, *War and Genocide : Organized Killing in Modern Society*, Polity, 2003, pp. 134-139, を参照。

（3） Kaldor, Mary. *New and Old Wars : Organized Violence in a Global Era*, Polity Press, 1999, pp. 50-51.（邦訳：メアリー・カルドー（山本武彦・渡辺正樹訳）『新戦争論――グローバル時代の組織的暴力』岩波書店、二〇〇三年）。

（4） 例えば、Kaldor, Mary and Eide, Asbjørn eds., *The World Military Order : The Impact of Military Technology on the Third World*, Macmillan, 1979, esp. pp. 232-256. 邦語文献では、坂本義和『軍縮の政治学』（岩波新書、一九八二年）七〜四〇頁、など。

（5） Shaw, *War and Genocide*, pp. 183-184.

第I部 世界平和の行方

いま平和とは何か
平和学の理論と実践

第1章　グローバル化時代における平和学の展望

武者小路公秀

1　グローバル化時代の平和学としての人間安全保障論

本章では、平和学が、これまで伝統的に開拓してきた「暴力」のない世界をめざしての研究が、今日のグローバル化した時代の人間の不安全に対応するのに、どのような貢献をしているのかについて考えたい。そして、今日、日本でも注目されはじめている「人間安全保障」論が、平和学をグローバル化時代に生かすものであることを例証することにする。

今日、グローバル化時代といわれているが、それはただ地球が狭くなったというだけではなく、具体的には国際経済を市場の自由競争にまかせるべきであるというネオリベラリズムに基づくグローバル経済と、国際政治を単独のグローバル超大国である米国の指導下におくべきだとするネオコンサヴァティズムの強い影響を受けているグローバル化が進行し、そこにいろいろな人間の不安全が生まれ、これが平和学の出番をまっているということができる。このような新しい状況のもとで、平和学でなければ研究できない新しい研究対象が山積しているのである。

平和学は、政治学・経済学・社会学・心理学などの社会科学の境界線を越えて、「平和」を「暴力」のない世界と定義した上で、新しい学際的な社会科学として一九五〇年代に誕生した。そしてこの新しい学問領域は、まず冷戦時代に核戦争の脅威に対応して「行動暴力」つまり実際に核暴力・軍事暴力が使われる戦争について研究を始めた。つづいて、一九六〇年代に「開発問題」として国連で注目をひいた南北の貧富格差の問題を、北から南への大型経済援助・技術援助で対応するとしたネオケインズ主義的なアプローチに触発されて、南北関係の「構造暴力」の問題を取り上げるようになった。「行動暴力」とともに「構造暴力」という概念を打ち出して、南北貧富格差問題を平和学の研究対象に加えたのである。この格差はただ資源の配分の問題ではなく、不平等な交易条件をもとにした経済構造そのものの不公正さという、政治経済構造に起因すると考えたのである。今日のグローバル化時代には、この「行動暴力」も「構造暴力」も決してなくなったわけではない。むしろ、これに「文化暴力」も加わり、その発現形態も複雑になって、これに関連する新しい問題も生じてきている。こうして平和学は、伝統的な成果をふまえながら新しい問題に対応しようとしている。

平和を暴力の排除によって定義したのは、平和学の先達、ヨハン・ガルトゥングであった。彼が「行動暴力」と「構造暴力」との定義をしたおかげで、この両分野での平和学の諸研究が盛んにおこなわれて今日に至っている。彼は一九八〇年代にはいってから、「文化暴力」という第三の概念を追加した。こうして、平和学は今日この三つの「暴力」を研究する学際的な学問になっている。そこで、これらの三種類の暴力がグローバル化時代に入ってどのような変質をとげたかということが、今日の平和学の課題となる[1]。

その際に、暴力問題を具体的に捉えるために、「暴力」に加えてもうひとつの手がかりとして、人間の不安全（human insecurity）という概念を導入したい。これは、二〇〇三年五月に国連「人間安全保障」委員会が公表した「今こそ人間安全保障を」（Human Security Now）報告[2]においてとりあげられている概念である。本章でこれを活用したいと考えるのは、これがグローバル化における人間、とくにもともと不安全な状況におかれている民衆に対する行動暴力、構造暴力、文化暴力の問題を特定して捉える上で、きわめて有効な概念であるからである。人間の不安全（human insecurity）は、特定の人間個人あるいは人間集団が、主観的に認知する不安、これを引き起こす客観的な不安全状況をさすものと定義することができる。そうすることであらゆる形の暴力は、特定の人間個人や人間集団が経験する「人間の不安全」を引き起こすことによって顕在化しているということになる。もちろん、客観的に「暴力」が存在し、人間の安全を脅かしているのに、その対象となる人々以外には認知できない「潜在的」な人間の不安全も視野におさめる必要がある。グローバル化時代の複雑化した生活空間の中で、世論はメディアによって伝えられる以外のことに対しては無関心・無神経になっている。したがって、行動・構造・文化暴力は、世間の常識を超えて、往々にして社会的に無力な受け手の個人または人間集団の側から、「人間の不安全」としてとらえることが必要になる。

グローバル化時代においては、暴力の発現形態が高度に選択的になっているために、こうすることが大変重要になっている。これまで、戦争という行動暴力は、被害者だけでなく誰が見ても行動暴力として認知できた。南北問題に関心があれば、北の人間にも、南の人々が構造暴力の対象になっていることがわかった。しかし、グローバル化時代の到来とともに、問題が複雑化し、北の市民に見えにくくなっている。それは、南の中にもグローバル経済の波にのって裕福になり、あるいは少なくとも小金のたまった中間層が現れ、これと民衆の大多数のますますの困窮化と統計的には相殺する状況があらわれている。そして、北には南から「非合法」に移住してきたり、人身売買で北に連れてこられた人々の貧困なコミュニティが出来てきた。北の大部分の豊かな市民の中に、貧困な「非合法」移民がスラムを作るようになった。こうして、統計的にはわからない貧困が、南にも北にも急増している。平和学では、「暴力」と「不安全」に苦しむ人々が少数であっても、その人々の立場に立って考えるので、統計的に最大多数の幸福だけを考えたのでは見落とされてしまう人々のことを無視することはできない。

ところで、人間安全保障という概念を定義するのには、いろいろな立場があるので、これをもとにした平和学を構築するにあたっては、この概念について慎重に判断を重ねた上でこれを定義する必要がある。そこで、むしろ、「安全保障」を定義するときに、「不安全」(insecurity)をなくすこととするのが、もっともよい。不安全状況におかれている当事者が不安全ないしは不安に感じることを実存的に捉えることで、人間安全保障についてなんらの普遍的定義を施さなくとも、暴力分析の手がかりとすることが可能になるのである。

人間の不安全状況は、明らかにグローバル化にともなって複雑化し、また新しい形をとる暴力が出現していることが観察できる。これらの新しい暴力について考えるとき、平和学は、その隠れた実態とそれをもたらしているさまざまな力について敏感な接近の方法を用いる必要がある。その意味で、とくに隠れた暴力が複雑に錯綜するグローバル化時代の不安全について、平和学には批判主義的ないしは再帰的な方法を用いる新しい傾向が生まれている。つまり、冷戦時代にそうであったように、表層の事実を経験的にとらえる実証主義的な研究を進めるのにとどまらず、今日の平和学は、絶えず自分が使っている分析の枠組みが、いろいろな先入観に囚われ汚染されてはいないかを反省し、見つけ出した現実の意味について、不安全を経験している当事者と観察している自分とのへだたりについての認識を持ちながら研究を進めようとしている。グレン・ページが「非暴力の政治学」について提唱しているように、暴力に裏付けられた権力を前提にする伝統的な国際関係論や政治学の立場には立たないで、そもそも暴力なしに成立しない権力が本当に不可欠な存在なのか、ということから疑ってかかる動きは、ポスト冷戦のグローバル化時代の平和学の中で次第に注目されるようになるに違いない(3)。

この徹底した批判主義は、しかし、冷戦時代とともに否定された社会主義「革命」のような体制変革の夢を追うものではない。グローバル化時代の平和学は、非改良主義的改良を目指す政策論を生み出すものである。改良主義とは、既成秩序を前提にして、あくまでもこれを変更しない程度の改良のみを求めるものである。これは、暴力のない世界を指向する平和学には許されない。改良主義は、今日のネオリベラル・グローバル化の時代には、市場の脱規制を進めるために設定されたグローバル・スタンダードの枠内での改良政策のみを追求する。たとえば、世銀などのマイクロファイナンス強化政策などがその典型である。起業をこころざす女性たちに無担保で融資することは、彼女たちに金融のルールを習得させて、現在のグローバル金融のシステムに適応させることであり、あくまでもこのシステムの変革を求めるものではない。このような改良主義的な政策に対して、グローバル化時代の平和学は、むしろこの時代の行動・構造・文化暴力を再生産している制度や規範を無力にし、変革していく方向で、さまざまな改良を提案していこうとしている。このような非改良主義的改良は、その提案する改良それ自体は革命的なものでなくとも、その方向の改良政策をつみかさねていけば、やがては体制全体が変容せざるをえないところに追い込まれるという意味で、改良主義であることを拒否している(4)。

このように、人間の不安全を中心として、行動・構造・文化暴力を批判主義的に捉えて、これに対する非改良主義的な改良を提唱すること、これが従来の平和学を発展させて、そのこれまでの蓄積の上に構築されつつあるグローバル化時代の平和学の特徴であるということができる。以下、行動・構造・文化暴力それぞれについてのグローバル化時代の平和学の取り組みを、問題の輪郭だけでも明らかにしておきたい。

2　グローバル化時代の行動暴力のもとの人間不安全状況

グローバル化時代は、冷戦の終結と並行して到来した。その結果、単一覇権国となった米国の国家安全保障政策においても、大きな変化が起こった。それは、一方で「ソ連の脅威」がなくなったことによる軍事予算を低下させる圧力に抵抗するために、米国の戦略専門家たちは「新しい脅威」が出現していると主張し、国際犯罪組織やグローバル・テロ組織が、「ならず者」国家とともに新しい「敵」とされるようになった(5)。

これと同時に、この新しい仮想敵に対抗するために、米国は「核」を頂点とし、低強度紛争を基盤とするすべての脅威に対応できるすべての強度の兵器を含む兵器体系を備えることにした。そしてさらに、ブッシュ大統領のもとで、大量破壊兵器を持つ敵対勢力に先制攻撃を加えるという軍事戦略が生み出された。9・11事件をきっかけにして、この体制を発動した反テロ戦争が開始されたのである。その結果、反テロ戦争の戦場ならびに、準戦場、さらには将来の戦場となりうるところに、いろいろな人間不安全状況がつくりだされて、新しい行動暴力がそこで働き始めた。グローバル化時代の平和学は、このような新しい行動暴力の諸問題を取り上げはじめている。こうして、伝統的な平和学の対象が大きく変化して、グローバル時代に対応する新しい平和学が構築されつつある。

たとえば、米国が小規模の戦術核兵器の研究開発に努力して、核兵器を使用可能な兵器にしてしまった。このことの結果、核兵器を中心とする軍拡・軍縮問題が激変し、そのことが平和学の重要な課題となってきている。一九五〇年代から六〇年代にかけて平和学の最重要課題であった米ソ核戦争の回避、ないしはその核軍拡競争について、囚人のジレンマ・モデルを活用するアナトール・ラポポートなどの諸研究は、一九八〇年代になって、ゴルバチョフの英断の根拠となり、その結果ソ連の一方的な核軍縮によって米ソ核軍拡競争に終止符がうたれた。その後、ソ連崩壊とともにロシアと米国の間の核削減交渉がすすんでいるとはいえ、事実上唯一の核超大国となった米国が、戦争に使用するために小型核開発をすすめている。このような状況下では、二人ゲームとしての核戦略も、これを否定する諸理論もすべて意味がなくなっている。そのかわり、平和学は、以前にも増して核全面完全軍縮についての理論を強化しようとしている。

この理論の強化を困難にしているのが、インド・パキスタン両国の核保有である。[6] これに対して、両国を核保有国とは認めないという国連安保理の決定によって、核拡散防止条約レジームが、その前提としていた論理自体がほころびを隠し切れなくなっている。なぜなら、この条約は、世界の諸国を核保有国と非保有国とに分割して、それぞれの義務を規定している。インド・パキスタン両国が核保有国ではないということになれば、核をもたないという「非核保有国」の義務を、核を事実上もっているこの両国が負うことになり、この条約は矛盾を含む実効性のない条約になっているということができる。この区別は、核拡散防止条約が締結された当時の核保有諸国の特殊事情に配慮してなされたものである。冷戦時代に、米ソ両国の核バランスをくずしたら核戦争がおこりかねないという大前提の上に、核保有国の核保有は、軍縮するという条件つきではあるけれども、当分のあいだその核保有を認め、核を保有していない国々にはその保有を禁ずることにしたのである。このような条件のもとでこそ核保有国と非保有国を区別・差別することがやむをえないとされてきたのに、もはやソ連が崩壊して米ソ核バランスを維持することが不必要になった今では、核バランスをくずすから核保有国に核軍縮を迫るべきでないという論理は成立しなくなっている。また、米国の戦略転換で、核が通常兵器と連続した兵器体系の中で扱われるようになってしまった現在、平和学にはすべての兵器の全面完全軍縮の理論的根拠を明らかにする大切な課題が生まれている。地雷の撤廃や小火器の軍縮がバラバラに主張されている現状に対しては、平和学としてこの平和運動の分裂を終わらせるために、総合的に軍縮を捉えた全面完全軍縮計画を提唱する使命を負っている。

さらに、平和学の出番を待っている別の問題状況がある。グローバル化経済の影響が開発途上諸地域における国家の統治能力を殺ぎ、極端な独裁国家（いわゆる「ならず者」国家）や統治能力を喪失した国家（いわゆる「破綻国家」）をつくりだしている。[7] その結果、開発途上諸地域で地域紛争、国内紛争の多発化が生まれている。このことに対して、国連を含む国際社会は正しい対応をしていない。むしろ、開発途上諸地域の国内軍事紛争の出現とこれに対する外部からの平和維持・平和強制という名目での軍事介入を多発化させている。グローバル化時代の平和学は、この問題に関し世間に通用している安易な処方箋のあやまりを指摘する必要がある。この処方箋は、開発途上諸国に起こっている国内紛争を解決するのに、軍事紛争の当事勢力を外部からの軍事力によって抑える平和強制措置をとったうえで、その国を民主化することで紛争の再発を防止するという処方箋である。いうまでもなく、民主化は人民の政治参加という意味では紛争再発防止とは関係がなくともすすめられるべきであろう。

しかし、国連やNATOによって「民主化」と呼ばれているものは、選挙によって、国民を代表する議会政治を制度化することである。そのために、たとえばアフリカの紛争国では、新しい政党をつくることを紛争を停止した当事者に勧めて、エスニック集団が政党の名の下に議会政治の主体になる場合が多い。その結果、国内紛争がエスニック集団や宗教集団間の対立によっておこっている国における選挙は、紛争国内で多数を占める集団が何回選挙を重ねても、少数集団よりも多くの支持票を得て、マジョリティ・エスニック集団の恒久支配が実現することになる。これは、マイノリティ集団の不満のもととなって新しい紛争を準備するばかりである。

このような外部からの「民主主義」の押し付けによる平和強制、つまり強制的な紛争再発防止は失敗に終わることが多い。そのかわりに、むしろ紛争当事者、それも軍事力をもたないままに紛争に巻き込まれる当事者たちの間の、「真理と和解」の過程を進めることが必要である。そして、諸集団の間に、非ゼロサム的な「共通の安全保障」の条件をつくる必要がある。ガルトゥングの「トランセンド」(transcend) 方式による和解のための活動は、このように、外発的な平和強制に対する内発的なオルタナティヴの提唱と実施として、グローバル化時代の平和学のひとつの重要な活動の場になっている(8)。

以上の国内紛争の問題とともに、もうひとつグローバル化時代の平和学の出番を待っている別の種類の行動暴力がある。グローバル化のもとで新たに発生しているグローバル・テロリズムと国際組織犯罪の新しい行動暴力への対応がそれである(9)。テロリズムと国際組織犯罪は、それ自体が民衆の不安と不安全とをかきたてるので、これを抑えることは人間安全保障の立場からも必要である。しかし、テロリズムと組織犯罪への抑止と監視とには、米国の軍事理論の表現を借用すれば、「コラテラル・ダメージ」(随伴被害) 効果が伴う。つまり無辜の民衆がこれにまきこまれて殺傷されるのである。

国際政治経済のグローバル化に伴って、国家の法的規制の対象となっているグローバル世界のいわば裏側に、この規制がなかなか及ばない世界が広がっている。もともと開発途上諸国に存在していた生存経済に依存していたさまざまな農業共同体などや、都市化の結果、農村からの移住者がつくるスラムなどのインフォーマル・セクターは、グローバル化によって、その住人が恒常的な不安全状況におかれるようになっている。その結果、より安全でより豊かな生活を求める移住労働者の波が、先進工業諸国の大都会に押し寄せている。先進工業諸国の選択的な移住制限政策のために、彼ら、彼女らの多くは、いわゆる「非合法」入国・滞在外国人として、国家の規制外のインフォーマルな移住者コミュニティをつくる。これらのコミュニティは、当然、非合法移住労働者を密輸し、人身売買している国際犯罪組織の暴力的な支配を受け、その「巣窟」として、警察と入国管理当局の監視下におかれる。反テロ戦争が米国によって開始されて以来、このインフォーマル・コミュニティは、テロの隠れ家とみなされて、ますます厳しい監視の対象となっている。こうして、「不審尋問」、「手入れ」、「刈り込み」などの国家による行動暴力が、犯罪者ではないインフォーマル・セクターに住む移住労働者たちを巻き込むことになる。とくに、人身売買の被害者であるセックスワーカーが、人身売買と売春の搾取の被害者であるにも関らず、「不法入国」のかどで国外退去処分にされるなどは、このような行動暴力のもっとも深刻ではあるけれども、あくまでも一例にすぎない。

反テロ戦争に伴って起こっている取締り強化の結果、これら国際組織暴力の被害者たちが、国家を代表する警察関係者などによってセクハラ暴力を受ける例も報告されているが、このような国家による暴力はむしろ、もみ消されて報告されない場合の方が多いと思われる。このように、国際組織犯罪とグローバル・テロリズムに対する監視と取り締まり、処罰のための国家の合法的な行動が、インフォーマル移住者コミュニティの無辜の住民を権力側の行動暴力の対象にしている。グローバル化時代の平和学は、このような人々の安全を脅かしている行動暴力についてもとくに研究しようとしている。

3　グローバル化構造暴力と批判主義政治経済学的平和学

グローバル化に伴って、構造暴力の研究という平和学の重要な研究領域も複雑化し一変したということができる。従来からの南北関係に含まれる構造暴力の諸問題は、いわゆるグローバル・サウスとグローバル・ノースの入り組んだ経済社会構造によって変化したからである。「グローバル」と形容されて以来南北は、もはや地理的にはっきり区分けされていない。「南」のなかの富裕な「北」がグローバル・ノースの「出店」になり、「北」のなかの貧困のポケットが、「グローバル・サウス」の一部となっているのである。もちろん、ネオリベラル経済の大競争がグローバル化することで、従来からの北からの資本の投入に伴う南の環境破壊や困窮化がますます大規模になっている。それに伴って、伝統共同社会の崩壊、都市におけるインフォーマル・セクターの拡大、グローバル化した諸国家による構造調整・構造適応が多くの構造暴力をうみだしている。さらに、グローバル化に伴う南から北への大量移住、いわゆる「ディアスポラ[10]」が発生し、工業先進諸国に定住する南側諸国の人々が、定住先の国家や市民の排除と搾取とをともなうという新しい構造暴力問題が、平和学内外の研究者たちの注目を引き始めている。

このように、グローバル大量移住に伴う構造暴力問題は、南の移住出発点においてばかりでなく、その到着点である先進工業諸社会においても深刻化している。[11] それは北の諸都市の周辺部にできたインフォーマルなディアスポラ共同体が、構造暴力、そして先に述べたように、しばしば行動暴力化した構造暴力の被害にあっているのである。このため、これらの共同体に居住する「非合法」入国労働者や人身売買被害者女性たちは恒常的な不安全状況の中で生活している。彼ら、彼女らの不安は、反テロ戦争下で一層深刻化しているのである。このことは、グローバル化時代の平和学の重要な研究対象となろうとしている。

これらの構造暴力は、さきに述べたように、グローバル化に伴うインフォーマル化の結果生ずるものである。その意味で、このインフォーマル化自体を、新しい構造暴力のひとつの形として、平和学が取り上げる動きがはじまっている。このように新しい人間の不安全状況をつくりだす構造暴力については、たとえば、エルマー・アルトファーターとビルギット・マーンコップフが、『グローバル不安全性のインフォーマル化――影の労働、不浄な金、インフォーマル政治』と題する研究書において、人間安全保障あるいは人間不安全の分析枠組みを用いて理論化をはかっている。[12] 平和学にとって無視できないこの領域についての研究が、批判主義的な政治経済学の分野に属する研究として注目をひいている。その意味で、グローバル化時代の平和学は、これまで平和学の研究者とみなされていなかった多くの研究者たちによって築かれるという新しい傾向が生まれている。平和学は、このような人間の不安全に関する諸研究者によびかけて、その研究活動を平和学の発展のために役立たせるように努力している。

そのほかにも、平和学はジェンダーに関する構造暴力をもとりあげている。この点でネオリベラル・グローバル政治経済の規制や立憲主義に関する諸研究に留意すべきであろう。[13] このような人間の不安全に関する諸研究も、やはり平和学の構造暴力研究がこれと協力関係を結ぼうとしている。その一例としては、たとえば、スチーヴン・ギルとイサベラ・バッカー編の『権力、生産ならびに社会的再生産』を挙げることができる。[14] この研究書もまた、生産と社会的再生産とを分断するネオリベラル・グローバル政治経済が、人々、とくに女性を不安全状況下におくという構造暴力的な働きをしていることを例証している。

このような平和学以外に生まれている研究傾向をも組み合わせつつ、平和学は人間の不安全状況とこれを支える構造暴力が、反テロ戦争のもとでさらに亢進していることについての研究を進めていこうとしている。そして、とくにその根底にあるグローバル覇権の体制自体に備わっている構造暴力を取り上げようとしている。

グローバル覇権体制は、米国の一国覇権のもとで、西欧と日本とが協力して、グローバルな投機的金融の安定と安全とを守るものである。[15] そのことで、開発途上諸国も含めて広くグローバル経済に参加する指導層の支持を受けている。人間安全保障は、この体制によって、資本の安全をふくめての、市民の安全をまもるというかたちで理解されている。この傾向はとくに九・一一事件以降の、反テロ戦争の中で助長されている。[16] この「戦争」に集約されたグローバルな「北」の市民をふくめての人間安全を保障するための先進工業諸国の協力のもとで南に押し付けられている諸規制は、先住民族の土地の収奪などをはじめ、全世界、とくにグローバルな「南」のマイノリティの安全な生活の基盤を奪う一方、先述のとおり、グローバルな「北」における「南」からの移住者共同体、とくにアラブ諸国・イスラーム諸国からの移住者共同体をテロ対策などの監視の対象にして、恒常的な不安状況のもとに置いている。グローバルな資本とくに金融の安全を中心にした、この「北」の排外主義的な「人間安全保障」政策（?!）は、グローバル大競争に参加している諸企業、諸国家、そして技術官僚層の安全は保障しているけれども、グローバル大競争経済から疎外された人間諸階層・諸集団の不安を恒常化させている。そして、このように対立している北と南との安全の追求のギャップは、いわゆる「安全保障のジレンマ」を造り出している。つまり、「北」側の入管法などの諸規制は、「南」からの移住労働者の不安を高める。そのことで、移住者たちの市民社会への警戒心が強まり、移住者コミュニティがより閉鎖的になる。その結果、これらのコミュニティにおける、反体制・反社会諸集団の秘密活動がより自由に展開できるようになり、これに対する警察の監視が強化される悪循環がつくりだされている。

こうして、「北」の中に、「XX町」とよばれているような、閉鎖的な「南」の移住者コミュニティをつくって、自分たちの安全をまもっているマイノリティ集団のメンバーは、権力とテロや犯罪組織のあいだに板ばさみになって不安をつのらせる構造ができあがっている。グローバル覇権の軍事力・警察力にたたかれればたたかれるほど地下に潜入する反体制テロ・反社会犯罪諸勢力、地下にもぐればもぐるほど移住者コミュニティの監視と規制を強化する北の権力、この二つの構造暴力の悪循環が、無辜の移住者たちの不安と不安全とをますます激しいものにしていく。

この構造暴力の背後には、今ひとつ南北間の「安全保障のジレンマ」による構造暴力の問題が控えている。[17] それは、北側の入国管理法制がつくりだす構造暴力である。その暴力は、南からの移民の資格を厳しく制限し、監視体制を強化すればするほど、その網をくぐって北に移住したい人々が、国際犯罪組織にたよる。その犯罪組織が活発な人身売買、移住者密輸を進めれば進めるほど、北側の入国管理が強化される。こうして、グローバル化の大競争から切り落とされている南の社会層、マイノリティや先住民族の人々、多くの場合とくに女性は、北に移住してより安全で収入の多い北側に移住する。入国管理で差別され、排除されている不熟練移住労働者は、国際犯罪組織に搾取されてでも、「不法」だといわれてでも、また人身売買によって性的にも商業的にも搾取されながら、それでも移住しようとする。[18]

その結果、実際には犯罪組織の被害者として人間安全を奪われるこの人々は、司直の目には「不法」入国する犯罪人として移り、入国管理と警察当局からも、さらにその人間安全を侵害される。「人間安全保障のジレンマ」は、北側の市民の安全の追求のために、南側の弱い立場にある貧困層やマイノリティの、とくに女性の人間安全が保障できない状況を生み出す。このような状態のもとでは、北側の市民が、無意識的に、あるいは問題を意識していないために、人間安全保障の危機的な脅威を引き起こしている、ということをみとめざるをえないであろう。グローバル化時代の平和学は、この構造暴力を無視することができなくなっている。

とくに、反テロ戦争が展開されている今日、南から（とくにアラブ諸国を含むイスラーム諸国から）の移住労働者の人間安全をうばっているのは、米国をはじめとする国家の軍事・警察計画である。反テロ戦争は監視戦争という側面がつよく、南からのテロが移住者にまぎれて「不法入国」することへの監視体制が強化されている。このことは国際組織犯罪対策の強化という限りでは、むしろ歓迎されるべきであるが、その監視の対象は犯罪組織にかぎられておらず、「コラテラル」被害者として、南からの移住労働者全体を対象にしている。こうして、反テロ戦争は、南からの移住労働者・人身売買被害者の人間安全の危機的な脅威を増大させる「人間安全保障のジレンマ」の悪循環を従来にもましてエスカレートさせているのである。

グローバル化した南北の間には、以上のように移住労働をめぐる構造暴力のジレンマがある。そのほかに、北側からの資本移動が引き起こす構造暴力が、もうひとつ一般に見過ごされがちである。紛争原因を造り出している北側の資本を支援している北側諸国政府は、紛争によって起こる人間不安全を、人道的な見地で無視できないとして「人道介入」をすることもあるが、そのさいに自国資本の権利保護がまったく介入原因になっていないと断定することはきわめて難しい。グローバル経済の鉱物資源をめぐる資本移動が引き起こす構造暴力を含め、反テロ戦争という米国の単独主義覇権構造の暴力を含めて、ネオリベラル・グローバル化の生み出す構造暴力は、新しい平和学の研究課題となっている。[19] とくに、北から南への資本移動をめぐる北側が紛争原因をつくりだしておいて、南の多くの地点に人間安全への危機的な脅威の種をまいたうえで、あとから「人道介入」をするというかたちをとる「人間安全保障のジレンマ」は、平和学の重要な研究対象である。これは、いわば、火をつけておいてから消火につとめる覇権的構造暴力の「マッチ・ポンプ」的な行動暴力化につながる。[20] 平和学がその政策提言に含める「人間安全保障」は、このようなジレンマによっておこる人間不安、不安全を未然に防ぐことを目標としている。平和学は、火付けを抑止しないで「人間安全保障」が、消火段階の「人道介入」の口実になってはならないことを強く主張している[21]。

事実、このようなマッチポンプ的な覇権的安全保障は、とくに反テロ戦争というかたちで制度化されている。米国は、経済的には自由放任グローバル化による構造暴力をもたらす多国籍企業の開発途上諸国への技術開発投資を支持しつつ、そのカントリー・リスクを軍事的・警察的に抑止する強い政府を作ってきた。この一国総力戦体制は、自爆テロをきっかけにして、むしろグローバルな規模の反テロ同盟の形成に拡大され、総力戦国家連合体制が成立したということができる[22]。このような総力戦国家米国を頂点におく総力戦国際体制は、上で説明したいろいろなかたちで覇権的構造暴力を再生産する。この構造を再帰的・批判主義的に分析し、その脱構築をこころみることは、グローバル化時代の平和学のひとつの重要な課題である。そして、反テロ戦争以来、この覇権的暴力が構造的な側面とともに、次第に文化的な暴力という側面を露呈させてきているので、グローバル化時代の平和学は、この時代に特有の文化暴力に関する研究にも目を向けはじめている。

4 グローバル化文化暴力とカルチュラル・スタディーズ平和学

文化暴力は、一般的には、社会全体を支配する文化が、その中に住んでいるこれと異なる文化の人々の生活を不安全状態に陥れる暴力と定義することができる。とくに、グローバル化時代の文化状況の中でも、反テロ戦争というかたちで、覇権的暴力が文化的な形をおびるようになったことが注目される。いずれにしても、グローバル化時代の平和学が、文化暴力についてもっとも重視する研究対象は、反テロ戦争に象徴された、アラブ諸国を含むイスラーム世界に属する人々が体験している、文化的な原因の人間不安全状況である。たとえば、反テロ戦争の一端として米国国内に敷かれた「祖国安全保障」(homeland security)は、テロ容疑者のプロファイリング(犯人の性格規定)として、イスラームの信仰を挙げている。これはイスラーム信仰に対する文化暴力の典型例である。[23]

反テロ戦争は、このような直接的な文化暴力とともに、より一般的に、ネオリベラリズムを世界諸地域に強制することを正統化するために、民主主義と自由、とくに市場の自由を「文明」の大前提とし、文明の普及を推進することで、他の諸文化の中で生活している人々を不安全状況の中に置いている。このような文化暴力は「米合衆国の国家安全保障戦略」の一部としてつくり出されている。[24] 反テロ戦争は、「文明」の名における戦争となっているからである。これは、ハンティントンの「諸文明の衝突」説の前提になっている複数の文明の存在さえも否定する、西欧文明のみを「文明」と認める戦争である。このことで、米国の覇権の基盤が拡大したかのように見えながら、むしろ、非西欧文明に所属する広範な人間の不安全状況をつくりだしている。とくに、この米国にはじまる文化暴力による人間不安全は、イスラーム圏からの大量移住者に対する排外主義を強化して、世界の先進工業諸国に、イスラーム排斥(islamophobia)、アラブ排斥(arabophobia）という形で広がっている。

しかし、これに反対する反グローバル化運動も、イスラーム世界をはるかに越えて、世界の諸地域に広がっている。一九六〇年代のように、全世界が西欧化・近代化を必然と考えていたころと違って、この反覇権世論は、米国が代表している近代商品化文明の幕引き、新しいポストモダーン文明の幕開けを意味しているとも考えられる。二〇〇一年以来、ブラジルのポルトアレーグレで三回開催され、二〇〇四年には、インドのムンバイで開かれた「世界社会フォーラム」は、「もうひとつの世界は可能だ」というスローガンを掲げて、別の文化の創造を目指す動きとして注目される。グローバル化時代の平和学は、このように覇権的な文化暴力を分析するだけではなしに、新しい文化暴力のない世界への道程についても研究していこうとしている[25]。

グローバル化時代の平和学は、文化暴力のない世界を求めて、世界社会フォーラムとともに、近代西欧商品化文明へのオルタナティヴについて構想する[26]。そして、その前提として、平和学は、今日のグローバル化した米欧近代の商品化文化という暴力文化の性格の分析と総合的な理解という課題と取り組みはじめているのである。

今日、ネオリベラル・グローバル経済、とくにその金融中心主義がつくりだしている商品化文明の引き起こす人々の不安と不安全の亢進状況が進行している[27]。商品化は先ず「環境」の不安全化、つまり人間と自然との関係に介在して、双方の共生を阻害する。自然の再生可能な資源も再生不可能な資源も、グローバルなメガコンペティションの競争に勝つために商品化して利用する。そのさい、経済競争における「規模の経済」の優位性を確立するために、大量生産、大量消費、大量廃棄、あるいは大量破壊の商品化経済が支配する。そして、これを大量消費文明が支えているのである。

この商品化文明のグローバル化の悪影響は、あらゆるところに波及している[28]。とくに人間の社会生活と文化の再生産を担当するはずの、社会サービスも商品化して、巨大なサービス産業を生んでいる。この産業は、もともと家庭や地域社会のサービスのニーズを満たしていたサービスへの需要を拡大するために、セックスと暴力と賭博中心の宣伝活動・情報活動を展開して、グローバルなニーズを人為的につくりだし、サービスという商品によってグローバル経済の主要なセクターになっている。その結果、世界各地で、青少年の非行の傾向、一般的な暴力犯罪の増加、ジェンダー暴力、紛争の暴力化・軍事化などをもたらしている[29]。

同時に平和学は、この文化暴力の基礎単位であるさまざまなコミュニティの内側における暴力文化による文化暴力との闘いについても研究しようとしている。とくに、フェミニストが先頭にたって開拓している、コミュニティから国際社会までの、家父長主義的な文化への挑戦と、その脱構築の努力は、商品文化・暴力文化への平和学の取り組みの貴重な参考になっている。

今日のグローバル化状況のもとで、この家父長主義は、商品化しまた暴力文化の温床として機能する場合が多い。その意味で、西欧近代文明の商品化・暴力的側面の問題と、ジェンダー文化暴力の問題との交錯するところで文化暴力の問題を、平和学がジェンダー研究との協力のもとで分析していくという学際協力がはじまっている。このようにグローバル化時代の平和学には、文化暴力問題について新しい学際研究のフロンティアーが大きく開かれていることをとくに指摘したい。ところで、ジェンダー研究との協力による文化暴力の研究は、さらに非西欧諸文化に関する共同研究へとわれわれを導かずにはおかない。

近年とくにイスラーム文明に属する諸文化における女性の地位に関係する家父長主義的な文化暴力の問題が、フェミニストの注目を引いている。これまで、このような問題に関心を持ってこなかった平和学は、さきに触れたように反テロ戦争という形で顕在化している西欧近代文明とイスラーム文明との文化的な紛争に光をあてるために、イスラーム世界に対する西欧近代文明の文化暴力を問題にする。そのとき、このイスラーム世界の文化暴力を無視することはできない。

ところで、平和学はこれらの諸問題について、西欧的な教養を身につけたフェミニストや人権運動家によって家父長主義的暴力と断定される諸現象を断罪すればよいのか、という微妙な判断を迫られる。もし、西欧近代文明の押し付けを文化暴力とするならば、この断罪によって、平和学は西欧中心主義的な文化暴力に加担することになるかもしれない。たとえば、とくにアフリカにおいて、女児の性器切除がひとつの文化暴力として断罪の対象となっている。この悪習を実行している母親たちへの外部からの圧力によって強制的にやめさせることについて、この運動に携わっている人権運動家のあいだにも反省が見られている。この家父長的な文化暴力を排除するのは、どうしても当事者であるアフリカの女性たち自身でなければならない。

より一般的にいって、内発的な改良・改革への動きによらないで、家父長主義など、非西欧地域の伝統社会内部の文化暴力をなくそうとすることは、グローバル「文明」による文化暴力を助長することになりかねない。この点で、グローバル化時代の平和学は、文化暴力の諸問題について、繊細な神経をつかって、非暴力的に、つまり別の暴力を引き起こさないで文化暴力を排除する道を指し示すという重要で困難な使命を担っている。この道を見出すために、平和学は非西欧諸文化の内側からその家父長主義などの文化暴力を克服しようとしている自己の文化の再帰的・批判的分析を進めている研究者との学際協力が不可欠になってきている。

もうひとつ、平和学が、グローバル化時代の文化暴力問題として取り組もうとしているのは、先進工業諸国の市民社会とそこに定住しているディアスポラ・インフォーマル共同体との、かなり困難な文化的紛争解決の問題である。米欧の近代西欧文明にささえられた市民社会においても、非西欧世界の中でも日本のように自民族中心主義の排外主義国では、インフォーマル・コミュニティの中で構造暴力のもとで不安な生活を送っている非西欧移住労働者が、その文化的な個性を頼りにして自己のアイデンティティを再確認しそれによって自分たちの不安全への抵抗力としようとする[31]。

近代西欧文明の諸価値をよりどころにして、そのアイデンティティと安全とを保障している市民からみれば、インフォーマル・コミュニティの住民は、自己の文化的主張をすることで、市民社会にとって脅威になりかねないという、ひとつの不安全感の対象になってしまう場合が多い。こうして、さきにあげたように、市民と（とくに「非合法入国」）移住労働者たちの間に「安全のジレンマ」が生じるが、そのジレンマは単なる構造的なものであるにとどまらず、文化的なジレンマという側面をもつ。たとえば、フランスにおけるイスラム教国からの移住者の女児の学校におけるヴェールの使用の問題は、市民社会のルールを拒否する移住者たちへの文化的な反発と不安感を引き起こし、これを感得した移住者側の文化的な反発と不安感と相互に増幅しあう。このような文化暴力における「安全のジレンマ」問題は、グローバル化時代の平和学のひとつの大きな研究課題である。これに関連して、平和学は、これまでの研究方法を拡張して、比較文化やカルチュラル・スタディーズの研究方法を取り入れる必要を感じている。

そして平和学は、文化暴力を克服するための、倫理的・法的な諸原則についても考察を深めていこうとしている。文化暴力を引き起こす文化的な排外主義を否定・克服するためには、多文化主義を権力的な押し付けにはよらずに、人々の生活実感の中から内発的に育てていくことが必要だからである。その倫理的・法的な基準を求めるグローバル化時代の平和学は、日本国憲法前文とアジア人権憲章などが主張している「平和的生存権」を中心にする人権学でもある[32]。そして、世界の諸国民が、それぞれ平和に生活する権利があり、その権利の大本にある文化的な自己決定権を外部からの文化・文明の押し付けによって不安全にしてはならない、という大原則をあらゆる文脈の中で主張するのである[33]。

5 まとめ

以上で説明したように、以前のように明確に捉えることのできる行動暴力、南北の従属支配関係に直接依拠する構造暴力、開発主義にあらわれた西欧文明中心主義の押し付けだけを問題にしていられないグローバル化時代の現実に対して、平和学は大きくその分析の視野を広げ、またその理論を再帰的・批判主義的に深化させる努力をはじめている。そして、その倫理的・法的な基準として、不殺傷と平和的生存権とを理論化するという深刻な課題に応えようとしている。その意味で、グローバル化時代の平和学は、つぎの三つの点で新しい視点を確立しようとしているということができよう。

まず、新しい人間の不安全状況があらわれてきた関係で、行動暴力、構造暴力、文化暴力のそれぞれについて、新しい問題を取り上げ、また従来と異なる方法論を開発しようとしている。行動暴力における核問題、構造暴力における南北問題のインフォーマル化など、新しい分野の開拓が必要となり、文化暴力は、いろいろな暴力が絡み合っていて、その複雑な様相をとらえるのに、再帰的な近代化論と取り組むなどの新しい方法論も必要となっている。

第二に、いまや、かつてのように、行動暴力は核戦争に、構造暴力は南北問題に集中するという平和学の中の分業がなりたたなくなった。グローバル化にともなって、インフォーマル化の構造暴力が、場合によってはそのまま行動暴力化したり、この行動暴力が文化暴力をともなって現れる、というような複合暴力がいろいろな形で出現しているため、その複雑な絡み合いをそのまま捉える複合的な研究方法、つまり、同時に国際的であり、学際的であって、しかも文際的な研究方法を開拓していこうとしている。

その意味で、第三には、人間の不安全と取り組んでいる人々との対話・交流を広げていく必要があるし、また平和学の隣接諸分野に応援を求める必要も現れている。平和学は、一方では、グローバル化のもとで多様な不安全を経験しているインフォーマルな諸集団のメンバーとの対話、フェミニズムやマイノリティの運動家や、今日のさまざまな不安全状況を改革していこうとしている市民運動や社会運動との対話を展開していこうとしている。

その上で、平和学は、さらにグローバル化やインフォーマル化を研究する国際政治経済学、フェミニストが推進しているジェンダー研究、意味論の再帰的言説分析、カルチュラル・スタディーズのアイデンティティ構造分析や文明批判、等々の関係諸学問領域と共同研究して、その分析力の精緻化をはかっていかなければならない。そして、反対に、平和学的な視座に立つことで、暴力と非暴力、権力と解放、改良と改革などについての平和学の問題接近の姿勢を、これらの諸研究領域に提供することで、その分析を深化させることに貢献することができるであろう。グローバル化時代の平和学には、まだ多くの成果が出ているとはいえないが、少なくとも以上のような新しい課題に対する研究の姿勢が生まれている。このような平和学に関心を持つ読者が、本章を読んでグローバル化時代という現代の緊急課題である人間の不安全について考える手がかりとすることを期待するものである。

注

（1）ヨハン・ガルトゥング・藤田明史編著『ガルトゥング平和学入門』（法律文化社、二〇〇三年）六〜八頁、参照。

（2）Cf. Commission on Human Security, *Human Security Now : Protecting and empowering people*, New York, 2003.（邦訳：人間の安全保障委員会『安全保障の今日的意義——人間の安全保障委員会報告書』（朝

日新聞社、二〇〇三年）参照）。

（3）Cf. Paige, Glenn D., *Nonkilling Global Political Science*. Cf. www.globalnonviolence.org

（4）武者小路公秀『人間安全保障序説——グローバル・ファシズムに抗して』（国際書院、二〇〇三年）一一三〜一一五頁参照。

（5）武者小路・前掲書（注4）三二〜三五頁参照。

（6）武者小路・前掲書（注4）七一頁参照。

（7）納家政嗣『国際紛争と予防外交』（有斐閣、二〇〇三年）一一四〜一二二頁参照。

（8）Cf. www.transcend.org

（9）武者小路・前掲書（注4）六五〜六七頁参照。

（10）「もともとユダヤ民族が四散したことをさす「ディアスポラ」は、アフリカから大西洋を越えて南北アメリカやカリブ海地域に奴隷貿易で強制移住させられたことをさす言葉となり、最近では、南の国々から北の国々に移住し定住している移住者コミュニティを「ディアスポラ・コミュニティ」と呼ぶようになっている。

（11）武者小路・前掲書（注4）六五、九五頁参照。

（12）Altvater, Elmar & Mahnkopf, Birgit, *Globalisierung der Unsicherheit : Arbeit im Schatten, Schmutziges Geld, und informelle Politik*. Muenster, 2003.

（13）武者小路・前掲書（注4）三五頁参照。

（14）Gill, Stephen, Isabella Backer, eds. *Power, Production and Social Reproduction*, Palgave Macmillan, 2003.

（15） 武者小路・前掲書（注4）三一～四一頁参照。

（16） 武藤一羊「『戦争は平和、平和は戦争』――帝国のドクトリン」季刊ピープルズ・プラン一八号（二〇〇二年）五～一八頁、参照。

（17） 武者小路・前掲書（注4）二〇～二三頁参照。

（18） Cf. Mushakoji, Kinhide, "Suppression of Trafficking and Promotion of Sex Industry : Criminality in/of the Neoliberal Hegemony", *The Journal of Global and Inter-Cultural Studies*, No. 3 (March 2001) pp. 1-24.

（19） 北沢洋子『利潤か人間か――グローバル化の実態と新しい社会運動』（コモンズ、二〇〇三年）参照。

（20） 武者小路・前掲書（注4）七二、一〇四頁参照。

（21） Cf. Senarclens, Pierre de, *L'Humanitaire en Catastrophe*, Presse de Science Po, 1999.

（22） 武者小路・前掲書（注4）二九～三〇頁参照。

（23） 武者小路・前掲書（注4）二五頁参照。

（24） この問題については、阿部浩己『国際人権の地平』（現代人文社、二〇〇三年）一三五～一三六頁、参照。

（25） Cf. Kothari, Rajni, *Transformation and Survival : In Search of Humane World Order*, Delhi, 1988, pp. 120-128.

（26） 北沢・前掲書（注19）一八〇～二〇〇頁参照。

（27） 商品化文明の金融化は、西欧において一六世紀に始まった資本主義社会のもっとも発達した段階と考えることができる。商品化文明についてのより詳しい分析としては、Cf. Strange, Susan, "The Name of the

Game", Rizopoulos, Nicholas X., ed., *Sea Changes : American Foreign Policy in a World Transformation*", 1990.

(28) 武者小路・前掲書（注4）八～一一頁参照。

(29) 武者小路・前掲書（注4）二四頁参照。

(30) Cf. Gill, Stephen, Isabella Backer eds, *op. cit.*

(31) 武者小路・前掲書（注4）九四～九五頁参照。

(32) 武者小路・前掲書（注4）四三、一七九頁参照。

(33) この関係で、筆者はとくに、この基準設定として、グローバル覇権に対抗する「平和共存」原則、グローバル経済のネオリベラリズムに対抗する「平等互恵」原則を建てた一九五五年のバンドン会議にもどることを主張したい。武者小路・前掲書（注4）九六～九七頁参照。

第2章　イラク戦争と二一世紀の世界秩序

板垣　雄三

1　はじめに

「イラク戦争」と国際秩序の危機

「イラク戦争」の切迫から開始にかけて、世界中の多数の人々の意識に焼き付けられたのは、超絶の軍事力をふりかざす「帝国」の独断専行という挑戦のために、歴史を通じて営々と築かれてきた国際秩序の土台がひび割れし揺らいでいる、という印象であったようだ。このためだろう、本「平和学シリーズ」では、「イラク戦争」の向こう側にどんな二一世紀世界の秩序が観望できるか、予見せよ、という課題が、私に与えられた。

しかし、米国になびいた「有志連合」の「イラク戦争」突入を目撃して、国際秩序のゆくえに憂慮のまなざしを向けた人は、すでに未来の世界の暗い予兆を見てしまったのである。このままでは、世界全体が「新しい戦争の時代」から抜けだすどころか、より深く陥没していき、そのさきには人類「共倒れ」という破滅の深淵が待ち受けているかもしれない。「文明戦争」が、「環境破壊」・「倫理崩壊」等々、ありとあらゆる「世界問題」の相乗作用を促進して、「自滅」へと駆りたてる。こんな危機感に裏打ちされた地球の未来像が、われわれの目のまえにある。

本章の目的

それだから、私としてここで取り組むべき仕事は、二一世紀をおのずと流れゆく時間と仮定して未来を透視し、そこに世界秩序の理想の設計図を描いてみせることなどではない。人類にとって、また日本社会にとって、目前の危機を回避するために、「イラク戦争」のいくつかの主要な問題局面について考察し、そこから世界の将来構想に欠かせない教訓を読みとり、今後求められる行動指針や価値規範を確認しなおすことでなければならない、と考えている。

なぜ「イラク戦争」の呼称を使うか

なお、「イラク戦争」という名称は、その実態が米国主導の「有志連合」による国連無視の予防的先制攻撃にはじまる侵略・征服運動であったことから、客観的な用語とはいえない。だが本章では、あえて「イラク戦争」の語を用いることにする。これからの議論の中でその認識に対する批判の立場はおのずと明らかとなるが、意図的にこの語を用いるのは、一般の慣用を考慮するだけでなく、むしろ、この用語法のもたらす効果（意味および心象の操作）を問題として検討したいからである。これは、「中東」、「イスラーム世界」などの概念に自覚的にこだわる場合と同様だといえよう。用語の作為性を逆手にとって批判の場（意味のアリーナ）を形成しようとするのである。言葉遣いの正しさだけが認識の正しさを保証するわけではない。ことばや意味作用の歪みを吟味することによって逆に正しい認識に到達するという発見の方法が、重要な意味をもつ場合もあるからだ。

2　反テロ戦争のコンテクストとイラク戦争

反テロ戦争の起源

イラク戦争は反テロ戦争の一環であるとして実行された。一九七〇年代にイスラエルが開始した反テロ戦争は、八二年レバノン戦争を結果する。その直後から「国際テロリズムとの対決」を主要課題とするようになる米国が、二〇〇一年9・11事件を機として、圧倒的主導権を発揮して全面的な反テロ戦争を推進するにいたった。そこでは、アフガニスタン局面、パレスチナ局面、イラク局面などがそれぞれ展開した。それらは相互に密接に連結しているが、各局面で「戦争」の機構・性格はいちじるしく異なっている。無理をおして突入したイラク戦争では、反テロ戦争の性質がむしろ素直に露呈されることになった。

「反テロ戦争」概念を発明し強調してきたのは、すでに指摘した通り、イスラエル政府である。イスラエル国家の成立（一九四八年）は、郷土から放逐され世界に離散するディアスポラ・パレスチナ人という存在を生みだした。彼らを基盤に結成されたパレスチナ解放機構（ＰＬＯ）は、六〇年代末からパレスチナ民族主義を体現する政治組織として大衆化し、祖国帰還とパレスチナ国家樹立とをめざす武装抵抗運動の担い手となる。これに対してイスラエル国家は、イスラエルに向けての、または全世界にまたがる、離散パレスチナ人の活動を「国際テロリズム」と規定し、テロリスト撲滅のため世界のどこででも展開することを予定する軍事的制圧行動（パレスチナ人指導者の殺害や対ＰＬＯ破壊工作や大衆に屈辱感・挫折感を与える心理作戦を含む）を「反テロ戦争」と説明した。

イスラエル批判への対応としての反テロ戦争

この「反テロ戦争」言説の出現の背景には、イスラエル国家をとりまくきびしい環境があった。それは国際世論の変化だった。すなわち、パレスチナ人への同情の増大、軍事占領・併合に執着するイスラエルへの批判の高まり、パレスチナ人の自決権を繰り返し確認する国連の諸決議、わけても「シオニズムは人種主義（レイシズム）である」との国連総会決議（七五年）が、この変化を表していた。パレスチナ問題を操縦する国際政治がそれまで使い古してきた「アラブ対ユダヤ人（イスラエル）の民族的・宗教的抗争」という構図の欺瞞性が見破られはじめたのだ。イスラエル批判がつよまる世界の風潮に抗して、状況を一八〇度転換させるために、イスラエルの切り返し策として考案されたのが「反テロ戦争」言説である。こうして、むかし十字軍が自分の尺度をあてはめてイスラームを「コーランか剣か」と非難したように、「ユダヤ人を海に追い落とそうと策す」悪者として、じつは自分たちが海に追い落としたパレスチナ人を非難することができる。ホロコーストの「償い」であるはずのイスラエル国家に刃を向けるパレスチナ人は、ナチズムの反ユダヤ主義を継承する凶悪なテロリストなのであり、それに制裁を加える「反テロ戦争」は正義の戦いとなるはずである。しかも、この説明手法は、二〇世紀半ばのイスラエル建国史をいろどる血塗られたテロリズムの物語に覆いをかけ、「反テロの民主主義国家」＝イスラエルの姿を手品のごとく浮かび上がらせる効果をも生むのだった。

反テロ戦争の原型としてのレバノン戦争

イスラエルの反テロ戦争は、ウガンダやチュニジア向けの特殊部隊の作戦や渡洋爆撃、ヨーロッパその他でのＰＬＯ要人に対する暗殺・手紙爆弾攻撃など、多様な形態をとったが、しかし、二一世紀の反テロ戦争の原型はなんといってもレバノン戦争（一九八二年）である。テロリストＰＬＯを殲滅すると称して隣国に侵入、首都ベイルートまで占領した。この原型と二一世紀初頭の展開との両局面に登場するのが、「反テロ戦争」牽引役のアリエル・シャロンである。両局面のはざまにおいて、米国歴代政権は、イスラエルの反テロ戦争「言説」に同調・呼応しただけでなく、「言説」がもたらす結実の収穫者を演じることによって両局面のつなぎ役となった。レーガン政権はリビア爆撃を二回敢行し、クリントン政権はアフガニスタンとスーダンに巡航ミサイルを打ち込む。国際テロリズムおよび大量破壊兵器を指標に、米国政府は「テロ支援国家」を「ならず者国家」と指定し、米議会はテロ発生をもって「戦争状態」と認定する立場をとるようになっていく。

反テロ戦争の展開とパレスチナ抵抗運動の変化

レバノン戦争と呼ばれるイスラエルの反テロ戦争によってレバノンから遠くチュニジアに追われ深い傷を負ったPLOは、湾岸戦争（九〇～九一年）ではイラク支持にまわったとされて、さらに窮地に追いつめられた。湾岸戦争をはさんでその前後に、パレスチナ抵抗運動の主舞台はイスラエル支配領域外（つまり離散の地）からイスラエル占領地のヨルダン川西岸やガザへと移り、離散パレスチナ人に代わってイスラエル占領支配下のパレスチナ人住民が運動の中心に立つという変化が生じていた。これとともに、中東における米国の主要な標的は、リビアからイラクへと転換する。湾岸戦争でイラクは米国のダブル・スタンダード（イスラエルに対しては容認・支援、イラクに対しては懲罰・制裁）を暴露した上に、イスラエルにミサイル攻撃を加えたからだ。イラク標的化への推移は、すでにはやく、レバノン戦争のすこし前にイスラエル空軍が行ったバビロン作戦（イラク原子炉の破壊）によって先取りされ、先導されてもいたのである。

九〇年代中東和平の矛盾――9・11の背景

植民者国家イスラエルの支配に抵抗し自決を目指すパレスチナ解放運動がその主体性を抑え込まれたとパレスチナ人大衆が感じた転換点、それは湾岸戦争だった。湾岸戦争を機に、国際政治のパレスチナ問題操作には、イスラエルの脇または下にパレスチナ人自治をしつらえるため、イスラエル国家とパレスチナ人との間の「紛争」を調停する中東「和平」プロセスという仮想次元が挿入された。九〇年代の「中東和平」論は、支配・被支配関係を無視し、占領権力による民衆抑圧の現実を「暴力の応酬・連鎖」と描き出し、力の不均衡や立場の非対称性を不問に付して、もっぱらパレスチナ人に屈服を強いる「交渉」を押しつけた。しかもこの「中東和平」論すら、はかなく潰《つい》えるのだ。二〇〇〇年九月エルサレムのイスラーム聖域にシャロンひきいる武装集団が立ち入る挑発を強行してから一年間、国際社会はパレスチナ人の抗議運動が弾圧されるのを放置し、イスラーム世界はみずからの無力に絶望を深めた。こうして、イスラーム世界の鬱屈と憤懣を閉じこめた圧力釜がいつ、どこで破裂するかと危惧される緊迫感のもとで、9・11の惨劇は突発する。

反テロ戦争のアフガニスタン局面——「自衛権」の論理と国家非常事態化

反テロ戦争のアフガニスタン局面では、米国は、9・11事件の衝撃性のおかげで、真相を究明しないままでも、ターリバーン政権打倒の軍事行動、世界的アル・カーイダ追及網の構築、アフガニスタン再建計画に関しては、国際的協調を調達することができた。戦闘の実態はアフガン内戦の継続と国際化でしかなかったが、米国は米本土「への」攻撃に対する「自衛権」の論理を利用しえた。カシミールをめぐるインド・パキスタン対立の激化が「反テロ戦争」の応酬という収拾不能状態をもたらす危険も、とりあえず回避した。9・11の衝撃と直結したこの局面を通じて、米国内では国家非常事態化が促進された。

パレスチナ局面――イスラエルの強硬策と米国の追認

パレスチナ局面では、わざと米国の反テロ戦争に「便乗」してみせたイスラエルのシャロン政権が、パレスチナ暫定自治の破壊と再占領とを強引に押し進め、その既成事実をアラファート排除に踏み切れずにいた米国につぎつぎと追認させていった。9・11後の段階では、パレスチナ人の「自爆攻撃」への恐怖が、イスラエルによる反テロ戦争の正当化のために最大限活用される。米国ブッシュ大統領は、イスラエルが牽引する反テロ戦争パレスチナ局面では、「中東和平」の「仲介者」であるとの自任に未練を残しつつも、結局はたえずイスラエル支持に回帰する揺れを示すのだが、この間、同局面の展開のかげで、9・11直後から狙っていた攻撃目標であり二〇〇二年一般教書演説で「悪の枢軸」の筆頭に名指していたイラクに対しては、「予防」攻撃に打って出る理由付けを探り続けた。

イラク局面――米国の先制攻撃戦略と体制変革プロジェクト

米国主導の反テロ戦争イラク局面は、ブッシュ・ドクトリンにおける先制攻撃戦略とテロ撲滅のための大量破壊兵器（ＷＭＤ）摘発重視とを前面に押し立てるものとなった。米・英・スペイン・イタリア・ポーランド・オーストラリア・日本など有志連合を形成することになる国々をも含め全世界的規模で市民の反戦気運が高まる中で、仏・独・露・中など多数の国々の批判を押し切り、国際法と国連の機構とを無視する対イラク武力攻撃が実行された。開戦に踏み切る米英首脳の動機・目的の信頼性は、はじめから揺らいでいた。世界に亀裂と対立をひろげる八方破れ

「グローバル・ユニラテラリズム」の発現としての体制変革・世界秩序変革（＝民主主義および革命の横領）プロジェクトの強行だった。ここには、エネルギー資源支配の欲望、死の商人の利害、イスラエル擁護に賭けるキリスト教原理主義の終末論などが合体していた。かつて米国と隠微な関係で結ばれた、または現に結ばれているサッダーム・フセイン政権やウサーマ・ビン・ラーディンのグループやサウディアラビア王制が米国に二心をもつことへの「近親憎悪」も、米国の政策決定に作用していた。

イラク戦争とパレスチナ局面の悪化

イラク戦争効果として注目すべき点は、イラクを含む中東諸国体制の危機の深まりもさることながら、反テロ戦争パレスチナ局面の険悪化である。この時とばかりイスラエルが建設を本格化した「隔離壁」が象徴的だ。それは、水資源を奪うことによりヨルダン川西岸のパレスチナ人住民に自発的立ち退きを迫る陰険な「民族浄化」作戦の開始であり、国際法無視の征服的「併合」の新段階の開幕を意味していた。

問題の根元——ユダヤ人問題を背負うパレスチナ問題

「9・11発」ブランドを冠した「テロ」および「テロとの戦い」の二一世紀問題において、その難儀の真の根源は、ユダヤ人問題を背負うパレスチナ問題という二〇世紀問題がもたらした宿痾、すなわちユダヤ人国家によるパレスチナ人の「ユダヤ人化」＝「重層化されたユダヤ人問題」

のタブー視、だということを、認識しなければならない。パレスチナ／エルサレムを世界問題としてのエスニシティ紛争、社会的差別・貧困、環境倫理、資源をめぐる闘争、「核」の重荷、人口問題、聖地問題などの象徴ないし暗示と見ることができるという以上に、より直接に人類の運命を扼するパレスチナ問題の含意を直視すべきだ。パレスチナ問題の公正な解決が保障され国際政治が公正さを回復できれば、「反テロ戦争」は窒息死する。多くがイスラーム絡みと「解説」されるチェチェン、新疆、アチェ、その他おおかたの「テロ問題」なるものも、その様相はたちまち変化するだろう。

3　プロセスとしての民主主義と多元的世界

イラク戦争の矛盾と問題性

イラク戦争は世界中に亀裂と体制動揺をつくりだしただけでなく、力だけが物を言う無法状態を出現させ、世界秩序に重大な挑戦を突きつけた。不信と反発が渦巻く中でイラク侵攻が強行されてから、そしてイラク占領の失敗が明らかになればなるほど、反テロ戦争は無期限のものだとする9・11直後の予告通りに、やめられない戦争の様相を呈するにいたった。イラク戦争を通じてあらためて世界あげての懸念の焦点となったパレスチナの絶望的状況は、二一世紀のかなりの期間、底なし沼の深みの闇にとめどもなく陥没していくと見える。イラク戦争が引き起こした亀裂の深刻化として、国際的に、また世界世論の場で、ふたたびイスラエル国家への批判が高まると、米国とイスラエルとではたちまち、これを新型の反ユダヤ主義と斬り捨て、敵＝テロリストを利するものと決めつける、「反テロ戦争」症候群的反応が湧きだしてくるのだった。[1]

しかし、反テロ戦争がはらむ矛盾や問題性は歴然としていて隠しようがない。アフガニスタン局面では反イスラーム宣伝に幻惑され、パレスチナ局面では反ユダヤ主義への加担と見られるのを恐れて主体的関与を躊躇する向きがあったとしても、世界中の多くの人々が、イラク戦争の過程では「戦争」の矛盾と問題性をきびしく批判するようになった。

矛盾や問題性とは次のようなことだ。①「反テロ戦争」を呼号する指導者がこれを呼号すればするほど、「反テロ戦争」自体がテロリズム化し、またテロリズムの生産者となる。②不発の大量破壊兵器摘発劇を演じた者こそ、超絶の大量破壊兵器保有者である。③いわゆる「テロ問題」がパレスチナ問題処理の混迷と深く関係することは明らかだが、イスラエル・バージョンの反テロ戦争がパレスチナ問題を公正に解決するとはいえない。④征服者・占領者に対する抵抗に「テロリズム」のレッテルを貼ってこれを抑圧しようとする反テロ戦争は、道義的劣勢の立場から抜け出すことができず、正義を振りかざす分だけ虚偽と欺瞞と心理的誘導とを含む世論操作に頼らなければならない。⑤反テロ戦争の理由（大義）に対する信頼性の揺らぎ、そして失墜は、それがもともと致命的だったイラク戦争の場合にとどまらず、そもそも9・11事件はいかにして起きたかの真相究明に進まざるをえない。⑥ホロコーストと9・11を真に記念するためには、それらの普遍的意味を独占的・排他的に捉えるのでなく、人類が経験した無数の「ホロコースト」や無数の「9・11」と関係づけて、ともに記念しなくてはならない、という道理に逆らうものとして、

「反テロ戦争」はある。

自己増殖システムとしての反テロ戦争

このような「反テロ戦争」を遂行しようとする体制とは、一種の類比としていえば生体内の悪性腫瘍のようなもので、正常性の維持に変調をきたす機構が浸潤・転移によって再生産される仕組みであり、むしろ、みずから招いた失敗や挫折や行き詰まりをテコにして持続し増殖していくシステムだと見ることができる。「テロ分子」殲滅を名とする武力行使が民衆を威嚇・殺傷する現実に対して反発と抵抗が強まり、国際政治における亀裂や足並みの乱れが拡散し、さまざまな国で国家体制の動揺や解体が深刻化し、グローバル規模で市民たちの反戦運動の圧力が高まると、こんな泥沼に直面するからこそ、あるいはあえて意図的に泥沼を拡げることによってさえ、反テロ戦争はみずからを鼓舞し活性化するという「暗」ないしは「負」の展開があり得るのだ。「テロ行為」を即「戦争行為」だと見なす立場から、テロ実行（可能）組織およびテロをなんらかの形で支援・激励する（可能性のある）あらゆる個人・団体・国に対して、軍事力を効果的に集中して先制攻撃する予防戦争を辞さない／むしろ積極的に敢行する、これが「変調をきたした」反テロ戦争体制の姿なのだ。正常性を回復するためには、テロ行為が発生する原因を検知し精査して除去するとともに、テロ行為そのものは国内的にも国際的にも犯罪として処断するというあたりまえの立場を確保することが重要である。

パレスチナ問題を置き去りにした反テロ戦争

米国政府が、グローバル権力として、監視し掃討し懲罰を加えるべき「テロ集団」・「テロ支援国」(その可能性をもつ国を含め)を指定するという行為それ自体に、まず問題がある。イスラエルが米国を道連れに牽引してきた「反テロ戦争」全般において、パレスチナ問題がもつ根源的意味については、さきに検討した。植民者国家の支配体制とこれに抑圧される民衆の抵抗という基本構造は覆い隠されて、パレスチナ人の抵抗が「テロ」と非難される。公平を装おう「中東和平」論も、イスラエル国家とパレスチナ人とを相対の「紛争」当事者と位置づけ、「双方の憎しみ」を解消し「暴力の連鎖」を断つため両サイドの互譲が必要だといいつつ、パレスチナ人の「テロ」中止こそ先決と迫る。そしてイラク占領に対する民衆の抵抗も、これを「テロ」と決めつけ、かつ旧体制残党や外国からの潜入分子の仕業と片付ける判断を強調してきた。すでに日本が朝鮮半島を植民地支配した年月を超え出る期間にわたり、イラクの国連決議無視もとおく及ばぬ無理無法を押しとおして、イスラエルは占領支配を続けてきた。そこでの「国家テロ」を、米国は正当化し是認する。

民主主義の自己否定としての反テロ戦争

このように展開されてきた反テロ戦争が、「自由と正義」を振りかざすことによって、また振りかざすにもかかわらず、もたらしている破壊的効果は、民主主義の自己否定なのである。イラク戦争開始前から、米英両国の指導者が、対イラク攻撃の目標として挙げていたのは、大量破壊兵器をそれがテロリストの手に渡る前に処分する武装解除と並んで、イラクの体制変革(独裁からの解放)による「民主化」であった。イラク占領支配が行き詰まり、表面上、露骨なユニラテラリズムから国際協調路線への切り替えを模索しなければならなくなった米政権は、〇四年初め、急場をしのぐ苦肉の策としてアフガニスタン・パキスタンから大西洋岸までを包含する「拡大中東構想」を提起しはじめた。一九七五年の全欧安保協力会議ヘルシンキ宣言を継ぐものとのふれこみだが、イラク戦争に反対した国々を含めG8を米国傘下に引き入れる企てとしてのこの中東政治社会「大改造」計画の目玉は、またしても中東の「民主化」である。アラブ諸国からは、米国の生活様式と価値観の独善的な押しつけは失敗するとの批判の声がたちまちあがった。構想の一環としてワシントンDCに開設された中東向け衛星TVネット「アル・フッラ」(自由)の活動も不評で、中東の報道関係者からボイコットされ、「アル・ジャズィーラ」や「アル・アラビーヤ」などアラブのメディアに太刀打ちできないことがたちまち明らかとなった。

9・11以後、反テロ戦争が引き起こした米国社会の変化は、大統領権限の異常な肥大化、本土安全保障省の特設、「反テロリズム法」にもとづく盗聴・密告の「監視社会」化、「知る権利」の制限、非米国人の「不法戦闘員」を裁く特別軍事法廷の設置、恣意的な予防拘禁、グアンタナモ基地に幽閉される囚人、空港の特別検査や厳重な出入国管理、イスラーム教徒に対する攻撃・暴行などへイトクライム(憎悪による差別犯罪)の頻発など、民主主義の危機状況となって現れた。米国の中東研究は冬の時代を迎える。(2) 〇二年秋開設のウェブサイト「キャンパス・ウォッチ」は、全米の中東研究者について、学生・同僚からの通報にもとづき反米・反イスラエル的傾向がないか追跡調査している。〇三年秋に米下院が可決した「高等教育〈国際学〉関係法」（HR3077）は、地域研究に対する連邦予算の資金配分について特別に審査する監督委員会を設置するもので、主要な関心は中東・イスラーム研究から非愛国的要素を排除するところにあると見られている。これらは、学術面でイスラエル・ボイコットがあらためて話題となりはじめた国際的動向に対抗するものでもある。

中東の人々は、米国の民主主義が直面する事態に対して、他人事ではない特異な立場から、痛切な実感をもって観察しているのだ。しかもその観察は、イラクやパレスチナやその他の現地において米国とのっぴきならぬ接点をもった自分たち自身の日常の体験と結びあう。そして、その日常生活とは、文字通りみずからの死活を賭けて民主主義的参加を要求する現実にほかならないのである。与えられたり模倣したりする民主化でなく、かちとる民主化だ。手続き・形式や制度としての民主主義でなく、活きてはたらく民主主義、実現と獲得のプロセスとしての民主主義が問題にされている。「民主主義は現在、それが弱体であったところで前進しつつあり、それが強力であったところでは後退しつつある(3)」。

二分法的思考の強制としての反テロ戦争

反テロ戦争の思想は、敵・味方、善・悪、正・邪の単純な二項対立を定式化する二分法に根ざしている。米国社会において、それは共和党右派を支える勢力として急成長してきたキリスト教原理主義の福音派運動が尖鋭に打ち出してきた思考法だが、同時にそれは「神のみもとのワン・

ネーション」に帰属する「愛国心」（国旗への誓いがその象徴）とほとんど同義の、はるかに広範な「市民宗教」的基盤によっても強化されている。こうして米国市民の間に醸成される「選民」意識は、ともに先住民を排除し殲滅する植民国家として、イスラエルとの微妙な（＝反ユダヤ主義と交錯する）一体感を生み出すのだ。米大統領選の帰趨によっては「ブッシュの戦争」は終わるだろう。だがすでに繰り返し強調したように反テロ戦争の根底にパレスチナ問題がある以上、民主党に政権が移っても反テロ戦争がただちに終わるわけではない。反テロ戦争の克服は「二一世紀的」課題なのである。

アイデンティティ複合に対抗する宗派／民族別統治の矛盾

十字軍の「二つの世界」論が東方問題の「モザイク社会」論に接合した歴史が語るように、二分法思考は多角的宗教紛争の煽動・操縦の技術と不可分だった。イラク占領下の「イラク人への早期主権委譲」プログラムにおいて、一八六四年レバノン組織規約にはじまるターイフィーヤ（セクタリアニズム的編成）のモザイク社会管理方式への誘惑がつよく作用している。ナポレオン三世のレバノン征服（六〇年）を機にオスマン帝国の「自治地方」として分離されたレバノンでは、ヨーロッパ列強の監視下で各宗派代表（マロン派四名、ドルーズ三名、ギリシア正教徒三名、メルク派、スンニー、シーア派各一名）からなる行政会議が設置された。この後、宗派別ポスト配分比率を定めた編成にもとづくレバノンの政治構造は、二回の内戦をはさんで現在まで続いている。米国政府は、ポスト湾岸戦争期の対イラク制裁でも、イラク戦争の準備過程でも、そしてイラク解体につながる気配の強い「イラク戦後」処理でも、伝統的な宗派／民族別編成の思考法にとりつかれてきた。暫定占領当局CPAが二〇〇三年夏に発足させた元亡命イラク人中心の統治評議会は、シーア派一三、スンニー五、クルド五、キリスト教徒、トルコマン各一の構成だった。ターイフィーヤによる人間・空間分類、宗教紛争の挑発・仲裁・管理のヨーロッパ型思考／行動様式は、パレスチナ問題の装置／運転とも完全に通底する。イラク戦争の「後始末」において、イラク民衆は、アイデンティティ複合（たくさんの「私」の選び分け）を自由自在に発揮して、ターイフィーヤ的操縦に頼る反テロ戦争の古めかしい策略を乗り越えられるだろうか。(4)

新しい世界秩序の原理としてのタウヒード（多元主義的普遍主義）

アイデンティティ選択という政治化は、都市化・商業化と結びあいつつ、人類文明の揺籃の地＝中東ではぐくまれてきた個人主義・合理主義・普遍主義の生き方の社会的発現形態だった。多様性・多元性こそ、「自然」そのものであり、人間と社会のインテグリティの源、活力なのだ。宇宙万物／森羅万象の個別性・差異性、物質・生物・宗教・言語・文化の多様性を強調して、現象にやどる神の徴候の「やおよろず」性を説き、文明間対話＝「和・サラーム」のグローバリズムを内蔵しているイスラームが、その基本理念として提示してきたタウヒード（多即一、多元主義的普遍主義、「条件付き無神論」の一神教）は、アイデンティティ複合をダイナミックに生き抜くための統合原理だといえよう。複数の正義に折り合いをつける公正な中道が求められる。いまやタウヒードは、気がついてみたら、世界諸地域における現代思想の営みの深部に「発見的閃き」

ないし「活性剤」となって浸透してしまっており、その汎用性が証明されている。ところがイスラーム教徒の場合は、その多数が、みずからの内部でタウヒードを摩耗し減衰させてしまったことをきびしく自己批判している。イスラームそれ自体が、タウヒードの再評価、再獲得、再活性化という課題に応えることを迫られているのだ。二一世紀の人類にとって、反テロ戦争の二分法的・二項対立的構図の呪縛から身をふりほどき、共滅の運命を回避できるかどうかは、新しい世界秩序の形成に向かってタウヒードの普遍主義的論理／普遍主義的精神をいかに積極的に活かしていけるだろうかということと、じつは表裏一体なのである(5)。

4　帝国の終わりと国際社会を横溢する公共性

世界の無力感からの出発

イラク戦争がもたらしつつある災厄は測り知れないが、残す傷跡はながく疼き続けるだろう。傷跡の一つは、なによりもまず、〇三年三月、国際法の規範を無視し国連安保理の多国間協議の場を勝手にぬけ出して先制攻撃に走った米英両国の行動に、歯止めをかける仕掛け、知恵、力がついに存在しなかったということである。世界のあるべき未来を指さす言論も、世界の市民たちの反戦の意志も、安保理のシステムを護ろうとする努力も、道理をまげぬ小国の意地も、黙々と査察を進める要員の精励も、はては時期や態度はどうであれ決議一四四一の強硬条件を受け入れたイラクの屈服すらも、「戦争」をとめられなかった。二一世紀の世界秩序の再建は、このような世界の無力から出発しなければならない。

国連の役割

反テロ戦争パレスチナ局面に関しては、国連は、三〇年を超える期間、米国が連発するイスラエル擁護のための拒否権発動によって金縛りにあってきた。ところが、イラク戦争に関して、国連は米国から後脚で砂をかけられたあげく、尻拭いをさせられようとしている。〇三年五月安保理決議一四八三は占領軍の実質的な全権と国連事務総長特別代表の協力とを認め、八月の決議一五〇〇は統治評議会設立を評価・歓迎し国連支援代表本部の設置を決定するが、その直後バグダードの国連事務所は爆破され、要員撤収を余儀なくされる。一〇月、決議一五一一がイラク国民への統治主権の早期返還に向け、統治評議会に憲法制定や選挙実施の日程・要綱を定めるよう求めると、占領統治に難渋する米国は、〇四年六月末イラク暫定政権を樹立、憲法制定・選挙を経て〇五年末権力委譲を終了、という予定表を決める。

しかしイラク人の間では、そもそも傀儡「統治評議会」の主導やそれが署名した「基本法」など認めず、暫定議会や暫定政権も国民の直接選挙で選ぶべきだとする要求が強く、他方、米国は米軍駐留の永続化と政治的影響力の確保とを狙っている上に、主権委譲過程で内戦に火がつく可能性もあるから、のめり込む国連は三角波にのまれて溺れる危険がある。ブッシュ政権は、〇四年四月には「ベトナム化」が顕著となる苦境のもとで、一方ではなりふりかまわぬ国連利用の姿勢を示しながら、他方では、米国歴代政権のとってきた政策原則を放棄して、イスラエルのヨルダン川西岸入植地の承認、離散パレスチナ人の帰還権の否認という錯乱的迷走状態に入った。このようにしてイラク情勢はパレスチナ局面のとめどもない深刻化と連動するし、無為無策のアラブ諸国には体制変動の激震が避けられず、中東諸国体制のドミノ倒しも起きるだろう。米国が犯した放火の延焼で、消火に身を挺する国連が焼け死なないとはかぎらない。国連は人道主義の献身的消防士であるだけでなく、放火犯を裁くという正義を行う責任もあるはずだ。

米国が安保理決議抜きでイラク戦争に突入した背景には、四年前の一九九九年三月NATO（北大西洋条約機構）軍がコソヴォ紛争に介入、七八日間に及ぶユーゴ空爆を行った実績があった。それは、人権擁護の緊急度が高ければ受け入れ国や関係国の同意がなくても許されるとする「人道的介入」を名として、しかもロシア・中国の反対を回避するため安保理の承認を得ることなく、EU首脳会議の決定という「バイパス」を使って、敢行された武力行使だった。当時米国は、アルバニア人の人権擁護という人道上の理由から、空爆の根拠を「合法性」でなく「正当性」に割り振っていた。

各国の負うイラク戦争の歴史的責任

こんな伏線に乗ってもいた仏・独が、イラク戦争に際しては原則を堅持しようとしたのは、世界秩序再建に希望を与えるものだ。しかし、イラク戦争が一面で古風な植民地征服戦争の趣を呈していることからすると、米国ひきいる有志連合の内外を問わず、歴史的に中東の秩序形成に関わってきた国々の「現在的」責任は重い。フランスは英国とともに、イラクを含む「中東諸国」

の設計施工にあたった。その前提として、イラクを国際政治の焦点に据えたのは、三B政策とバグダード鉄道建設を推進したドイツだった。日本も、「南洋群島」（ミクロネシア）委任統治とのかねあいで、サンレモ会議メンバー国としてイラクの枠組み作りには責任がある。(6) 人工国家イラクの強権体制、石油開発、社会経済開発、クルド問題、湾岸軍事パワー化などに関与した国々、すなわち英、やがて米はいうに及ばず、露（ソ連）、日、仏、独、中、ブラジル、北朝鮮、その他あまたの国がイラクの現在および未来に責任を負っている。このことは、中東のこれからが、二一世紀世界のあり方を方向づける鍵だということでもある。

「帝国」の終わりとしてのイラク戦争

イラク戦争は米国という「帝国」の一極支配の「はじまり」を印象づけたようだ。だが、現実はむしろ「帝国」の「終わり」を暗示するものである。E・トッドは、一九五〇年代から六五年が米国の普遍主義の絶頂期で、それはローマ帝国のそれと同様に謙虚で寛大だったが、経済・軍事力と知的・文化的寛容とが組み合わさっていた「あの時代」は今やはるか昔のこと、と述べる。(7) たしかに、米国の貿易収支赤字は「帝国の課徴金」だという意味で米国経済は世界の支えなしには成り立たず、米国の軍備は世界の資源を統御する覇権を維持するにはまだ小さすぎる。(8) すでに湾岸戦争も、資金を支弁したのは日・独・サウディアラビア・クウェートだった。米国にとってイラク戦争の泣き所は、犠牲者の増大に加え、9・11以来のからくりの露見によって、国民の支持が急落する心配とともに、むしろそれ以上に、ドルの信認の崩壊によって経済破綻が表面化すること、有志連合が瓦解をはじめること、なのだ。英政権は揺らぎ、スペイン政権は倒れ、そのスペインはもちろん、ポーランドもオーストラリアも韓国も派兵を見なおすようになる。日本は、資金協力の次元を超えて、象徴としても重要な「軍事」パートナーとして浮上することとなった。米軍事力の維持のための「地位協定」に関しても、日米関係は「比類なき」参照事項となる。

「帝国」の終わりの過程における公共性言説

「帝国」の終わりの過程だからこそ、「世界政府」としての振る舞いが大事なのだ。「同盟」が人類的使命を語るのも、軍隊が人道援助に名乗りをあげるのも、侵略と占領支配に国をこえる「公共性」が「錦の御旗」として充当・濫用されるのも、9・11以降の反テロ戦争体制という「守り」の段階に特徴的な現象なのである。公海上の臨検・拿捕という手段で大量破壊兵器の輸送を阻止する国際連携について、これを選ばれた「有志」のイニシャティブで組織しようとする拡散防止構想PSIも、その現れの一つだ。

こんな状況のもとで、「正義の戦争」、「人道的介入」、「情報循環」、「公正な平和」、などの諸概念が、意図的にまるで一本のヒモか鎖のように連結させられてしまう認識マジックが出現してくる。「戦争」も「平和」も、連続スペクトル上の特異帯にすぎなくなる。プリズムを回転して光の屈折を変えるように、コンセプト間の拡散と集束を都合に合わせてあやつるレトリックが、「公共性」を略奪しもてあそぶのだ。「国を超える超え方」への国家の浸食が、二一世紀開幕時の反テロ戦争体制の特質である。それはグローバリゼーションと呼ばれる現実のファサード（建物正面）でもある。

国家の超え方のパタン

一般に非国家的主体が「国を超える」超え方のパタンには、次のようなものが考えられる。もちろん、以下は例示であって、悉皆リストなどではない。

A　民　衆　型　　人民連帯的（国際的・通民族的・マルチチュード的）／非暴力抵抗的／「女の平和」的／市民運動的

B　人間安全保障型　　NGO的（医療・教育・地球環境・エコロジー・社会開発・ジェンダー・難民移民支援・反差別・貧困対策・紛争解決・秩序形成など）／資源関連（保全・開発・管理など）／バイオ技術関連（生物種管理・生命操作および倫理など）

C　トランセンデンス型　　アガペー的／ユダヤ人的（「同化＝異化」的・ザムザ的）／「イマジン」的／カウンターカルチャー的／仏教的（慈悲・縁起・恩・自利利他）／サイバーネット的／マネーゲーム的／多国籍企業的

D　コミュニケーション型　　プロフェッショナル（専門職業）的／愛好的（スポーツ・芸術芸能・ファッション・趣味など）／言語的（ポリ・マルチ・ユニ言語、翻訳・通訳）／多文化主義的／文明間対話的

E　インフォーマル型

結社的（幇・マフィア・暴力団など）／戦力的（雇い兵・義勇兵・民兵・武器密輸・海賊など）／生命操作的（臓器売買・代理母など）／アングラ取引的（麻薬売買・人身売買・不法就労斡旋・密貿易一般など）／人間移動関連（難民・非合法移民・密航など）／サイバー攻撃関連

F　イスラーム型

［強烈な人類主義、ネットワーキング志向、個人（ポテンシャル家族）と人類（最大家族）とのあいだで伸縮する「族」的結合（アサビーヤ）の自在の（都市化・商業化・政治化された）組み替え］

以上のような個人・集団・団体の主体的イニシャティヴのもとにあるはずのさまざまの局面に、国家主体による「国を超える超え方」の収奪と横領が先回りして拡がっている。その中で「公共性」への人々の熱意はナショナリズムに回収され、戦争が「平和」と「人道」を動員して消費し、平和を求める世論の動向ないしはその波動さえも、戦争遂行者による「公共性」専用化のヘッジ手段にされてしまう。このゴルギアス的袋小路から、われわれはどうしたら脱出できるだろうか。

5　むすび――新秩序構想のインキュベーション

反テロ戦争体制の向こう側に新しい世界秩序を構想しようとするとき、そして国際機構の現状をどのように再組織していくことができるかについて考察するとき、イラク戦争に先立ち、またそれを通じて、世界の民衆が表現し伝えようとした非戦の意志が、上に見たような反テロ戦争体制を乗り越えて、どのような新しい、自立的であって開いた「公共性」空間を創造できるかが鍵となるだろう。日本社会についていえば、自衛隊のNGO化（NGOで包囲し相互浸透して変態をとげる、自衛隊法を改正する、といった）プログラムも検討すべきではないか。初発段階のサマーワ派遣部隊の、戦いにいくのではないとの「初心」、そして「保護」（本来ならヒマーヤ／ジワール）を受ける軍隊という「新奇さ」は、発展させなければならない。いずれにしても、いま人類は、ダイナミックな構想力の孵化（インキュベーション）を多様に試みるべきだ。

注

（1）Cotler, Irwin, Human Rights and the New Anti-Jewishness, *The International Jerusalem Post*, Feb. 20, 2004, pp. 9-11. これは、カナダの法相に就任する前、二〇〇二年一一月に、I・コトラーが理事をつとめていたJewish People Policy Planning Instituteにおいて発表した彼の論説を再録したもの。

（2）Kramer, Martin, Ivory Towers on Sands : The Failure of Middle East Studies in America, Washington Institute for Near East Policy, 2001. による弾劾など。

（3）エマニュエル・トッド（石崎晴已訳）『帝国以後』（藤原書店、二〇〇三年）三九頁。

（4）アイデンティティ複合と関連する地域論について、公共哲学ネットワーク編『地球的平和の公共哲学』（東京大学出版会、二〇〇三年）、所収の板垣雄三「反テロ戦争と地球的平和」二五～二六頁を参照。

（5）本段落については、板垣雄三『イスラーム誤認』（岩波書店、二〇〇三年）、およびマフディ＝エルマンジュラ・板垣雄三『メガ帝国主義の出現とイスラーム・グローバル現象』(世界書院、二〇〇四年)の関係箇所を参照。

(6) 一九二〇年四月、イタリアのサンレモで開かれた。第一次世界大戦の連合国がオスマン帝国アラブ領域の戦後処理に関して、イラク・パレスチナに英国の委任統治を、シリア・レバノンにフランスの委任統治を、布くことを決定。大戦中に結ばれたサイクス・ピコ協定など秘密の協約(フサイン・マクマホン往復書簡やバルフォア宣言等を含む)の錯綜を調整し、あらたに設置する国々の境界線の線引きを行うことにより、二〇年代初めに進行するトルコ・イラン・エジプト・サウディアラビアなど周辺諸国の枠組みの確定とも連結するものとして「中東諸国体制」の基礎固めがなされた。

(7) トッド・前掲書(注3)一七〇頁。

(8) トッド・前掲書(注3)一〇八頁、一二〇頁。

第3章　世界史認識と平和

油井大三郎

1　はじめに

歴史学の問題として「平和」を考えることには困難が伴う。それは、歴史学が価値志向的な学問ではなく、価値中立的な実証科学であるといわれるからである。事実、世界史をひもとけばいつの時代にも数多くの戦争が発見されるのであり、その結果、戦争は人間の「本性」に由来するという議論さえ出て来るのである。そうした中で「平和」を歴史の問題として分析することはどうしたら可能になるのであろうか。

このような根本的な問題に直面した場合、多くの歴史家は当惑を感じざるをえないだろう。しかし、歴史家も一人の市民であり、人間であれば「平和」を望む気持ちを抱くのも当然であるから、一つのアプローチとしては平和思想や平和運動の歴史を発掘し、叙述することで責任を果すことが考えられる。しかし、どれ程、平和思想や平和運動を発掘したとしても、それぞれの時代に戦争が勃発した事実も無視できないのであり、それぞれの時代の平和思想や平和運動がなぜ戦争を食い止められなかったのか、という問題も避けて通れないのである。

つまり、平和の問題を、歴史学的に分析するためには平和と戦争を相関的に研究しなければならないのである。また、いつの時代にも戦争があったといっても、その動機や形態には変化がみられるのであり、その形態変化の原因探求が平和の可能性の拡大に繋がる面にも注目する必要があるだろう。

そこで、本章では、紙幅の制約から、歴史学の問題として「平和」を考える際に重要と思われる三つの問題に限定して、主要な論点を整理してみたい。

その第一の問題は、戦争の起源をめぐる論争である。歴史学では農耕社会の始まりに伴う国家の成立に戦争の起源を求める見解が多いが、他方、人間の「闘争本能」に起源を求める行動生物学の見解によると、国家の成立どころか、人類の誕生から戦争は存在することになる。まずこの問題を考えてみたい。

次に、近代となり、民主化や近代化が進むに連れて、戦争が抑止されるという「デモクラティック・ピース」論の妥当性を検証してみよう。この説では、戦争を専制君主や独裁者による領土拡大や権力維持の野望に由来すると考え、民主化が進み、戦争に反対する自由や文民統制が確立すれば戦争の発生は抑止されると主張している。しかし、民主化や近代化が進んだ二〇世紀は最も戦争の犠牲者が多数発生した時代として知られており、民主化の進展と戦争の関連には慎重な検討が必要となる。

最後には、近年、歴史学のみならず、カルチュラル・スタディーズなど様々な分野で注目されている「戦争の記憶」をめぐる論争の意味に注目してみたい。「戦争の記憶」研究においては、従軍慰安婦問題をめぐる論争でしめされた通り、文献実証主義的な伝統的歴史学が批判され、悲惨な戦争体験をもった人々が数十年を経てようやく語り始めたオーラル・ヒストリーの重要性が強調されることが多い。このような「記憶」研究の台頭は「平和」の歴史的研究に何を投げかけているのだろうか。

以下ではこの三つの問題を中心として主要な論点を整理してみよう。

2　人間の本能と戦争の起源

本能の二重性

戦争の起源については、もちろん歴史学の独擅場ではなく、考古学や人類学、心理学、さらには行動生物学などからも多くの学説が提起されており、現在でも極めて論争的である。その際、特に中心的な争点となってきたのは、戦争が人間の闘争本能のような先天的な要素に由来するのかどうか、という点であった。もし、この問いを肯定すると、戦争は不可避の現象とされることになり、戦争の原因を社会や文化などの後天的な要因で分析する傾向の強い歴史学や文化人類学などの解釈と真っ向から対立することになる。

この闘争本能説の先駆としては、精神分析学の開祖であるフロイトが挙げられる。彼の場合、人間には性的欲動と破壊欲動があり、後者が歴史上みられた数々の残虐行為の背後にあったと分析し、戦争の本能起源説を主張した。しかし、同時に、フロイトは、この破壊欲動を共同体的感情の発達に基づく法の発展によって抑制することも可能であると主張した。[1]

それに対して、行動生物学者のコンラート・ローレンツが一九六三年に刊行した『攻撃──悪の自然誌』の場合は、より一層先天的要素の重要性を強調する解釈であった。つまり、彼は、豊富な動物観察に基づいて、攻撃的行動は種維持という役割を果たしており、系統発生に伴う適応を通じて前もってプログラミングされており、人間にも同様なことがいえると主張したのであった。[2]

このような戦争の闘争本能起源説に対しては多くの批判が投げかけられた。特に、第二次世界大戦後の世界ではナチズムによるホロコーストなどの反省からジェノサイドや戦争をどのようにして防止できるのか、という点に主要な関心が集中していただけに批判的な意見がでるのも当然であった。そうした結果、一九八六年五月にスペインのセビーリャで開催されたユネスコの国際会議では「戦争はほかの動物にはみられない人間に特有の現象」であり、それは「文化の産物」であるとする声明が採択された。[3]

しかし、その後も生物学者による闘争本能起源説を補強する成果が出されている。例えば、ハーバード大学の人類学教授であるリチャード・ランガムが、科学ライターのデイル・ピーターソンとともに一九九六年に刊行した『男の狂暴性はどこからきたのか』という本では、同一種の仲間に対する攻撃を行うのは人間だけとの説を否定して、チンパンジーも同種殺害を行うことをアフリカでの観察に基づいて主張している。但し、この本では、攻撃性はオスの特徴とされ、メスの地位が相対的に高いボノボというチンパンジーの姉妹種ではオスの攻撃性が抑制されているとして、性別による攻撃性の差が強調されている[4]。

つまり、同じ生物学的な成果であっても、闘争本能とともに、闘争を抑制する要素の解明も進んできた点が興味深い。例えば、ローレンツの弟子にあたるアイブル=アイベスフェルトが一九七五年に刊行した『戦争と平和』の中では、「多くの動物においては、種内の攻撃行動は、敵に障害を与えないように儀式化されている」点が強調されている。それに対して、「人間の集団相互の攻撃行動は、一般に敵の壊滅をめざす。これは、文化的な疑似種形成の結果であ」り、「人間は殺すことを禁じる生物学的な規範のフィルターに、殺すこと命ずる文化的なフィルターをかぶせてしまった」と主張している[5]。

このアイブル=アイベスフェルト説で興味深いのは、同一種内の殺害を禁じることをむしろ先天的要素とみなし、殺害を命じることを「文化」という後天的な要素に由来すると解釈している点であり、それまでの行動生物学の主張を逆転させている。つまり、人間以外の動物では同一種内の殺害を避ける傾向があるのに、人間がそれを行うのは人間内部に「疑似種」的な差異を求めようとする「文化」に由来すると分析しているのである。

このように、行動生物学の論争の中では、先天的要素として闘争本能だけでなく、自分が帰属する集団の保存本能の存在も指摘されてきた点が重要であろう。しかし、人間の場合には、同一種内での殺戮が絶えないという特徴があるのも事実であり、それ故、人間の場合、自分が帰属する集団意識がどのように形成されてきたのか、を歴史的に分析することが重要になるのだろう。

国家の発生と戦争の起源

歴史学や考古学の場合、戦争の起源を人間が狩猟・採取生活から農耕・定住生活に移行した後の段階に求める考えが強い。たとえば、日本の考古学を専門とする松木武彦はつぎのように指摘している。「農耕にもとづく生産システムや生活スタイルが成立することが、社会のなかで認知された組織的な闘争としての戦争が現れるための経済的な条件となる」と述べ、農耕社会の特徴が明確になる弥生時代から戦争の証拠がはっきりと現れてくるとしている。[6]

それに対して、アイブル=アイベスフェルトの場合は、スペインで発見された旧石器時代の洞窟画の中に弓矢で人を撃つ光景が描かれていることや発見された人骨に石斧や弓矢によるとみられる損傷があったことなどを根拠として、狩猟・採取時代の人間が平和的であったという説は「神話」であると反論している。[7]

考古学は筆者の専門外であるため、この論争に決着をつける程の知識を持ち合わせてはいないが、確かに狩猟・採取段階でも狩猟場の縄張りをめぐる武力衝突はあったと推測される。また、農耕社会と比べて、遺跡や遺物が残りにくいので、戦争の跡を発見しにくいという面もあるだろう。それ故、狩猟・採取社会をアプリオリに「平和的」と即断すべきではないと思う。

しかし、同時に、集団的な武力衝突が即戦争といえるのかどうか、という点の検証も必要である。それは、集団的な武力衝突という面だけだと、戦争とやくざの武闘とは区別がつかなくなるが、やくざの武闘の場合、殺人は違法行為として罰せられる。一方、戦争の場合には、他国の兵士を殺害しても、罰せられないどころか、「英雄」視されることが多い。つまり、戦争には、国家による戦闘行為の「公認」という要素が重要であり、また、専門的な戦闘集団が形成され、自分の意思に反して戦闘に参加させられる場合が多々あり、そこには国家による戦闘の強制という側面が介在しているのである。

つまり、戦争の農耕社会起源説を唱える場合には、農耕定住社会の形成にともない、農地の配分や灌漑の整備などの機能を担う国家が成立し、戦闘行為に「公」的性格が付与される点を重視しているのである。

その点で興味深いのは、国家成立以前にみられた戦闘を、ジョン・キーガンなどが「原始的戦争（Primitive War）」として区別し、それが「儀礼的」な性格をもっていたと主張している点である。但し、これらの説は、現在も残っているとされるいわゆる「未開社会」の状況を数千年前の「原始社会」と同一であると推定しているという限界ももっている点に注意する必要がある。

そのような留保をした上で、ブラジルとベネズエラ国境地帯を流れるオリノコ川上流に居住するヤノマモ族に関する民族学的調査の結果をみてみよう。彼らの場合、四〇人―二五〇人くらいの血縁者からなる部族単位で生活し、焼き畑を主とする移動生活をしているため、土地の領有をめぐる部族対立はあまりみられないという。むしろ、近親相姦を避けるため、他の部族から女性を迎えようとしてうまくいかない場合に、衝突が発生する。しかし、その際、それぞれの部族が血縁関係にある場合には衝突といっても、最初は代表同士が相手の胸を叩き合う決闘をおこなうが、決着がつくと、戦闘は終結するという。

また、ニューギニアのマリング族の場合には、無人地帯に集結して、相互に相手を罵倒しあった上で、槍や火矢を遠くから投げ合い、敏捷にそれをよける形で肉弾戦を避ける「戦闘」を展開するが、たまたま死傷者がでると「戦闘」は集結するという[8]。

このように「未開社会」では、部族同士が血縁関係にある場合、戦闘を儀礼的なものにとどめる自制が働いているが、逆に、血縁関係にない場合には「絶滅戦」を展開することもあったという。つまり、「未開社会」の場合でも、内集団と外集団の区別が作用していたのである。同様な傾向は、生産力が低く、生存率も低かった「原始社会」の場合にもみられたと推定できるだろう。

しかし、新石器時代に入り、氷河の後退により湿潤な森林地帯が拡大し、人間の生活が農耕・牧畜段階に移行し始めると戦闘の様相は変化し始める。それは、農耕社会の場合には、一定の土地を保有し、そこで収穫を得るため、土地を守る気持ちが飛躍的に高まるためであろう。例えば、紀元前七〇〇〇年ごろのものと推定されているヨルダン渓谷のイェリコの遺跡は、新石器時代最古の集落の一つと見られているが、そこでは大規模な城壁や濠が発掘されており、外敵の侵入を防ぐ装置が施されていたことが分かる[9]。

この傾向は、ティグリス・ユーフラテス川やナイル川、インダス川、黄河などの流域で潅漑を利用した一大農耕社会を形成した古代帝国になると一層顕著になる。この段階になると、絶対的な権力をもった君主が登場するとともに、専ら戦争に従事する戦士身分が登場するし、聖職者や農民、商人などの身分や階級の分化も顕著になった。

それ故、戦争を「国家による武力の組織的な対外的行使」と定義した場合には、戦争の起源は当然ながら国家の発生以来ということになる。しかし、だからといって、ルソーのように「原始社会」を「平和的」と理想化するのも一面的であり、狩猟・採取時代にもみられた集団的な武力衝突と農耕社会や国家発生後の戦争との連続性と断絶性を統一的に把握することが求められているといえるだろう。

同時に、注目すべきは国家の発生とともに、その効力が内集団の内部に限られるにせよ、「法」の形成が一様にみられたことである。たとえば、長い間世界最古の法典といわれてきた「ハンムラビ法典」には、「目には目を、骨には骨を、歯には歯を」という有名な「復讐」を是認する条項がある。

このような「復讐」を是認する条項の存在は、刑罰が国家によって一元的に科されるようになり、私的な復讐が禁じられるようになった近代以降の時代からみると「野蛮」で、むしろ「法」の未発達状態の表れとみえる。しかし、当時の文脈で考えた場合には、この復讐規定はむしろ復讐が際限なく拡大して、社会の秩序が混乱するのを避けるために、報復を被害と同程度にとどめるために規定されたと解釈されている。[10] つまり、「法」の発生の背景には、支配者による統制という面だけでなく、帰属集団内部の共倒れを防ぐ「共同意識」が作用していた。

以上のような戦争の起源をめぐる論争が示すものは、人間に闘争本能があるといっても、同時に、人間は集団生活を不可欠とするだけに、内集団の内部では殺人にいたるような闘争は避けようとする「種の保存本能」が働いてきたという興味深い事実である。また、国家が成立するにつれて、外集団に対する戦闘行為は「公認」される一方、内集団内での殺人は「違法行為」として罰せられるようになっていったのである。

つまり、戦争と平和の相関を歴史学的に検討するためには、人間社会の集団形成における「内」と「外」の境界の形成過程、とくに、血縁、地縁集団から民族にいたる過程の境界設定の原因とその意味の変遷の検討が極めて重要になってくるのである。

3　近代化は戦争を抑止したのか

民主主義の戦争抑止効果

市民革命による近代社会の成立は、前近代社会にみられた地方割拠性を克服し、内集団を「国民」の単位にまで拡大するとともに、身分制を一掃し、「法の下の平等」を実現した。また、前近代社会でみられた宗教や神話による「法」の権威づけも政教分離の確立などによって一掃され、「法」の自立的な支配も達成されたといわれるが、このような近代社会の成立は果たして戦争の抑止に繋がったといえるのだろうか。

「デモクラティック・ピース」論の提唱者として知られるブルース・ラセットは、古代ギリシャに遡って、民主制を採用していた都市国家間での戦争は、専制国家間のそれに比べて抑制されていたことや近代以降も民主国家同士の戦争は少なかったと主張している。

このような民主主義の発達は世界に平和をもたらすという期待感は、むしろ市民革命期の啓蒙思想家が先駆的に主張していたことであった。たとえば、イマニュエル・カントは、一七九五年に刊行した『永遠平和のために』の中で、世界平和の実現には、共和制の普及とともに、常備軍の廃止や戦債発行の禁止、内政不干渉、さらには、諸国家の連合や世界市民法の成立などが必要であると提言していた。

このような市民革命期の「デモクラティック・ピース」論は、西ヨーロッパの場合、中世末期に成立した絶対君主制国家の間で戦争が多発したという現実に裏付けられていた。それは、一六四八年のウェストファリア条約が「主権国家システム」の成立を画したと評価されるように、ローマ教会の宗教的権威から国家が自立し始め、国益追求の手段として戦争に訴えることが増加したからであった。しかも、絶対君主は、常備軍と官僚制を整備して、中央集権的な権力を確立していったから、中世の地方分散的な状況に比べると、君主の利益や権威を高めるために開戦に打って出ることが容易になっていた面も否定できない。その上、一五世紀末からの「大航海時代」の始まりは、非ヨーロッパ地域へのヨーロッパの領土や市場の膨張を随伴させ、その主導権をめぐる「覇権争奪戦」が激化した面もあった。

その結果、戦争多発の原因が専制君主制にあるという認識が啓蒙思想家などの間に共有されていったが、同時に、近代資本主義の発達による世界貿易の拡大が平和をもたらすという期待感も加わっていた。たとえば、ジョン・スチュアート・ミルは、「戦争の反対方向に作用する個人の利益の強化増大により、商業こそが戦争を時代遅れなものと化しつつある。国際的商取引の急速な発展は、世界平和を保証する中心的役割を果たす」と主張していた。(11)

現在からみると、資本主義的な世界経済の発達が世界平和を実現するという考え方はあまりに楽観的であったと言わざるをえないが、そのような期待は、第一次世界大戦期に帝国主義を批判したジョセフ・シュンペーターの著作にも継続されていた。彼は、「純粋に資本主義的な土壌の上には、帝国主義的な衝動は育ちにくい」と考え、当時のドイツの好戦性は、絶対主義的な体制が存続しているためと考えた[12]。

つまり、民主主義や資本主義の発達が世界に平和をもたらすという考え方は、二〇世紀に入っても生き残っていたのであり、第二次世界大戦後の米国では、先のブルース・ラセット説に見られるように、むしろ体系化して主張されるようになっている。その上、冷戦終結後には、市場経済化や民主化を推進する「グローバリゼーション」の主張が強まり、二〇〇三年のイラク戦争において「民主化」は、「大量破壊兵器の禁止」と並んで、フセイン独裁政権を打倒する戦争を正当化する論理として展開されるにいたった[13]。

このように「デモクラティック・ピース」論は、依然として現在でも影響力を残しているのであるが、それは、民主制の実現によって軍部の暴走を抑制する「文民統制」が制度化されたり、言論の自由の保証によって戦争反対の声を国民があげられる状況が確保されることなどを根拠にするものであった。特に、世界に先駆けて民主制を採用した米国の場合には、その自負も手伝って、「デモクラティック・ピース」論への信頼が強いといえるだろう。

さらに、市民社会の到来により、「法の下の平等」が実現し、民衆は利害対立を武力でなく、話し合いや法の裁きで調整できるようになったことも重視されていた。つまり、古代から芽生えはじめていた「法の支配」が近代になり、国民一般を包含するようになった結果、国民という「内集団」の内部では武力の行使が抑制されるようになったのであった。

国民民主制の境界

しかし、現実には近代以降、むしろ戦争の数が増加しただけでなく、犠牲者の数も激増したのが実態であった。たとえば、「ヨーロッパの膨張」が始まった一六世紀から二〇世紀までの兵士の戦死者数は約四六一二万人にものぼると言われるが、それを世紀別に比べると、一六世紀が三・六%、一七世紀が一〇・三%、一八世紀が一二・六%、一九世紀が七・七%を占めるのに対して、二〇世紀は実に六五・八%を占めることになる。[14] しかも、二〇世紀に入ると、民間人の犠牲者数が激増するため、それを算入すれば一層二〇世紀の比重が上昇するのは確実である。イギリスの歴史家、ホブズボームが二〇世紀を「極端な世紀」と呼んだのもそれ故であった。[15]

二〇世紀の世界では多少なりとも民主主義的要素を導入し、資本主義的な経済体制に移行する国が増加していったことを考えると、民主化や資本主義化が進展すれば世界が平和になるとの期待は世界史の現実によって裏切られたと言わざるをえない。

その原因には様々な側面が考えられるが、まず第一にあげられるのは、工業化の進展を背景とした兵器の殺傷能力の飛躍的な発達である。しかし、このような兵器を使用するのは軍隊であり、軍隊の編制上の変化も第二の要因として重大であった。なかでもフランス革命に始まる国民軍の登場が戦闘能力を質量両面で飛躍的に高めることになった。[16]

つまり、近代になると徴兵制による巨大な国民軍の動員が可能になったのであり、しかも、国民軍の兵士は国家との強い一体感に裏付けられて、徹底して戦うようになった。その結果、原始社会や中世の騎士道などでみられた「儀礼的戦い」の性格は一掃され、戦闘は凄惨な様相を強めたのである。また、中世ヨーロッパにみられたような、同じキリスト教徒間の殺戮を自重するような「神の平和、神の休戦」といった宗教意識からくる自制も、近代社会の世俗化とともに影響力を弱めた面もあった。その結果、近代のヨーロッパでは、キリスト教徒の共同意識よりもそれぞれの国民のナショナリズムが主要な社会意識となっていったのである。

その上、第三に、二〇世紀に入ると、戦争での勝利は戦場だけでは決着がつかず、銃後の軍需産業や一般国民の士気に対する攻撃も不可避であるとする「総力戦」という新しい戦略思想が登場したことの影響が甚大であった。[17] その結果、この戦略が最初に適用された第一次大戦ごろから民間人の犠牲者が激増するようになった。

こうした事態は、話し合いによる問題の解決を旨とする民主主義にとっては根本的な矛盾であった。なぜなら、近代に成立する民主主義は、理念としては人権の「普遍性」を強調したからであるが、実際の運用は国民国家の範囲でしか展開しなかったため、自国民以外の人々を「他者化」し、彼らに対する敵対心や蔑視感がむしろ強化される傾向があった。つまり、近代の民主主義は「国民民主制」として展開されたのであり、そこにおける内集団は「国民」の範囲に限定されていたのである。

4 「戦争の記憶」とナショナリズムの相対化

ナショナリズム離れの始まり

二度の世界大戦が「総力戦」として、また文字通り世界的規模で戦われるなかで、兵士のみならず、民間人の犠牲者も激増していった。その結果、西欧や日本では「戦争はもうこりごり」とか、「戦争は割に合わない」という意識がかなり広範な国民の間に形成されていった。たとえば、西欧の場合、第一次大戦直後からクーデンホーフ・カレルギーなどによって「ヨーロッパ合衆国」建設の運動が始まり、世界恐慌やファシズムの台頭でいったん頓挫したが、第二次大戦後において、経済統合の発展は共通通貨「ユーロ」を発行するような「ヨーロッパ連合（EU）」にまで成長した。(18) この統合の動きの背後には、二度までもの欧州大戦の悲惨な体験に基づく平和への希求があった。西ドイツが戦後一貫して外国人の戦争犠牲者に対する戦後補償に努力してきたのは、このような西欧統合の一員として迎え入れられるための代償という性格もあったのである。

他方、日本の戦後の場合には、米国の反ソ冷戦政策に同調した結果、アジア太平洋戦争で多大な犠牲を与えた近隣のアジア諸国との和解がおざなりになった反面、憲法九条に象徴されるような「平和主義」がかなり広範な国民の間に定着していった面に注目する必要がある。

つまり、西欧における地域統合の進展にしても、日本における憲法九条の存続にしても、世界大戦の経験を通じ、「国益」実現の手段としての戦争に対する懐疑が広範な国民の間に定着していった結果といえるだろう。「主権国家」の絶対性が主張された「近代世界」では国益が衝突した場合には最終的に戦争で決着を図ることを正当視する「正戦論」がまかり通ってきた点を考えると、明らかに二〇世紀の後半になると、「正戦論」への懐疑が表面化し、戦争以外の方法による利害調整の方法が模索されてきたという「脱近代」的な動向の台頭に注目する必要があるだろう。同様の傾向は学問の世界でも見られ、ナショナリズムを「自然発生的」なものとしてではなく、社会的、歴史的に構築されたものとみる研究が一九八〇年代初めころから欧米の学界で登場し始め、以来、記念碑や博物館など「記憶」の制度化に関係する研究が盛んになってきた[19]。

米国の好戦性と「戦争の記憶」

勿論、このような「脱近代」的動向を過大評価することはできない。何故なら、第二次世界大戦後に「覇権」を掌握した米国が依然として「正戦」論に固執しているからである。それは二〇〇三年三月からのイラク戦争の際に最も露骨な形で表面化したが、日本との関係では、第二次大戦終結五〇周年にあたった一九九五年にむけて、米国の首都ワシントンにあるスミソニアン航空宇宙博物館が企画したエノラ・ゲイ号の展示をめぐる論争が衝撃的であった。

航空宇宙博物館側は、当初、広島に原爆を投下した爆撃機であるエノラ・ゲイ号の機体の展示を行うに際して、戦後の歴史学界が蓄積してきた公開文書の実証研究による原爆投下過程の見直しや被爆者の遺品の展示も合わせておこなおうとした。しかし、米国の空軍協会や在郷軍人会などの元兵士が猛反対し、政治家やマスメディアの多くがそれに同調した結果、結局、機体の展示だけが行われる結果になった。

この論争の過程では、一九四五年八月当時、原爆投下以外の手段で日本を敗戦させる可能性があったことや日本本土上陸作戦が実施された場合に予想された米軍の死者数の推定が原爆投下を正当化するために戦後誇張されていたことなどが当時の米国政府の公文書の実証研究を通じて主張された。また、広島や長崎から借用した学生服や時計といった遺品を展示することによって、被爆者の多くが民間人であったことを指摘し、原爆投下を核時代の悲劇を象徴するものとして位置づける構想もあった。

しかし、結局、機体だけの展示に終わったことは、戦後半世紀が経過しても米国では原爆投下を正当視する世論がいかに強いかをまざまざと示す結果となった。それは、アメリカ人にとってアジア太平洋戦争は日本側の真珠湾奇襲から始まったため、戦争責任を専ら日本側に帰す受けとめ方が根強い上、当時、日本本土上陸作戦に従事させられる予定であった米軍兵士にとっては原爆投下によって自分の命が救われたという「実感」が根深く保持されてきたからであった。その上、米国にとって第二次大戦は民主主義を守り、米国を世界一の強国にさせた「よい戦争」として長年記憶されてきたからであった。スミソニアン論争は日米間に「戦争の記憶」をめぐっていかに深い溝があるかを示す結果となった。[20]

しかも、米国の場合、戦争によってイギリス領植民地から独立し、先住民やメキシコ人を戦闘によって駆逐して広大な領土を手に入れただけに、戦争を「国益」実現の正当な手段視する傾向が元々強く存在した。初代大統領のワシントンからはじまり、対インディアン戦争の英雄であるアンドリュー・ジャクソン、南北戦争の北軍司令官であったグラント、そして第二次大戦時の欧州派遣軍司令官であったアイゼンハワーなど勝利した戦争の司令官が後に大統領に当選したケースが多々みられるのもそれ故である。また、米国は自分の生命や財産は自分の武力で守ることを当然視した開拓民の伝統をもった国であり、他の先進国ではみられない民間人の武器保持を憲法で認めている国でもある。

つまり、米国の場合、元来、「正戦」論が強い傾向があり、また、多様な移民から成り立つ国家を独立宣言や憲法に具現した自由主義や民主主義といった理念で人為的に統合してきたため、愛国心の注入を意識的におこなってきた国でもあった。それ故、米国では「ナショナリズム」離れの傾向は現在でも極めて微弱にしかみられないのであるが、それでも戦争を悲劇として語りつぐ事例がないわけではない。その典型は南北戦争とベトナム戦争の場合である。

まず、南北戦争の場合は、南北合わせて六二万人もの戦死者をだし、米国史上最も犠牲者の多い戦争であり、しかも、親類や友人の間を切り裂く「内戦」として戦われただけに、戦争で勝利した北部の側でも「悲劇」として語り継がれている面が強い。

たとえば、南北戦争の激戦地ゲティスバークは、リンカーン大統領が「人民の、人民のための、人民による政治」という有名な演説を行った場所として記憶されているが、この演説は、元来、ゲティスバークで戦死した兵士をまつる国立墓地の開所式において行われたものであった。このゲティスバークを訪れると、小高い丘の各所に各州部隊の記念碑が建立されているが、南軍に限らず、北軍の場合でもその記念碑は墓碑のイメージが強く、全体として戦争の悲劇を語り継ぐ印象が強い[21]。

それに対して首都ワシントンの対岸にあるアーリントン国立墓地に隣接して建てられた太平洋戦争末期の激戦の場となった硫黄島記念碑の場合は、巨大な星条旗を何人もの海兵隊員が丘の上に立てようとしている光景を描いており、勇猛で、英雄的なイメージを強調している。戦争には元来、若者の早すぎる大量死を伴うだけに、遺族を中心として「悲劇の記憶」が伝承されるものであるが、国家や軍隊の側は次の戦争への士気高揚を狙って、記念碑を「愛国的で、英雄的な記憶」として表現しようとする。その結果、米国においても記念碑や記念日をめぐって「記憶」をめぐる戦いが展開され、「記憶をめぐる政治」が重要な意味をもったのである。

南北戦争の記憶が「悲劇」的なトーンで定着したのは、南北戦争に勝利した北部の側も南部と和解して、連邦制の再建に努力する必要があったからであった。その象徴が、全米で「戦没者記念日」として祝われている「メモリアル・デー」であるが、この記念日は、元来、南軍の戦死者を追悼する日として南部で始まったのを、連邦政府が南北和解の象徴として一八八九年に全米の記念日に指定したのであった。また、首都ワシントンに隣接するアーリントン国立墓地も、元来、南軍の司令官であったリー将軍の所有地を没収して、北軍の戦死者の墓地としていたのであるが、一八九〇年には南軍の戦死者も葬ることにし、追悼の形式においても南北和解が演出されていった。

米国に限らず、多くの戦争記念碑や記念日は味方のみを顕彰することがほとんどである点を考えると、南北戦争の場合には、かつての敵をも合わせて追悼しようとした点で特徴的である。そのために、戦争を公的なレベルでも「悲劇の記憶」として語り継いでいったのであり、それは、内戦の場合、かつての敵をも「内集団」の一員とする「記憶」に修正する必要があったからであった。

それに対して、ベトナム戦争の場合は、米国が史上初めて経験した対外戦争における「敗北」であった。ベトナム戦争の場合、米国はベトナムの民族闘争を主導していたのがホーチミンなどの共産主義者であったため、民族独立に関わる南北問題としてではなく、東西問題として位置づけ、南ベトナムに親米政権を擁立して介入した。しかし、最高時で約五四万人もの兵力と第二次大戦時を上回る爆弾を投下したにも拘わらず、結局、南ベトナム政権を維持できなかったのであり、その敗北は明かであった。ベトナム側には南北合わせて一二〇—一七〇万人の戦死者がで、米国側では第一次世界大戦時の死者五・三万人を上回る五・八万人が死亡し、二七万人が負傷した。しかも、帰還したアメリカ兵の中には精神障害や枯れ葉剤の後遺症に苦しむものも多数発生した。(22)

その結果、米国国内では、ベトナム戦争のように長期化し、泥沼化する恐れのある対外紛争への介入を回避しようとする「ベトナム症候群」と呼ばれる風潮が定着した。その表れが、一九七三年のパリ協定で米軍の撤退が決定した後に連邦議会が可決した「戦争権限決議」であり、これによると、政府は外国の紛争に米軍が関与する事態が発生した場合、二日以内に状況を議会に報告し、議会が宣戦を拒否した場合には六〇日以内に撤兵しなければならないとされたのである。

このように米国にとってベトナム戦争の記憶は対外紛争への介入に慎重になる風潮を定着させたが、一九八〇年代に入ると、保守化ムードの高まりを背景としてこの「ベトナム症候群」を払拭しようとする「タカ派修正主義」の台頭が目だつようになった。それは、ウェストモーランドなどベトナム戦争の元司令官やニクソンなどの保守政治家が主導したもので、文民政治家が北ベトナムへの米地上軍投入を自制するなどの限定を課したために、本来勝てるはずの戦争を落としたと主張し始めた。そして、一九九一年の湾岸戦争に勝利した直後、ジョージ・ブッシュ大統領は「ベトナム戦争の亡霊」はアラビアの砂漠に埋め去られたと宣言したのであった[23]。

つまり、ベトナム戦争についても、米国では激しい「記憶をめぐる政治」が展開されているのである。しかし、首都ワシントンに設置されたベトナム戦争記念碑には、巨大な黒い御影石の表面にベトナム戦争で亡くなった六万弱の米兵の名前が刻み込まれ、あたかも墓碑のようなイメージでつくられており、訪れるひとに絶えずベトナム戦争の悲劇を想起させる構造になっている。それ故、冷戦終結後に米国が圧倒的な軍事覇権を掌握したといっても、対外介入が長期化し、米兵の死者が増加すると米国国民の間で「ベトナムの悪夢」がよみがえる構造は残っているといえるだろう。二〇〇三年のイラク戦争時でも主要な戦闘終結後にむしろテロ活動による米兵の犠牲者が増加するにつれ、米国内での戦争支持が減少していったのもそれ故であろう。

「戦争の記憶」の衝撃

その上、近年の「戦争の記憶」研究の高まりには従来の歴史学や社会科学のあり方に根本的な反省を迫る面があった。それは、第二次世界大戦の開戦から半世紀が経過した一九九〇年代初めに最も悲惨な体験をした人々が長年の沈黙を破って開始した「証言」の迫力によるものであった。その第一は映画『ショアー』の上映であり、第二は「従軍慰安婦」の証言であった。

まず、映画『ショアー』は、ナチス・ドイツの強制収容所で看守役などをやらされたユダヤ人の証言を記録した映画であり、同胞の大量殺戮を目の当たりにしながら、それに抵抗できなかったという苦渋に満ちた体験をもったユダヤ人が半世紀をへて、重い口をようやく開いて証言したドキュメンタリー・フィルムであった。

一般に「ホロコースト」の場合、大量殺戮の痕跡は系統的に抹殺されたといわれるし、生き残った人々にも様々な精神的苦痛が残ったため、「証言」は断片的な性格を免れなかったといわれる。まして、強制収容所で同胞の大量虐殺に「協力」させられたという極限的な体験をしたユダヤ人の場合にはおよそその体験の「証言」は不可能であった[24]。

つまり、戦争体験のような極めて悲惨な体験の場合には、「証言の不可能性」という重たい壁が横たわっているのであるが、従来の歴史学や社会科学はその「実証性」を重視するがために、文書記録に偏重して、このような「沈黙」の意味を軽視してきたのではないか、という批判が生じているのである。そして、このような苦痛に満ちた体験をしたものが五〇年もの歳月を経て、何故重い口を開いたのか、それはその人物の戦後史に関わる問題であり、戦争体験を戦後史と切り離すのではなく、一体のものとして考える必要性を我々に物語るものでもあった。

同じような問題は「従軍慰安婦」の証言にも見られる。この場合には、軍隊史のごく一部として「慰安婦」の存在自体は早くから知られていながら、それが日本で謝罪や補償の対象となるような重大問題として受け止められるようになったのは、当事者が恥を忍んで「証言」を開始した一九九〇年代初め以降のことであった。

このような転換がおこる背景には、一九八〇年代初めに日本で「侵略」を「進出」を書き改めさせるような検定教科書問題が発生し、中国や韓国から強い反発がでていたこと、また、一九八〇年代の東アジアでは多くの国が民主化され、戦争被害者が「証言」できるような雰囲気が醸成されていたこと、さらに、日本では元兵士の世代が定年を迎え、比較的自由に体験を語り始めるとともに、一九七〇年代のフェミニズムの台頭の影響を受けて、「性」に関する価値観が大きく転換してきていたことなどが作用していた[25]。

つまり、悲惨な戦争体験が語られ始めること自体に「歴史性」が存在するのであり、ここでも「戦争」の研究は戦後における「証言」の研究と一体のものとして研究される必要性が浮き彫りになったのであった。また、従来の研究が「実証主義」的な姿勢に固執したため、結果的に文書記録を残しやすい「エリート中心」の研究となり、「もの言わぬ」庶民の歴史が無視されてきたという学問のあり方に関わる批判も台頭してきた。

さらには、過去の「事実」はあくまで「現在」からの「問いかけ」によって再構成されるものであり、研究者自身の「現在」の「立場性」が鋭く問われることになった。このような批判は、カルチュラル・スタディーズなどの新しい学問が「客観」なるものの存在を否定し、「客体」も「主体」の認識の産物であるとする「言語論的転換」の主張とも重なり、激しい論争に発展していったのである。

他方、このような「記憶」をめぐる論争は、冷戦終結後のグローバリゼーションの衝撃の影響で世界各地で台頭したネオ・ナショナリズムの動向にも関連していた。特に、日本の場合、従軍慰安婦という外国人の戦争被害者の「証言」発掘を「自虐」的と反撥し、自国の戦死者だけを排他的に追悼しようとする風潮の台頭も生んでいる。[26]

5　結びにかえて

二〇〇一年九月一一日の「同時多発テロ事件」以来の「対テロ戦争」によって世界中が不安定となり、多くの人々が不安にかられている現実をみると、二一世紀初めの現在の世界では再び「力の政治」が強まっているように見える。ジョージ・W・ブッシュ政権の中枢に「ネオ・コン」と呼ばれる「タカ派」が存在しており、彼らは米国の覇権を軍事力によって維持してゆくことを当然視している。米国は「帝国」的相貌を強めているのである。[27]
しかし、今日の世界では軍事力によって領土を併合するようなかつての「公式帝国」の論理は通用しない。その結果、現在の軍事介入を正当化する論理は、たとえば、旧ユーゴスラヴィア紛争時にみられたような「人道介入」とか、また、アフガン戦争にみられるようなテロリストとそれを擁護する政権に対する「懲罰的介入」とか、さらには、イラク戦争時にみられた独裁政権を打倒し、「民主主義を伝播するための介入」などの理屈が駆使されている。

これらのタイプの紛争は、いずれも相手国の内政問題という性格が濃厚であり、それを外からの軍事介入で「解決」しようとする政策はかえって紛争をこじらせる危険をはらんでいる。むしろ、民主化や経済発展などを通じて当事国の自主的解決能力の向上を図ったり、国際機関の調停による異なる民族・宗教間の共生の促進などが遠回りでも、根本的な解決につながるのであろう。

ベトナム戦争を批判しながら、湾岸戦争は支持した政治学者のマイケル・ウォルツァーは、現代でも「正戦」はありうるとの立場だが、その条件としては、戦争目的が正当であるだけでなく、戦争以外に紛争解決の手段がないこと、また、戦争の目的と戦争による犠牲が釣り合いのとれたものであること、を挙げている[28]。しかし、同時に、これらの条件が満たされているかどうかは、米国が「ユニラテラル」に判断するのではなく、国際機関の場での合意に基づいて判断されるべきであろう。

今後の世界では、当分、米国の軍事的な優位が継続することが予想される。その結果、その優位に擦りよって自国の利益を拡大しようとする事大主義的な行動をとる国もでるであろう。しかし、経済的にみれば世界は益々多元的な様相を呈しているのも事実である。イラク戦争の際に、フランスとドイツが明確に米国を批判できたのも、EU統合の前進なしにはありえなかったであろう。米国も、軍事的手段に傾斜すればする程、国際世論の離反を招くだろうし、経済的な地位低下に繋がることも予想される。それだけに、現在の世界では経済的な多元化に相応しい新しい政治システムの構築が望まれている。日本の場合は、いたずらに米国に追随する「覇権補完」の道ではなく、東アジアの近隣諸国との和解による地域統合を進め、国際機関内や地域共同体間の対話を通じて、紛争の平和解決に尽力できるような調停者的役割を果たすことが期待されているのだろう。
古来、戦争は絶えなかったのは事実であるが、許される戦争の目的は徐々に限定されてきているのも事実である。また、戦争の目的と手段の間の釣り合いも問題にされ、戦時国際法の規制や使用される兵器への監視も強まってきている。つまり、今日の国際社会にはなお「力の支配」が継続しているが、同時に「法の支配」を広げようとする努力も徐々に進展してきている。その傾向をさらに進めるには、「内集団」と「外集団」の境界を低め、「共同意識」を国境外に広げて行く努力、とりわけ、ナショナリズムを乗り越えて、世界市民的な感覚の育成が不可欠となっている。

注

(1) シグムンド・フロイト「戦争はなぜ」(高橋義孝・生松敬三ほか訳)『フロイト著作集一一』(人文書院、一九八四年)。
(2) Lorenz, Konrad, *Das sogenannte Bose*, G. Borotha-Schoeler, 1968. (邦訳:コンラッド・ローレンツ(日高敏隆・久保和彦訳)『攻撃——悪の自然誌』(みすず書房、一九七〇年))。
(3) Keagan, John, *A History of Warfare*, 1993. (邦訳:ジョン・キーガン(遠藤利国訳)『戦略の歴史』(心交社、一九九七年))。
(4) Wrongham, Richard & Perterson, Dale, *Damonic Males*, 1996. (邦訳:R・ランガム/D・ピーターソ

ン（山下篤子訳）『男の凶暴性はどこからきたのか』（三田出版会、一九九八年））。

（5） Eibl-Eibesfeldt, Irenaus, *Krieg und Frieden*, R. Piper & Co, 1975.（邦訳：アイブル=アイベスフェルト（三島憲一・鈴木直訳）『戦争と平和　下』（思索社、一九七八年）四二九～四三〇頁）。

（6） 松木武彦『人間はなぜ戦うのか――考古学からみた戦争』（講談社、二〇〇一年）一三頁。

（7） アイブル=アイベスフェルト・前掲書（注5）二二七～二二八頁。

（8） ジョン・キーガン・前掲書（注3）一二一～一二三頁。

（9） ジョン・キーガン・前掲書（注3）一四四～一四五頁。

（10） 船田亨二『法思想史（全訂版）』（勁草書房、一九七五年）一二～一三頁。

（11） Elstein, Jean Bethke, *Women and War*, Basic Books, 1987.（邦訳：ジョン・ベスク・エルステイン（小林史子・広川紀子訳）『女性と戦争』（法政大学出版局、一九九四年）三五六頁）。

（12） Schumpeter, Joseph A., *Imperialism and Social Classes*, A. M. Kelley, 1951.（邦訳：ジョゼフ・シュンペーター（都留重人訳）『帝国主義と社会階級』岩波書店、一九五九年）一二二～一二七頁）。

（13） ただし、ラセットの場合、対外援助と「民主化」政策との結合は提唱されているが、外部からの軍事介入による「民主化」は「危険」と批判されている。Russett, Bruce, *Grasping the Democratic Peace*, Princeton University Press, 1993.（邦訳：ブルース・ラセット（鴨武彦訳）『パクス・デモクラティア』（東京大学出版会、一九九六年）二二七頁）。

（14） 山本吉宣・田中明彦編『戦争と国際システム』（東京大学出版会、一九九二年）の巻末資料から計算。

（15） Hobsbawm, Eric, *Age of Extremes : The Short Twentieth Century, 1914-1991*, Michael Joseph, 1994.

（邦訳：エリック・ホブズボーム（河合秀和訳）『20世紀の歴史――極端な世紀　上・下』（三省堂、一九九六年））。

(16) 斉藤孝「近代ヨーロッパ外交史」国際問題九〇号（一九六七年）。

(17) Paret, Peter ed., *Makers of Modern Strategy*, Princeton University Press, 1986.（邦訳：ピーター・パレット編（防衛大学校「戦争・戦略の変遷」研究会訳）『現代戦略思想の系譜――マキャヴェリから核時代まで』（ダイヤモンド社、一九八九年）四八〇頁）。

(18) ロベール・フランク（廣田功訳）『欧州統合史のダイナミズム』（日本経済評論社、二〇〇三年）。

(19) Anderson, Benedict, *Imagined Communities*, Verso, 1983.（邦訳：ベネディクト・アンダーソン（白石隆・白石さや訳）『想像の共同体』（リブロポート、一九八七年））、Hobsbawm, Eric & Ranger, Terence eds., *The Invention of Tradition*, Cambridge University Press, 1983.（邦訳：エリック・ホブズボーム／テレンス・レンジャー編（前川啓治・梶原景昭ほか訳）『創られた伝統』（紀伊国屋書店、一九九二年））など。

(20) 油井大三郎『日米・戦争観の相克』（岩波書店、一九九五年）三〜一二頁。

(21) 油井大三郎「戦争の記憶とアメリカニズム」歴史と地理五五一号（二〇〇二年）六〜八頁。

(22) 生井英考『負けた戦争の記憶』（三省堂、二〇〇〇年）。

(23) 松岡完『ベトナム症候群』（中央公論新社、二〇〇三年）。

(24) 高橋哲哉『記憶のエチカ』（岩波書店、一九九五年）第一章。

(25) 日本の戦争責任資料センター編『シンポジウム・ナショナリズムと慰安婦問題』（青木書店、一九九八年)。

(26) テッサ・モーリス゠スズキ『批判的想像力のために――グローバル化時代の日本』(平凡社、二〇〇二年)。

(27) 油井大三郎「アメリカの世紀と帝国のあいだ」アメリカ史研究二六号(二〇〇三年)参照。

(28) Walzer, Michael, *Just and Unjust Wars*, Basic Books, 2nd ed., 1992, p. xiii.

第Ⅱ部

平和理論の新たな地平

グローバル時代の平和学

1

いま平和とは何か

平和学の理論と実践

第4章　平和学へのアプローチ――平和・暴力概念を手がかりに

岡本　三夫

1　はじめに

私が平和学に没頭するようになった直接的契機はいくつかあった。ヒロシマ訪問の衝撃、ヨハン・ガルトゥングの論文とゲオルク・ピヒトの書物との出会い[1]、日本平和学会への参加などがそれである。いずれもベトナム戦争中の出来事であり、大学闘争や中国の文化大革命の時代でもあった。平和学の授業を担当するようになってから、忘れていた戦中・戦後の過酷な体験も甦った。スウェーデンのストックホルム近郊で開かれたIPRA夏季セミナーへの参加（七六年）も、平和学の醍醐味を味わう絶好の機会となった。スーザン・ジョージ、アスビョルン・アイデ、ベティ・リアドン、ローベルト・アスペスラッハらと過ごした一週間は学問的にも実践的にも実り多く、平和学のエスプリに満ちていた。さらに、その後のスカンディナヴィア諸国とドイツやオランダの平和研究所訪問も、私と平和学との絆をより一層強くした。

本章では、以上のような私の平和研究との出会いと取り組みを手掛りにして、平和・暴力概念の変遷、攻撃性生得論の問題点、革命と「人道的介入」における暴力行使、平和学の価値指向性と倫理性などについて考察し、平和学へのアプローチを探ってみたい。

2　暴力と平和の多義性について

経済学者としても著名なケネス・ボールディングは、一方でガルトゥングの天才を絶賛しながら、他方では、ガルトゥングが構造的暴力や積極的平和の概念を平和研究に導入したため、平和研究は大きな混乱に陥ったと批判した。ガルトゥングの徹底した権力構造批判と水平指向をボールディングは自己矛盾だとし、身辺のミクロな力関係まで構造的暴力として見逃さないガルトゥング平和学の広がりは、ボールディングの目には真の平和研究にとっては回り道としか映らなかった(2)。

ボールディングのコメントは、四〇歳前後の一研究者に過ぎなかったガルトゥングの書いた論文が、当時どれほど大きなインパクトを平和研究コミュニティに与えたかを物語っている。実際、ガルトゥングの論文を読んでいなかったら、平和研究を専攻することにはならなかっただろうと告白する平和研究者に国際学会で会ったことは何回かある。平和研究熱が高潮した七〇年代初頭の西ドイツで、ガルトゥングの論文がいち早く独訳されたことも、当時の状況を裏書している。

もちろん、平和研究にはいくつもの流れがあり、一様ではない。地域や時代によっても平和研究のスタイルや内容は異なる。アジア、アフリカ、中南米、欧米には、それぞれ違ったアプローチの平和学・平和研究があっていい。しかし、まさにそうした平和研究の多様性を保障し、正当化したのが、ガルトゥングが提唱した平和概念と暴力概念の多義性だった。しかも、彼の人種的出自とは異なり、彼の平和研究の視座は疑いもなく貧国の大地に置かれていた。

　彼が示した平和概念と暴力概念は常識を覆すものだった。この常識は啓蒙時代の富国で作られたものであり、そうした作業は、世界の状態についての共通理解や概念の定義を司る祭司たち――政治思想史上の巨峰――の特権でもあった。しかし、六〇年〜七〇年代は、「啓蒙」の本質が問われ、平和、自由、平等、人権などの伝統的な共通理解にも亀裂が生じ、それらの諸概念の再定義が必要になってきた時代でもあった。国連では、独立して間もない旧植民地地域の貧国が多数派を形成しつつあった。

　平和概念の多義性が、六三年に開催された国際平和研究学会（ＩＰＲＡ）の設立総会で取り上げられた背景にはこうした時代状況があった。また、六五年の第二回総会でも、インドのスガタ・ダスグプタが貧国における平和研究の特異性について重要な問題提起をしている[3]。ラテン・アメリカで貧困をつぶさに体験していたガルトゥングが、やがて貧困を「構造的暴力」の典型として理論化する素地もこの頃に形成されていた。

　日本の平和学発展史の初期において、平和概念の多義性についての斬新な所論を展開したのは石田雄だった[4]。石田は古代イスラエル（ユダヤ・キリスト教）における「シャローム」、ギリシャの「アイレーネー」、ローマの「パクス」、インドの「アヒムサー」、中国の「和平」を比較考察し、日本語ではいずれも「平和」と訳される語がそれぞれの文化圏において持っていた概念的なスペクトルを分析し、各語の勝義の意味を明らかにした。たとえば、彼はユダヤ・キリスト教における「シャローム」が「神の正義」の成就を意味したことに着目し、その政治的積極性が、不殺生の伝統と社会的消極性の中で育まれたガンディに与えた影響について、次のように述べている。

ガンディはキリスト教的理念に接して、インド的平和観が心の状態に力点をおいて政治的無関心に陥りやすい欠陥を克服した。すなわちこの克服の上に伝統的なアヒンサーの理念を展開することによって、非暴力直接行動の積極的原理をうちたてることができた。逆に、ユダヤ・キリスト教的伝統の中にいるマルティン・ルーサー・キング（Martin Luther King, Jr.）は、正義のためには銃を取って戦うという開拓者精神の欠陥を、ガンディの理念をかりて克服し、非暴力直接行動の指導者となった。

また、マルクス主義の影響下にあった北欧の若手研究者であるヘルマン・シュミットやラルス・デンシックらは、平和研究が政策科学として応用されるならば、それは資本主義的搾取構造の根本問題を回避するための「宥和策研究」（pacification research）として役立つだけであり、労働者の革命的情熱に水をさすものではないかという批判的見解を発表していた。[5]

以上のような状況の中で一九六九年に『平和研究ジャーナル』にガルトゥングが発表した「暴力、平和、平和研究」という前掲論文は、平和研究におけるパラダイム・シフトを画すことになった。[6] 先に言及した石田の所論はこのような国際的な動きの中で生まれたものだったが、日本における平和学の黎明期において、平和概念の多義性に関する一定の理解が共有されることになった。

消極的平和と積極的平和

ガルトゥングの斬新さは、暴力概念を「直接的・物理的暴力」と「間接的・構造的暴力」、平和概念を「消極的平和」と「積極的平和」とに分節化して、これらの概念に内包される包括的多義性を明らかにしたことだった。平和を「消極的平和」と「積極的平和」とに分けて最初に使用したのは米国のクウィンシー・ライトだったが[7]、ガルトゥングはこれらの概念を練り直し、「直接的暴力」と「構造的暴力」という独自の造語と組み合わせることによって、新境地を開拓することに成功した。

戦争やテロのような「直接的暴力」に対置するものとして、貧国における貧困を「構造的暴力」として位置づけた切り口は、六〇年代後半から七〇年代にかけての富国における政治的状況へも食い込むものだった。すなわち、先進諸国の大学で同時多発的に発生した「キャンパス闘争」は、大学における権威主義、管理体制、講座制度をいわば「構造的暴力」として捉えたものであり、また世界各国における人種差別、民族差別、部落差別、女性差別など、社会的マイノリティの人権問題も「構造的暴力」として俎上に載せたものであり、「体制」に内在する本質的問題に肉薄する勢いをもっていた。

平和研究のこうした展開は、それまで貧困問題の解決に腐心し、平和問題を富国に特有な関心事として無視ないし軽視してきた貧国の研究者たちの関心を喚び起こすことになった。貧困が

「構造的暴力」であるならば、暴力の原因を突き止め、暴力を極小化することを研究している政治学や経済学はれっきとした平和研究であることを強く印象付けた。他の国際学会と異なり、国際平和研究学会（ＩＰＲＡ）に貧国から参加する研究者が多いのはそのためであり、それは貧国の研究者の学会参加を経済的に援助するＩＰＲＡの方針とも合致した。

ところで、ダスグプタとガルトゥングとに共通していた問題意識は「戦争と平和」という古典的な二分法への根本的な疑問だった。インドのような貧国の民衆にとっての「平和」と欧米日のような富国の民衆にとっての「平和」は、同じ「平和」という概念によってはとうてい表出され得ないというのが彼らの主張だった。こうして、ダスグプタは「インドは戦争はしてないが、平和でもない。戦争はないが人びとは餓死している」と主張して、貧国における平和問題の特徴を明らかにした[8]。

しかし、改めて考えてみるならば、ガルトゥング以前でも、「平和＝戦争の不在」という理解が一般的だったわけではない。ガルトゥングの功績は、ややもすれば「戦争と平和」という二分法に陥りがちだった怠惰な思考習慣を鋭く剔抉し、「暴力と平和」という新しい二分法を提示したことだった。「平和＝戦争の不在」という捉え方は、おそらくいわゆる実証主義的社会科学者の特殊な還元主義的語法に依拠した捉え方に過ぎず、平和研究における平和概念の拡大に対するその方面からの批判には客観的根拠はなかった。

平和学のクラスで学生に「平和だと感じた思い出」を書き出してもらったことがあったが、学生の思い出にある平和の指標は「家族旅行」、「姉の結婚式」、「家の新築」、「正月の団欒」などだった。他方、「暴力だと感じた思い出」はと尋ねると、「誰かに殴られたとき」という答え以外に「仲間はずれにされたとき」、「孤独だったとき」、「差別されたとき」、「親の離婚」などの回答が返ってきた。平和と暴力の指標は、概して主観的な幸・不幸の記憶や感情と結びついていた。

また、ある新聞社が、「一二月八日とはどんな日ですか」、「あなたにとって平和とは何ですか」という二つの質問を全国の公園や街角で無作為的に人びとに尋ねた時にも、「孫たちの笑顔を見て年とっても働けること」（清掃作業員・男性、八〇歳、那覇市・国際通り）、「病気せず、毎日ご飯が食べられること」（主婦、四九歳、ＪＲ名古屋駅前）などのように、回答は学生たちの場合と類似していた。(9)

『広辞苑』第五版でも、平和は〈①やすらかにやわらぐこと。おだやかで変りのないこと。「平和な心」「平和な家庭」。②戦争がなくて世が安穏であること。「世界の平和」〉と定義されており、「戦争」は②の項において初めて出てくる。しかも、平和をただ単に「戦争がないこと」とストレートには定義せず、「戦争がなくて世が安穏であること」と定義し、平和は「戦争がないこと＋α」であることを示唆している。事情は外国語の辞典でも変わらず、「平和＝戦争のないこと」と言い切っているケースは見当たらない。

以上の考察から、ガルトゥングが戦争の不在を「消極的平和」と呼び換えたのは理に適っていた。ただし、「戦争の不在」を「消極的平和」と呼ぶのはあくまでも定義の問題であって、正確には「平和の消極的定義」でなければならない。「戦争の不在」自体を「消極的、否定的」（negative）に評価しているのではない。言うまでもなく、「戦争の不在」は富国と貧国では意味が異なるが、「戦争の不在」は貧国にとっても平和の必要条件であることに変わりはない。

平和は「〜でない」と否定的に定義するのではなく、「〜である」と「肯定的、積極的」(positive)に定義するならば、当然それは「平和の積極的な定義」となる。「ポジティヴ」という語は「肯定的」であると同時に「積極的」だからである。先に一瞥した辞典的な定義は、否定語(〜でない、no〜, not〜)を使わずに平和を定義した例として興味深い。

では、『広辞苑』で言われている「やすらかにやわらぐこと」で、人はいったい何をイメージするのだろうか。否定語を含めずに「やすらかにやわらぐこと」を別の言葉に置き換えるならば、どのような表現が可能だろうか。まず、人は「安らか」や「和らぐ」という漢字混じりの表現を手がかりにして、平安、平穏、平等、平静、公平、泰平、安心、安全、安泰、安定、安穏、慰安、大安、治安など、「平」と「安」の文字を使った熟語を想起するだろう。

これらの熟語は、豊かさ、秩序、正義、自由、民主主義、人権尊重、健康、福祉の充実、文化的生活、安全な環境など、「積極的平和」の構成要素とも意味内容が重なり合う。換言するならば、一般に「あの国は平和だ」と言うとき、人は無意識的に「消極的平和」と「積極的平和」の双方をイメージしているのだということが分かる。つまり、平和な国には戦争がないだけでなく、日常的な暴力は比較的少なく、豊かさ、秩序、正義、自由、人権尊重などが高いレベルで実現されているということにほかならない。

直接的暴力と構造的暴力

直接的暴力は、戦争、争乱、テロ、リンチ、レイプなどのような、鮮明な印象を与える物理的な力の行使である。また、「戦争は最大の環境破壊である」と言われるように、自然への暴力である環境破壊も直接的暴力であり、自然の本来的機能を破壊する化学汚染や放射能汚染も直接的暴力と考えることができる。

戦争を「他の手段による政治の継続」(クラウゼヴィッツ)、「国家間の武力衝突」という視点で見れば、「暴力」というイメージでは捉え切れないかも知れないが、戦争の被害者や戦争で被害を受ける自然の側に身を置いて考えてみるならば、戦争の暴力性は明白であろう。地震、洪水、台風、竜巻暴風(トーネード)のような「自然の暴力」は不可抗的なものが多いが、人間の「自然に対する暴力」は原理的には可避的である。

現代の戦争はまた、もはやかつてのように一方の正規軍と他方の正規軍が海や空や荒野を戦場にして戦い、雌雄を決する機会ではなくなり、市民社会への暴力行使という面が強くなった。現代戦争では、都市や農村の生産拠点への攻撃は戦略の一部をなすに到ったからである。そのため、戦争で死に、負傷する割合は兵士よりも市民のほうが高くなった。第一次世界大戦では兵士と市民の死亡率が九〇対一〇だったのが、第二次世界大戦では二三対七七と市民の死亡率のほうが遥かに大きくなり、さらにベトナム戦争では一〇対九〇と逆転している[10]。ヒロシマ・ナガサキにおいて頂点に達した対市民暴力は、ナチスドイツのゲルニカ空襲、日本の重慶爆撃などに見られる対市民暴力を先例にしていた。

このような市民生活破壊・生産拠点破壊の攻撃は、戦争というよりも暴力であり、目的のためには手段を選ばぬ対市民暴力は、テロと同義語であり、戦争犯罪である可能性が濃厚になった。湾岸戦争でも、アフガニスタン戦争でも、イラク戦争でも、活動家やフリー・ジャーナリストによって写されたビデオその他の映像は、公式メディアの「きれいなピンポイント爆撃」とは裏腹に、凄惨な対市民暴力の現場を忠実に伝えている。ウラン兵器（=劣化ウラン弾）の放射能で苦しむ嬰児の映像は原爆投下直後のヒロシマ・ナガサキを想起させる究極の対市民暴力である。

他方、構造的暴力の指標は、貧困、無秩序、抑圧、飢餓、疾病、低い識字率などのような、社会構造にビルト・インされた負の要因である。高層ホテルが立ち並ぶ途上国の大都市中心部から数ブロック離れたスラムに生まれた人びとにとって、汚穢、悪臭、不衛生、栄養失調、疾病、飢餓は風景の一部でしかない。インドの地方都市の街角にはゴミ捨て場として利用されている一角があり、「新鮮な」ゴミには人間と豚と犬が群がって、「宝」を奪い合う。この凄惨な光景の中に「人間の尊厳」はない。

このような光景も、「暴力」という語には馴染まないだろう。しかし、汚穢、悪臭、不衛生、栄養失調、疾病、飢餓などによって健康が害され、さらに薬品不足や医療設備がないことによる悲惨さは凄まじく、そのために幼児が次々に死亡し、食糧不足によって成人さえ餓死するような極限状況は、戦争のような直接的・物理的暴力に劣らず苛酷である。構造的暴力と呼ばれるこのような状況は平和学が取り組んでいる最も重要な課題の一つである。もし、平均寿命が五〇歳であるならば、五歳以前に死亡した幼児は戦争という直接的暴力で死んでも、飢餓という構造的暴力で死んでも、奪われた四五年に変わりはない(11)。

貧国では「戦争もないが平和もない」のが常態だとダスグプタはいう。これを彼は〈非平和〉(peacelessness)と呼んだ。しかし、同時に、貧国はまた戦争の多発地帯でもある。そうした地域では、貧困、栄養失調、飢餓、疾病、無秩序、抑圧、「無業」(最初から仕事がないので「失業」ではない)などで人びとがすでに塗炭の苦しみにあえいでいる最中に、宗教・言語・民族・資源などをめぐる紛争が起き、戦争に発展する。人びとはまさに「踏んだり蹴ったり」の目にあっている。

「幸福な奴隷」

しかし、構造的暴力は貧国だけの現象ではない。九〇年代以降の不況に喘ぐ米欧日などの富国でも厳しい労働条件下、リストラ、失業、福祉の後退、老後の不安などで人びとは苦境に追い込まれており、日本では自殺者は年間三万人を超えた。中高年者の自殺率は特に高い。このような状況は、個々のケースについてはともかくも、全体としては眼に見えぬ圧力であり、構造的暴力の結果だと言うことができよう。

人びとが置かれているこのような状況は、「人間の身体的・精神的自己実現が、その潜在的実現以下に抑えられているような可避的影響を受けているならば、そこには暴力が存在する」というガルトゥングによる暴力の定義が絵に描いたように当てはまるケースである。しかし、構造的暴力の現象形態は、このような明白な苦境よりももっと微妙な上下関係や特別権力関係である場合のほうがはるかに多い。

「幸福な奴隷」は構造的暴力の典型である。「幸福な奴隷」の多くは奴隷解放令以後も、「恵み深い主人」の農園に残ることを希望した。主観的に幸福であり、満足しているならば、自分の置かれている状況がどれほど反人権的、反社会的、反民主主義的であろうと、「自分は無関係だ」という観念は牢固として変わらない。「幸福な奴隷」たちは、農園内の住居に別れを告げて、都会に出、最初は苦しくても、奴隷制度の桎梏から解放された自由な人間として生きて行く道を選択しなかった。

「円満な夫婦」、「模範的師弟関係」、「理想的職場」と言われるような個々のケースにおいて、「幸福な奴隷」的状況がないかどうかは、第三者には分からない。家父長制が色濃く残っている家族関係、権威主義から解放されていない大学の研究室、軍隊式組織そのままの上下関係が支配する社会などの分析は、「円満な夫婦」、「模範的師弟関係」、「理想的職場」のケースを改めて見直すことを可能にし、「円満」「模範的」「理想的」の意味を再考する契機となるだろう。夫が「御主人」と呼ばれている国で、かつての「女中」がそうだったように夫に呼び捨てにされている「幸福な妻」の場合はどうなのだろうか。

家父長制に見られるような構造的暴力を支え、正当化している文化それ自体をガルトゥングは「文化的暴力」(cultural violence) とも呼んでいる。歴史的遺制や伝統として引き継がれ、生活に深く組み込まれた慣習あるいは文化として機能しているからである。

「文化的暴力」によってわれわれが意味するのは、直接的暴力あるいは構造的暴力を正当化ないし合法化するために用いられ得るような文化、すなわち、われわれの存在の象徴的領域の諸側面――宗教とイデオロギー、言葉と芸術、経験科学と形式科学（論理学、数学）――である。星、十字架、三日月・国旗、国歌、軍事行進・ところ構わぬ指導者像・扇情的言説とポスターなど、心に浮かぶすべてのことである。(12)

国旗・国歌が「文化的暴力」として機能する実例は、この数年間に広島県で起きた「日の丸掲揚」「君が代斉唱」問題をめぐる相次ぐ校長と関係者の自殺が証明している。「日の丸」と「君が代」それ自体の問題はさておいても、強要に近い形で「日の丸掲揚」「君が代斉唱」の実施率を高めようとした教育行政とそれを支えている無言の「文化」は「文化的暴力」と呼ぶにふさわしい。「星、十字架、三日月」が欧米やイスラム諸国の国旗に使用されているのは周知のことだが、そのような象徴もまた「文化的暴力」の浸透に一役買っている。諸国の王室を象徴する紋章も同様である。

3　攻撃性生得論と戦争

「人間は生まれつき攻撃的（暴力的）か」という問いに肯定的に答える人びとは、「そうである限り、戦争は決してなくならないだろう」と結論する。したがって、ここでは攻撃性（aggression)、あるいは闘争本能などと呼ばれている暴力的性向は人間にとって生得的かということを考える。その場合、国連が定めた「国際平和年」の一九八六年にスペインで開かれた「脳と攻撃」に関する第六回国際シンポジアムで発表された「暴力に関するセビリア声明[13]」が、議論の出発点として参考になる。

声明の五つの命題を要約すれば、およそ次のようになる。①動物が他の動物を襲うのは肉体的必要を満たすためであり、本能的に他の動物を「攻撃」するのではない。②暴力は遺伝ではなく、人間の性格は遺伝と環境によって決まる。③生物進化の過程で人間がより攻撃的（暴力的）になったという証拠はない。④「暴力的な脳」というのは存在しない。⑤人間は本能によって戦争をするのではない。

戦争は、政治的・経済的原因、文化的・宗教的原因、エスニシティや言語の相違、領土的野心や好戦性、民族的怨恨や差別への憎悪、あるいは過剰な武装、新兵器の開発、軍産複合体の肥大化など、さまざまな原因で起きるから、単一の原因に還元することはできず、まして「人間の闘争本能」に唯一の根拠を求めることはできない。右掲の「声明」は、そもそも「人間の闘争本能」があることさえ否定している。動物でさえ、本能で、他の動物に襲い掛かることはないと言っている。

「声明」は、動物は同種の動物は殺さないが、人間も例外ではないというモンターギュの見解と符合する。[14] 彼によれば、動物は、同じ種以外の動物を襲うときでさえ、空腹時、繁殖期、縄張り防衛のような特別な場合に限られ、そうでない場合は、たとえば子羊が狼の前を通り過ぎても見向きもしないという。人間が殺人を犯す場合は、例外はあるだろうが、一般的には、怨念、憎悪、欲望、変態、飢餓、争い、防御など、やはり非常に特殊な状況や心理状態のときに限られ、極限状況に追い詰められたときに限るということである。

したがって、衝動的に人を殺したり、面白半分に人を殺したりするのは異常であり、人間本来の姿とは言い難い。武士の辻切り、試し切りなどによる殺人は武士社会特有の逸脱的社会現象であって、一般化はできない。殺人を経験することなく一生を終わるのが大部分の人間だという事実は、殺人がいかに異常な逸脱行為であるかを物語っている。

それゆえ、殺人は後天的な学習によるものである可能性が濃い。戦争においてさえ、次の引用に述べられているように、「自然人」は殺人をためらうという。

発砲率は、南北戦争では極めて低かった。当時、一分間に五百~二千人を殺す事が出来たのに、実際の殺人は一個連帯、一分間に一人、二人だけだった。ゲティスバーグの戦いで死んだ兵士の二千七百丁の銃のうち、弾が込められたままなのが九〇%だった。自分の信条のために喜んで命を捧げたが、進んで人を殺す事は無かったのである。第二次世界大戦中、アメリカ軍は、ライフルを持たされた兵士のたった一五~二〇%の者しか敵兵を撃つことがなかった。軍隊的観点からすれば発砲率が一五%ということは、図書館司書の一五%しか字が読めないのと同じことである。このことに気づいた軍は、組織的にこの「問題を解決」することに取り組み始めた。そこで朝鮮戦争の時までに五五%の兵士が殺すために発砲するようになり、ベトナム戦争の頃までには九〇%以上までになった。(15)

兵士の発砲率が低いのでは戦争はできない。こうして、兵士への「殺人教育」が必要となる。「このことに気づいた軍は、組織的にこの『問題を解決』することに取り組み始めた」ということは、要するに「殺人教育」を強化したということである。右掲した引用に続く叙述には、兵士から人間的感情を奪い、「無感覚」にする訓練が述べられているが、それは「殺す対象の非人間化」であるばかりでなく、「殺す主体の非人間化」でもあった。

兵士の人間性を徹底的に奪うことによって、人間を簡単に殺せるよう条件付けるのである。このような「殺人教育」によって人間性を剝奪され、非人間化された兵士が戦場から帰還し、形だけ「社会復帰」しても、元の人間性を回復することはできず、犯罪に走ったり、自殺に追い込まれたり、精神に異常をきたしたりする例はベトナム戦争から帰還した米兵の間で広く観察された。

朝鮮戦争時やベトナム戦争時の米軍の場合と違い、日本軍の「殺人教育」はそれ以前のことでもあり、まだそれほど組織的な「殺人教育」は行われていなかったようだが、以下の引用に見るように、戦地では古参兵あるいは先輩兵士による非公式的な新兵教育の中で「殺人教育」が行われていたことが窺われる。

日本人は兵士たちに対して、古典的条件付けの名人であったことを示している。第二次世界大戦の初期、中国人捕虜は後ろ手に縛られて、溝の中に跪かされた。選ばれた日本人の兵士は溝のところまで行くと、捕虜たちを銃剣で突き殺した。土手の上には数えきれない兵士がいて、荒々しく声援を送るのであった。実際に殺人に関わったのは少人数でも、他の者に見せ、声を出させる事により、人を殺す事、人の苦しみを楽しみと結びつけるように古典的に条件付けることができたのである。この後ですぐに兵士たちは酒、何か月振りかのごちそう、慰安婦が与えられたのである。その結果兵士たちは暴力行為と楽しみを結びつける。知らないうちに、人を殺す事を好きにさせるメカニズムなのである(15)

この引用に描かれた「殺人教育」では「酒」と「何か月振りかのごちそう」と「慰安婦」が条件付けとして利用されたとされている。しかし、そのような直接的なインセンティブとは別に、敵国民を非人間化するイデオロギー的な教育が広く行われていた背景を見逃すべきではない。歴史学者のジョン・ダワーが実証しているように(16)、第二次世界大戦中、日米両国は学校、新聞、ラジオ、映画など、あらゆるメディアを使って国民を「洗脳」し、相手国民を非人間化するイデオロギー教育を行った。「ヤンキー」や「ジャップ」は序の口で、日本ではついに「鬼畜米英」が標語となり、米国では日本人は「エイプ」(猿)や「ヴァーミン」(害獣)などと呼ばれた。

ベトナム戦争でも、米軍はベトナム人を「グック」と呼んで、非人間化した。相手が「害獣」や「グック」ならば、原爆で抹殺しようが、枯葉剤で汚染しようが、良心が咎められることはない。戦前・戦中、日本人は中国人や韓国人その他のアジア人もさまざまな蔑称で呼び、「異化」した。「異化」の心理的プロセスの中で非人間化が起き、虐待や殺人を容易にした。占領地では、ゲリラ兵を「匪賊」と呼び、捕虜にするとしばしば直ちに処刑した。

「酒」や「何か月振りかのごちそう」や「慰安婦」による条件付けが有効性を発揮したのは、

敵兵と敵国民を文字通り「虫けら」とみなすイデオロギー的な「洗脳」が先行したからであり、食欲や性欲だけが殺人のインセンティヴだったとは考えにくい。周知のごとく、ドイツではユダヤ人を文字通り「虫けら」とみなすイデオロギー教育が行われ、六〇〇万人に及ぶといわれるユダヤ人が「絶滅収容所」の露と消えた。

4　革命と「人道的介入」における暴力行使

ところで、平和を実現するためのミニマムな抑制的暴力行使は正当化されるのだろうか。この問題は、政治的革命や独立戦争を歴史的遺産として継承してきた欧米では強く意識されてきたことであり、体制批判的な平和研究の場合は革命との接点がしばしば問題になった。たとえばケネス・ボールディングは平和研究を暴力革命を止揚し得る社会変革の手段として考えていたと思われるふしがある。[17]

一九七一年にベルリンで開催された西独平和学会（ＡＦＫ）でも暴力革命についての論争は熾烈を極め、結論への合意は不可能と思われた。平和研究は基本的には「平和的手段による平和の実現についての学問的研究」である。貧困、飢餓、疾病、無秩序、政治的弾圧、経済的搾取という苛酷な状況に置かれた労働者が、このような「構造的暴力の大悪」を「革命的暴力の小悪」によって打ち倒し、政権を奪取することの是非が問われたのだ。[18]

苦渋の末に学会が発表した声明は、平和学・平和研究においても、暴力的状況の止揚に関して二つの立場があることが表明され、両論併記となった。[19] すなわち、特定の状況における本質的に自己防衛的な暴力革命の必然性を肯定する立場と、ガンディ、マーティン・ルーサー・キング二世、クウェーカー教など歴史的平和教会の非暴力主義をあくまで貫く立場である。

米ソ冷戦終結後、暴力革命の問題はもはや人びとの意識するところではなくなった。しかし、貧富の差が拡大し、構造的暴力が強化される世界は、まさにマルクスの言う暴力革命を必要としている資本主義的経済構造に起因するものであり、テロ攻撃にも口実を与えているわけだから、平和学における暴力問題が決着したとは言えない。また、頻発する民族紛争による被害の拡大を防止するための「人道的介入」の際に見られる抑制的な武力行使をどう評価するかも平和学にとっては難しい課題である。

こうして、武力行使に関する平和学の立場は、七〇年代のドイツでそうだったように、再び、抑制的暴力行使の正当性（相対的平和主義）と無限定的非暴力主義（絶対平和主義）という二つの極に分かれる。革命の場合も、「人道的介入」の場合も、目的を達成するために行使するミニマムな抑制的暴力はやむを得ないものだと考える点では共通性がある。[20] しかし、ミニマムな抑制的暴力についての客観的な基準を作ることは至難であり、現状では、過剰な暴力行使に発展する可能性は否定できない。

国際平和研究学会（ＩＰＲＡ）においても、相対的平和主義と絶対平和主義はそれぞれの主張者を学会員として抱えており、平和学にはミニマムな抑制的暴力に関して二つあるいはそれ以上の立場があることを示唆している。およそいかなる犠牲を払ってでも、物理的な力の行使による一切の殺傷と暴力を否認しつつ、「平和的手段による平和」の創出をめざすという絶対平和主義は、実効性の乏しい理想論と見なされがちだが、その政治的有効性はガンディのインド独立運動やキング牧師の公民権運動の実践にも顕著に現われており、二〇世紀という戦争と暴力の時代においてさえ有効性を発揮した歴史的現実を無視することはできない。

「9・11」以後、テロリズム対策の必要から国家的暴力の行使を無条件的に容認する軍事主義が、世界的に広がりつつある時代背景を考えるならば、国際平和旅団（Peace Brigade International）や非暴力平和隊（Nonviolent Peaceforce）の思想と行動は絶対平和主義の原理原則を継承するものであり、軍事主義に対する示唆に富んだオルタナティブを提供しているように思われる。(21) 特に、完全非武装の市民ボランティアが数百人規模で紛争地域へ介入することによる暴力の抑制という斬新な着想はこれまでになかったものであり、プロジェクトの成否は「人道的介入」を巡る論争にも一石を投じることになるだろう。

5　平和学の価値指向性と倫理性

平和学は本質的に中庸のスタンスを維持する学問的営為として自覚されている。しかし、それは価値自由（没価値性＝Wertfreiheit）を意味するものではない。医学と同様、平和学は価値自由ではあり得ない。医学が病気の根絶を最高の価値・理念としているように、平和学は戦争によって代表される暴力の根絶を最高の価値・理念とする。平和学は極めて価値指向的な学問的営為であることはつねに確認されていなければならない。

六〇年代後半から七〇年代にかけて隆盛期を迎えた西ドイツの平和・紛争研究は、ヴィリー・ブラントの率いる社民党政権の下で展開されたが、同時に、中国の文化大革命、全世界的な大学闘争、新左翼思想の登場など、あたかも「革命前夜」を思わせるような時代状況の荒波に揉まれることになった。しかも、西ドイツは米ソ冷戦の最前線に位置していたから、価値指向性を特徴とする平和研究は、前述した革命も含め、東西両陣営の研究者の注目を浴びていた。

たとえば、当時、「批判的平和研究」を掲げて登場したディーター・ゼングハースは、新左翼の代表格だったフランクフルト学派に属するマルクシストの平和研究者と見られていた。実際、彼のホリスティックな平和学理論は米国の実証主義的社会科学理論には極めて批判的であり、その矛先は資本主義的搾取の国際構造に向けられていた[22]。

冷戦たけなわの時代、西ドイツにおける平和研究の華々しい展開が東ドイツの研究者の関心をひいたのは当然だった。しかし、マルクス主義的世界観とイデオロギーによって理論武装していた東ドイツの研究者はゼングハースらの平和研究の意義を正当には評価しなかった。ゼングハースは「ブルジョア平和研究者」として位置づけられ、平和研究は資本主義に奉仕する理論の一つに過ぎず、真の平和研究は「革命研究でなければならない」とされた[23]。

以上のように、西ドイツの批判的平和研究は西側ではネオ・マルキシズムと結びつけて評価され、東ドイツではブルジョア的と評価された。もちろん、平和研究の政治的立場は決して一様ではない。ベトナム戦争の評価をめぐって米国の平和研究者ウォルター・アイサードはヨーロッパの研究者たちと鋭く対立し、国際平和研究学会（ＩＰＲＡ）からいわば「貝殻追放」されたこともあった。また、政情不安なアジア・アフリカや中南米諸国では平和研究が「危険思想」視され、国際学会への参加は困難を極め、参加者が撮影や録音に神経を尖らせる場合も珍しくなかった。

実際、体制側が平和研究を「危険思想」視する理由がまったくないわけではない。なぜなら、平和研究は現体制の受益者や「慣習の受益者」に批判の矛先を向けるからである。平和研究と革命との接点については前述したが、平和研究には人間一人ひとりに彼・彼女らのライフスタイルも問いただすという側面があるからだ。ある平和研究者は「平和学を教えていても、学生に変化が見られないのは教師の力量不足であり、教師のライフスタイルが変わらないのは教師の怠慢である」と言っている。平和学の担当者と数学の担当者に求められている姿勢とは同じではないことを示す厳しい指摘である。

かつて、「教師聖職論」という論争があったが、教師、医師、看護師、弁護士などのような特定の職業を聖職とする位置付けがこうした職業人に不当な労働を強いる口実として利用されるのでない限り、正論であり、平和学の担当者にも当てはまる。ただ、これらの職業人が労力を惜しまず模範的な聖職者のように仕事に専念できるためには、それを可能にする条件整備が不可欠であり、決して彼・彼女らの個人的負担を前提とするものであってはならない。

東洋では「医は仁術なり」と言うが、西洋には「ヒポクラテスの誓い」という職業コードがあり、医師には厳しい倫理性が求められている。戦争や暴力は健康な理想社会には存在しないと考えられるから、平和学の病んでいる社会に対する関係は医師の患者に対する関係と似ており、東洋的に考えても西洋的に考えても、平和学には厳しい倫理性が要請される。ここでもまた、医師が深夜に叩き起こされて急患を診る義務は、短期的にはともかくも、長期的には制度的に条件整備されていなければならならず、決して医師の善意と犠牲を前提とするものであってはならない。平和学を担当する教師の場合にも、同様な配慮があって然るべきではなかろうか。

ノルウェーのオスロ国際平和研究所（ＰＲＩＯ）では、職員には高額の収入を保障する代わりに、講演、原稿執筆、テレビやラジオへの出演、非常勤講師などから得る謝礼はすべて研究所の金庫に入り、個人の所得とはしないということである。本来の仕事に対する高額の報酬は、ひたすら平和研究に没頭する条件整備として必要不可欠だと認識されたのである。平和学・平和研究とは直接関係ないが、ドイツでも大学の教授職の報酬は高額であるばかりか、正教授には必ず秘書がつく。そのような措置は、教授本来の専門的研究と教育に専念することができるための条件整備として必要不可欠だというアカデミズムの思想に根拠をもっており、ＰＲＩＯの場合との共通性がある。

国際平和研究学会第二代事務局長だったノルウェーのアスビョルン・アイデは、上述したＰＲＩＯの所長経験者でもあるが、平和学に課せられた倫理性を強調するに際して、「平和学は科学に良心を挿入した」と言った。英語またはフランス語の科学（science）と良心（con-science）、あるいはドイツ語の知（Wissen）と良心（Ge-wissen）という二対の語を比べてみるとよい。科学や知が良心、つまり倫理性と無関係でないことが分かる。良心を失った科学が大量破壊兵器を生み出し、自然を汚染し、貧富の格差を拡大してきたことは否定できない。

科学的研究と一向に縮まらない貧富の格差に関して付言すれば、この数十年間、膨大な予算を使った貧国援助の経済計画が次々に打ち出され、各国政府や国際機関の公的出版物が、関係諸機関の図書室には山積みになっているのに、貧富の格差は縮まるどころかむしろ広がる一方だという事実が科学的経済計画の真相を物語っている。大学の経済学部や経済学者の研究グループ、あるいは経済開発のためのシンクタンクの存在意義が厳しく問われなければならない。

6 おわりに

七〇年代~八〇年代の富国では、米ソの軍拡競争がエスカレートするなかで、科学技術の進歩による明るい未来像が描かれ、宇宙の征服と宇宙空間の利用、原発の増設ほかの巨大プロジェクト、遺伝子操作による農作物の品種改良と生産拡大、工業の発展に伴う都市化、工業製品の品質改良の国際競争と、物流の国際化がもたらす安価な電化製品などの生活必需品や自動車の普及が、人類の快適な生活を可能にし、右肩上がりの世界経済は、いっそう豊かな高度成長社会を創造することになるだろうと予測された。

しかし、別の目線で冷静に将来を予測していた人たちもいた。その一人だった英国のジェームズ・ロバートソンは『健全なオルタナティヴ[24]』という著書を発表し、その中で、右肩上がりの高度成長社会の速やかな終息を予測し、生活のバランス感覚を重視した経済、国際的相互依存関係、消費の抑制、エコロジーへの配慮、分権化、南北間の格差是正などの政策を提唱した。

彼は、「これ見よがしの消費は、不安、心理的弱さ、精神的貧困の兆候であるだけでなく、社会的不正であり、エコロジー的な罪である」と指摘し、HE社会に代わるSHE社会の建設というオルタナティヴを示した。SHEとは健全（sane）、人間的（humane）、エコロジー的（ecological）の頭文字、HEは超拡大的 hyper-expansionist の頭文字だが、言うまでもなく、SHE（＝彼女）はフェミニスト的価値観、HE（＝彼）は男性的価値観を示唆した。男性的価値観が暴力に肯定的であり、女性的価値観が暴力に否定的だという言説には誇張もあるが、そうした視角の妥当性をまったく否定することはできないだろう。

核兵器、戦争、好戦性、攻撃性、テロ、搾取、レイプ、自然破壊（エコサイド）、開発至上主義、権威主義などは容易にHE的価値観と結びつくが、平和、非武装、非暴力、自然との共生（ecological symbiosis）、相互扶助、包容性、柔軟性、寛容性、出産と育児などは容易にSHE的価値観と結びつく。

右肩上がりの未来像とロバートソンの言うHE的未来像とは重なり合い、SHE的未来像と鋭く対立する。それは単にどのような未来像を描くかという抽象的レベルの相違ではなく、むしろ誰の目線で現在を捉え、未来についての展望を開くかという価値観の相違である。過去数百年の間、「北」は「南」の犠牲の上に繁栄してきたことがまず自覚されなければならない。世界の富はコンスタントに南の貧国から北の富国へと流れており[25]、この流れはHE的経済成長を目指す限りいつまでたっても停止することはない。

しかし、貧国と富国との関係がいつまでも従来と同じように続くという保証はない。二〇〇一年九月一一日にニューヨーク市とワシントンDCで起きた破壊工作は、このような不公平な国際システムに対する貧国からの本格的な挑戦の開始だったという見方がある。米国の強大な軍事力には世界が束になってかかっても太刀打ちできるものではないから、米国への挑戦は必然的にテロという不意打ちの形式による破壊工作とならざるを得ないというのだ。

アフガニスタンとイラクに対するブッシュ政権の強攻策は、「見せしめ」の役目を果たし、米国と世界にとって有利に機能するのか、逆に、貧国からの本格的な挑戦の戦略をさらに「進化」させ、よりいっそう巧妙で「天才的な」不意打ちの破壊工作を米国と米国に協力的な諸国に対して展開する契機となるのか、即断はできない。

しかし、核ミサイルによる攻撃に対する有効な防御手段がないように、自爆テロによる破壊工作に対する有効な防御手段はない。すでに四半世紀も前に、ハーヴァード大学の刑法学者ヤン・シュライバーはテロ攻撃を「究極的武器」(the ultimate weapon)と呼び、こう指摘していた。いわく、「テロリストの天才的発見は、国家を屈服させるには、暴力の大量使用は不要であり、戦略的使用だけで十分だということである[26]」、と。

暴力行使において、目的のためには手段を選ばぬという点でも、一般市民の犠牲を省みない戦略を練るという点でも、核兵器国とテロリストの兵法は酷似している。「対テロ」が理由ならば人権を侵害しても、国連を無視しても、憲法に違反しても許されるという論理が「9・11」以降、急速に広まった。冷静な思考で核兵器や戦争やテロの暴力を的確に分析し、オルタナティブを示すことが、いまほど平和学に求められている時はない。

注

（1） Galtung, Johan : *"Violence, Peace and Peace Research". Journal of Peace Research*, Vol. VI, No. 3, Oslo, 1969.（邦訳：ヨハン・ガルトゥング（高柳先男・塩屋保他訳）『構造的暴力と平和』（中央大学出版部、一九九一年））。Picht, Georg und Huber, Wolfgang, *Was heißt Friedensforschung ?* Klett Verlag, 1971. 私と平和学との出会いについての詳細は朝日新聞社編『みんな生きてきた――戦後50年1』（朝日文庫、一九九五年）所収の「平和の旅人」参照。

（2） Boulding, Kenneth : "Twelve Friendly Quarrels with Johan Galtung", *Journal of Peace Research*, No. 1, Vol. XIV, Oslo, 1977.

（3） Dasgupta, Sugata : "Peacelessness and Maldevelopment", *IPRA Studies in Peace Reseach, Proceedings of the International Peace Research Association Second Conference,* Vol. II, *Poverty, Development and Peace,* Van Gorcum & Comp. N. V., Assen, 1968. Ditto : "Not War But Peacelessness is the Antonym of Peace", *International Peace Research Newsletter*, Oslo, 1974, Vol. 12, No. 2.

（4） 石田雄著『平和の政治学』（岩波新書、一九六八年）。

（5） Schmid, Herman : "Peace Research and Politics", *Journal of Peace Research*, Vol. I, No. 3, 1968. Dencik, Lars : "Peace Research : Pacification or Revolution ? Notes on an Intra-Peace-Research Conflict", *IPRA Studies in Peace Research. Proceedings of the International Peace Research Association Third General Conference*, Vol. I, Van Gorcum & Comp. N. V., 1970.

（6） 注1参照。

（7） Wright, Quincy : *The Study of War*, University of Chicago Press, 1965 (1942).

（8） Dasgupta, Sugata : *op. cit.*

（9） 朝日新聞、一九九七年一二月八日（国際版）。

（10） Barash, David : *Introduction to Peace Studies*, Wadsworth Pub. Co., 1991.

（11） Galtung, Johan & Høivik, Tord, "Structural and Direct Violence", *Journal of Peace Research*, Vol. 8, Oslo, 1977.

（12） Galtung, Johan, *Peace by Peaceful Means : Peace and Conflict, Development and Civilization*, International Peace Research Institute, Oslo, Sage Publications, 1996.

（13） 原文はユネスコのホームページにも掲載されている。また、"Seville Statement" というキーワードで検索すればインターネットから取得できる。なお、邦訳は岡本三夫『平和学を創る――構想・歴史・課題』（広島平和文化センター、一九九三年）所収の拙訳を含め幾どおりもあるが、次の資料が入手しやすい。心理科学研究会編『平和を創る心理学――暴力の文化を克服する』（ナカニシヤ出版、二〇〇一年）。

（14） Montagu, Ashley, *The Nature of Human Aggression*, Oxford University Press, 1976.（邦訳：アシュリー・モンターギュ（尾本恵市ほか訳）『暴力の起源』（どうぶつ社、一九八二年））。

（15） テッド・ベア博士「マス・メディアの悪影響から子供を守る」http://www.cheajapan.com/hpyohkawa/4-ted.htm

（16） Dower, John W., *War Without Mercy : Race and Power in the Pacific War*, Pantheon Books, 1986.（邦訳：ジョン・ダワー（斉藤元一訳）『人種偏見――太平洋戦争に見る日米摩擦の底流』（ＴＢＳブリタ

ニカ、一九八七年））。

(17) Boulding, Kenneth, *A Primer on Social Dynamics. History as Dialectics and Development*, Free Press, 1970.

(18) Senghaas, Dieter (Hrsg.), *Kritische Friedensforschung*, Suhrkamp Verlag, 1972.

(19) Senghaas, *op. cit.* "Erklärung zur Friedensforschung".

(20) 最上敏樹『人道的介入——正義の武力行使はあるか』（岩波新書、二〇〇一年）。

(21) 非暴力平和隊は国際組織で、日本にもその支部があり、活発な活動を展開中である。URLは http://www.jca.apc.org/npj/　なお、山内敏弘編『有事法制を検証する』（法律文化社、二〇〇二年）所収の君島東彦論文「市民平和活動の時代——武力によらない平和の構築」を参照。

(22) Senghaas, *op. cit.* 当時、フランクフルト学派の「批判理論」（Kritische Theorie）はヘルベルト・マルクーゼ、マックス・ホルクハイマー、テオドーア・アドルノ、ユルゲン・ハーバーマスなどによって展開され、西ヨーロッパにおける新左翼政治運動の理論的支柱を形成していた。

(23) Bönisch, Alfred und Steinke, Wolfgang, *Bürgerliche Friedensforschung : Probleme, Widersprüche, Tendenzen*, Akademie Verlag, 1973.

(24) Robertson, James, *The Sane Alternative*, River Basin, Pub., 1978.

(25) Rogers, Paul, *Losing Control : Global Security in the Twenty-first Century*, Second Edition, Pluto Press, 2002.（邦訳：ポール・ロジャーズ（岡本三夫監訳）『暴走するアメリカの世紀——平和学は提言する』（法律文化社、二〇〇三年））。

(26) Schreiber, Jan, *The Ultimate Weapon : Terrorists and World Order*, Morrow, 1978.

第5章　民主主義の非暴力化をめざして

萩原　能久

1　民主主義と平和？——絶対的価値に祭り上げられたイデオロギー

丸いものでも「それは四角である」と言い続けることによって実際に四角に変えてしまうのが政治の世界にしばしば横行する論理である。自衛隊も軍隊ではない、憲法にも違反していないと言い続けられ、既成事実が積み重ねられていけば、「安全」な戦地に、「人道的観点から」重武装し、「派兵」ならぬ「派遣」が許されるようになろうし、そこに欺瞞を感じとったにしても、今度は間違っているのは現実政治の方ではなく、憲法の方なのだと信じ込まされた国民は憲法改正にためらいを覚えなくなるだろう。この政治の世界ではまた、人々の耳に心地よく響くプラス・イメージの言葉の使用権は自陣営に独占され、逆に悪印象を喚起するような言葉はライバルを蹴落とす際の格好の武器として濫用される。この世界の住人は、時流の変化にも敏感に反応し、その変わり身の早さと、過去の過ちを振り返ろうとしない「前向き」の姿勢に凡人はただ幻惑されるばかりである。たとえば「スターリニスト」なる呼称はどういう運命をたどっただろうか。ソ連国内にかぎらず、一九五〇年代以前の「知識人」にとって、人からこう呼ばれることは賞賛と栄光を意味していた。しかしフルシチョフによるスターリン批判後の世界で、自らスターリニストを名乗るのは、よほどの偏屈者か偽悪者だけであろう。結構なことである。だがスターリニストとかつて呼ばれていた人たちが、批判を受け入れて襟を正し、その思想が克服されたのではない。彼らは今は別の名前で出ているだけなのである。

いかに多くの偉大な思想的理念がこの政治の世界の住人たちによって蹂躪しつくされ、信用を失墜し、陳腐で空虚な戯れ言へと転じてしまったことだろう。その最たる例が「民主主義」と「平和」という理念かもしれない。

一九世紀以前の世界では、衆愚政に転化する危険をはらんだ多数者の専制政治、暴徒の支配を引き起こす政治体制として、多くの知識人から危険視される傾向の強かった「民主主義」であるが、(1)第二次世界大戦で「民主主義陣営 Democracies」がドイツ、イタリア、日本という「ファシズム陣営」に勝利して以降、ありとあらゆる政治体制によってこの語は自己を正当化するマジック・ワードとして使われるようになる。これ以降、民主主義を公然と批判し、否定することは「ファシスト」の烙印を押されることを覚悟したうえでなければ不可能となった。その結果今日、民主主義を自称しない国など存在しない。いや皮肉な言い方をすれば、具体的な国名を例示するのは遠慮しておくが、民主主義の理念からはほど遠い政治体制を敷いている国ほど、国名に「民主主義」という語をいれたがると邪推したくなるほどである。政治理論の世界では、第二次大戦時に、民主主義の正真正銘の敵であったはずのナチズムまで、「指導者民主主義（Führerdemoktatie もちろん、Führer はナチズム用語としては「総統」と訳されるのだが)」というありがたい名前まで頂戴する始末である。「民主主義」というキャッチフレーズは、いまや明確な意味内容も持たない安手の広告コピーにまでおとしめられているのである。

「民主主義理論は、現代国民国家体系の道徳的エスペラント、諸国民を間違いなく連合する言語、現代世界の公的標語である。だがそれは実にいかがわしい通貨でもある。文字通りの間抜けでもなければ、それを額面どおり、言葉どおりに受けとる者はいないであろう[2]。」

　他方で「平和」の方はどうであろうか。ここでも状況は同じである。「戦争」も「平和のための措置」と呼びかえれば戦争ではなくなる。このたぐいのまやかしは政治の世界の常套手段なのである。つい最近もアメリカは「戦争捕虜」を「不法戦闘員」と呼びかえ、ジュネーブ条約に違反する捕虜虐待をキューバのグアンタナモ・ベイで公然と行っている。そのことは置くとしても、そもそも平和の観念そのものが多義的であり、比較文明史的にみても、その意味内容が文化によって異なることは石田雄氏のつとに指摘するところである[3]。戦いによって神の正義を実現することを平和と呼ぶ文化もありうる。しかし現代人であるわれわれにとって一番問題なのはなによりも、平和の対立概念とされる「戦争」さえなければ、どのような不正・抑圧・搾取が世にまかり通ろうと、それを「平和」と呼んでいいのかということであろう。いわゆる絶対平和主義、すなわちいかなる場合でも、たとえ自らが攻撃を受け、存亡の危機に立たされているときですら、戦争という悪を拒絶するという立場は、首尾一貫した、政治の世界にありがちな二枚舌のダブル・スタンダードを許容しない道徳的に立派な立場であることに間違いはない。しかしこの立場をとる限り、殉教者として犬死を覚悟するか、あるいは現状にはびこる不正義を黙認し、肯定することに結果として加担することになるのであるから、手放しで賞賛できるものではない。逆に正義を追求しようとするならば、その正義を信じない者たちは自動的に「不正義」の「悪の集団」となるのだから、それを滅ぼすまでは「正義の戦い」は終わることがないであろう。そうした「正義」と「正義」のぶつかり合いは宗教戦争と化す。そして宗教戦争はあらゆる戦争の中で最も凄惨な様相を呈するものなのである。ヨーロッパを焦土と変えた三〇年戦争を例にとるまでもなく。

2　民主主義と平和の理論——J・ガルトゥングとB・ラセット

そうした中で、ヨハン・ガルトゥングの「構造的暴力」論が多くの平和研究者から共感をえるようになったことも理解できよう。「不正義の平和」と「正義の戦争」の不毛な二者択一を回避する「正義の平和」の可能性がそこに垣間見えるからである。ガルトゥングに代表される、いわゆる「批判的紛争・平和研究」のオスロ学派は、一見したところ暴力の形を取らない貧困、不平等、差別、抑圧、疎外が国際間や一国内における非対称的な社会関係、不均等な構造から生み出されている事実に着目し、それを平和と呼ぶことを拒絶する。それは戦争ではなくても、平和でもない (peacelessness)。こうした構造的暴力のない状態こそが、真の平和と呼びうる状態（積極的平和）であると彼らは考えるのであるが、それが理論としていかに正しく、到達目標たる理想として深遠なものであっても、「暴力の中に身を潜めている悪魔の力」[4]と不可避的に関係をもたざるをえない政治に対する楽観的にすぎる見方がそこにあることは否定できない。

ガルトゥングは暴力を「ある人に対して影響力が行使された結果、彼が現実に肉体的、精神的に実現しえたものが、彼の潜在的実現可能性を下まわった場合、そこに存在する」[5]ものと定義しているが、これは現代政治学で通常「権力」と定義されているもの[6]とほぼ同義である。われわれが社会生活を営むかぎり、ある人の行動は他の人に良かれ悪しかれ影響を与えざるをえない。また、ある人にとって良い結果をもたらす措置も、他の人にはある程度の犠牲を強いるものであろう。ある人の行動の結果、自分の「潜在的実現可能性」(そこには考えられるあらゆるものが含まれよう)が悪化したからといってそれを暴力呼ばわりすることが許されるなら、そもそも影響力を持たない政治的行為などありえないのだから、すべては暴力ということになってしまいかねない。暴力なき世界を「平和」のユートピアとして希求するべきであるという主張が非現実的であると言いたいのではない。ここで問題なのは、暴力なき世界を目ざす場合でも、そのプロセスにおいては権力の行使、即ち正当と認められた暴力の行使の問題を避けてすますことはできないということである。

後の節であらためて検討するが、国家は根源にある暴力を隠蔽した政治社会の一形式であり、同時に正義についての一定の決定を下す存在でもある。二〇世紀に、特に環境問題と平和問題というグローバル化した新たな事態を前にしてその無力さを露呈させてしまった国民国家ではあるが、そして国民国家のみが唯一の政治社会の形式ではないことも事実ではあるが、まさにそのグローバル化によって貧困状態に陥る危険のある人々を救えるのも、当面のところは国民国家しか存在しないのである。そうだとすれば、暴力なき世界を目ざす平和学においても、暴力の要素を内在させている国家そのものにも関心を向け、暴力から目をそらしてはなるまい。仮に主権国家のすべてが解体され、「交戦権」という、人殺しを是認するばかりか奨励するとてつもない「権利」(?)を国家から奪い去った世界政府が実現したところで、警察力までもが不必要な社会がそこに出現するわけではあるまい。そうならば現在、「世界の警察」を気取るアメリカが「戦争」ならぬ「治安維持活動」として現に行っていることが繰り返されるだけであろう。

それとの連関で、ここで是非とも批判的に検討しておきたいのが、いわゆる「デモクラティック・ピース論」である。これは、民主主義と平和を国民国家体制と結びつけた議論で、ブルース・ラセットによって強力に主張されているものである。[7] 簡単に言ってしまえば、「民主国家どうしは戦争をしない」とのテーゼを検証することで、民主主義の定着と平和実現の直接的な因果関係を証明しようとするものである。

ラセットがそのデモクラティック・ピース論で「戦争」と認定するのは「大規模で制度的に組織された、死者を伴う暴力」であり、「大規模」とは戦死者一千人以上を意味している。[8] 彼は、このように規定することを、旅客機が誤って国境を越え、撃墜されるような事故や国境での小競り合いを排除するという「合理的な理由」からのものであるとしている。しかしこの定義では「政府が実施する秘密工作」や、国家以外の交戦主体を想定せざるをえない「内戦」も「理論的正確さ」を追求するためには除外しなければならない[9]とされているのであるから、この理論的正確さ、科学的客観性は事実上、「民主国家」アメリカの世界戦略を正当化し、その軍事行動を

「戦争」とは呼ばせないためのものとしか思えない。核兵器の登場やマスコミの発達によって、もはや世界大戦のような戦争が遂行不可能となり、戦争形態そのものが国家以外の政治体制による、アイデンティティをめぐる闘争が中心となりつつある「新しい戦争」（メアリー・カルドー）[10]に移行してきているなかで、このような戦争の定義が今日、有効性を持つことなどありえない。ありうるのは特定の武力行使を「戦争」と呼ばせず、「警察活動」扱いすることで、正当化する方策のみである。そしてそれを決定することが、ひとり世界最大の軍事大国アメリカのみに許された特権であるならば、先にも述べたとおり、どのような自国の軍事力行使も戦争ではないと否定することができようし、反米的な他国の行為は戦争行為とみなし、他方で無政府状態（それを作り出したのは誰か?）下での武力的抵抗はテロやゲリラ呼ばわりするアメリカの強弁がまかりとおることになる。

またデモクラティック・ピース論は次のような示唆を暗に行っている。つまり、先進国の自由民主主義国家は平和であるが、第三世界の権威主義体制——近年の比較政治学的民主化の理論では、これを反民主主義的体制として民主主義の対立概念とみなすのではなく、理念・目標としての民主主義の完成形であるポリアーキーへの移行の途上にあるものと考えるようになっているのだが——では暴力が蔓延し、それが世界の平和を妨げている最大の要因であるとの想定がそれである。しかし、仮に第三世界の現状がそうであるとしても、ガルトゥングの「構造的暴力論」を持ち出すまでもなく、そうした状況が作り出されたのは過去の帝国主義的植民地支配と、現在でも続く搾取、抑圧の構造がゆえであって、その暴力を見ずして先進国の平和を謳歌しようというのはいかがなものであろうか。

それと関連して問わなければならないのは、われわれがどのような平和を望んでいるかという問題であろう。たとえば東京を治安のいい、平和な街にしたいがゆえに、ホームレスの人々や、「不法就労外国人」を外がわに追い出すことで、つまり中心の内がわの平和を実現するために、「潜在的犯罪者（とみなされた人々）」を周辺の外がわに追いやる形での平和をわれわれが欲するのか否かという問題である。たしかにそれで、東京は住みよい、平和な街になるだろう。その外がわには、「追放」という暴力によって、さらに憎悪を増した暴力の世界が広がることになるのだが。

したがってここでわれわれが改めて考え直さなければならないのは、民主主義と平和の連関ではなく、民主主義が暴力と結びつき、平和が——一部の特権的集団にのみ享受されるものと化しているという意味で——非民主主義と結びつく問題である。

3　近代民主主義の前提に潜む暴力性

民主主義はデーモスのクラティア、すなわち「市民」の「支配」という古代ギリシアに由来する造語から生まれた思想であるが、このデーモスは、近代人が想定するような市民とは似ても似つくものではない。子どもはいうに及ばず、女性や在留外国人、さらにはアリストテレスのような高名な哲学者からすら「言葉をしゃべる道具」とみなされて人間の数にもいれられない奴隷はそこから除外されていた。古代ギリシアにおける民主制は、本質的に排除性を有していたのである。そのような市民がポリスという、法が支配する公的空間に参加し、言論をかわすことが、すなわち活動〈プラクシス〉と言論〈レクシス〉のみが政治的と呼べるものだったのであり、その前提になるのが、生命の維持や種の保存など、彼らが低次元のものとみなしていた労働を家族内の私的な問題として、奴隷や女性に押しつけていたがゆえに可能になる美徳——健全な判断力を持ち、討論を好み、私的なものを省みずポリスに身を捧げる市民——であった。

こうした古代の民主主義と近代民主主義とのあいだには、用語上の連続性以外は共通点と言えるものはほとんど存在しない。そのような不連続性をもたらした最大の理由は近代における人間の位置づけの根本的変化であるといえよう。

『イデオロギーとユートピア』という有名な書物を書いたカール・マンハイムは、その英語版の序文の中で、そのことを次のように描写している。「中世的世界観の崩壊以後は、これまで教会の支配によって保証されていた客観世界の秩序そのものまでもが疑問視されるようになった。その結果、これまでの行き方から目を転じて反対方向の道をとること、いいかえれば、主観を出発点にして人間の認識行為の本質や価値を決定し、そうすることによって客観的存在の投錨点を認識主体のなかに求める以外には他に選ぶべき道はない、という態度が生まれることになった」(11)。その結果成立したのが、いわゆる近代的主体による認識観である。それは「主体(主観)から独立した客体(客観)としての世界が実在し」、かつ「その主体が客体たる世界を正確に表象できる」との想定に立つ世界と人間についての見方である。

近代の特徴を、ニーチェが言うように「神が死んだ」時代と特色づけるなら、近代人はよかれ悪しかれ、自己中心的にならざるを得ない宿命のもとにある。高名な歴史家トインビーも言うように、「人間は自分の置かれている時空の一点をもとにして、その観察の拠点を定めなければならないのであり、必然的に自己中心主義的にならざるをえない[12]」のである。近代的認識論の確立に関連して言及されることの多いデカルトの「コギト」とは、神の啓示にも共同体の習慣にも依拠しない私こそがその理性の力で真理を認識するのだとするマニフェストであり、そこに実体化されているのは自らが自らを基礎づける主体である。近代民主主義が想定している人間像も、この〈自らが自らを基礎づける近代的主体〉に他ならない。

このような人間観と自己中心的世界把握によって、政治の捉え方も古典古代とはまったく逆転することになる。「アテネ人がアテネのためにあるのであって、アテネがアテネ人のためにあるのではない」という有名な言葉があるが、古典古代にあってはポリスという公共生活のあり方こそが個々の市民に優先するものであった。ところが近代政治理論は、用語こそ古典古代から借用しつつも、個人から理論を出発させる。トマス・ホッブズのリヴァイアサン、すなわち国家は、個人、しかも徹頭徹尾エゴイスティックな個人を部品として構想され、そうした個人に対して、自己の情念を他者のそれと抵触することなく満たすことのできる場を提供するものであった。またジョン・ロックの場合にも、労働によって、自らの生命と生活を再生産していく個人が共存していくための仕組みとして政治社会が構想されるようになったのである。

こうした前提のもとに近代民主主義が成立するのだが、古典古代の民主政と区別されるその最大の制度的特徴は代議制（議会制）という間接民主制をとることである。しかし間接的なデモクラシーなどありえるだろうか。

そもそも議会政治自体は、中世における身分制議会以来、民主主義とは無縁なものとして存在してきた。それが選挙権の拡大に伴い、一九世紀ごろのイギリスで民主主義と結びついた時ですら、実態に即して考えるならば、完全に寡頭支配の道具にすぎなかった[13]。議員という少数者の支配（寡頭制）の形をとった万人の支配、そのようなものはペテンであると考えたのがルソーやマルクスである[14]。それに替えて「人民の支配」を実現しようと考えたルソーやマルクスの代替案は逆説的にも全体主義的帰結をもたらしてしまうのだが、それについてはここでは詳論しない。ただひとつだけ確認しておきたいのは、直接民主制が本来は望ましいのだが、今日のような大規模社会では、全員で決定を行うのが不可能なので、妥協の産物として議会制という間接民主制があるという、非常に流布している説明が誤りであるという点である。そうではなくて、古代においても、近代においても、直接民主制――人民による人民の支配――などはありえないのである。古代の民主制は先にも述べたとおり、排除の原理に立脚していたのだし、近代においてもそうなのである。なぜだろうか。それは議会制民主主義が、「分割不可能な国民的同質性という前提[15]」を不可欠のものとしておりながら、そのような国民的同質性などどこにも存在しないからである。

近年、ハーバーマスなどによって展開されている議論に、言語による意思疎通とお互いの理解をめざすところのコミュニケーション的合理性という概念を軸に、現代では失われてしまった公共圏を再活性化しよう、そのためにはまず確固とした主体を確立し、その主体によって支えられた私的領域を前提としつつ、そのうえでその外部に言論の空間である公的領域を形成しようとする政治観に人気が集まっているようだが、この構想においてすら、近代民主主義の問題が克服されずに反映されていると私は考える。ハーバーマスの構想には様々な問題点が指摘できようが、そのなかでも一番重要なのは、このような公共圏が、開かれた空間であると同時に、逆説的にも、閉じた空間でもあるという点であろう。たしかに言論の世界は、誰もがそこに参入を許された開かれた世界のようにみえる。しかし、語るべき言葉を持たない人、声なき声はそこでは聞き届けられることなどない。声の大きな者、洗練されたレトリックを駆使することで相手を沈黙させることのできる者のみが優遇されるのであれば、そこでの正義の原理は、まさしく「力こそ正義」となってしまうであろう。そうだとするならば、近代民主主義を「力の横暴」と「暴力の応酬」の論理から救いだし、それを対話と相互理解の政治原理へと組み直す視点が必要になる。それについては第四節でやや詳しく検討することにしたい。

またそこで〈公的なもの〉と認識されているものは多分に〈共同性〉につながっていくであろうが、リベラリズムの発想に垣間見られる均質で等質な主体と、その主体によって形成される合意への希望は、ともすると〈私的なもの〉の個別性、個々の人間のユニークさを捨象し、すべてを〈公〉に回収してしまう危険性をはらんでもいる。近年、若者のあいだでもてはやされているゴーマニズム宣言の漫画家小林よしのりの〈公〉論は、こうした共同性の理念を国家に横滑りさせ、愛する者のために死ねるかという究極の実存的問いを、国家のために死ぬ義務と直結させる[16]典型的な、そして極めて乱暴な議論の一例である。しかしその小林が敵視するリベラリズムにすら、実はその同じ危険がある。というのも、共同性であれ、民主主義の根本原理である平等であれ、それは等しいものは等しく、等しくないものは等しくない扱いをせよという要請を含んでいるからである。それはとりもなおさず、同質な集団であるわれわれの平等と、その外側に排除された「異質な」他者への不平等な扱いをすることに他ならない。共同体成員の平等を求めることは、内的・外的国境を作り出さざるをえない。特にそれが国家という暴力装置によってなされると、異質者の排除・撲滅に直結してしまうものとなる。この問題については第五節で検討したい。

4　ポパーの民主主義論——流血なき解任システムとしてのデモクラシー

民主主義とは何であろうか。多数決という決め方の論理であろうか。あるいは権力分立という、制度の暴走を阻止する仕組みのことであろうか。それとも人民主権の名のもとにすべての権力を人民に集中させる装置であろうか。そのどれもが間違いではない。確かに近代民主主義理論一般を考えてみた場合、そこには近代になってはじめて成立した自由で平等な個人という観念、換言すれば「人権思想」をベースに繰り広げられた政治的「抵抗」の思想と運動という側面があるが、それ以降の発展形態のなかでは、国家権力が個々の人民の自由を侵害しないよう、その権力分立を図り、それによる抑制・均衡への配慮に力点を置くアメリカ型と、人民に権力を集中させ、中間団体、つまり政党や、代議制すらをもできるだけ排除する形で「人民の支配」を実体化させようとするフランス型の民主主義という二つの、それ自身おたがいに対立する民主主義構想が生まれた[17]からである。

しかし、人権をテコにした政治的抵抗の思想と運動であるという近代民主主義の原点に立ち戻る限り、政治を「合意形成の場」としてではなく、「異議申し立ての場」として一貫して位置づけようとするカール・ポパーの民主主義論は示唆的である。

カール・ポパーの名は通常、政治思想家としてよりも、二〇世紀を代表する科学哲学者として知られていよう。しかし彼が第二次大戦のさなかに、ナチズムに対する思想的闘争の願いを込めて著した大著『開かれた社会とその敵[18]』の中心テーマは、彼自身も自認するとおり、民主主義理論に関わるものであった。その最大の特色は、民主主義理論の問題提起を who から how へと転換するよう要請する点である。

「誰が支配すべきか」、伝統的な政治理論のなかで様々な変奏のもとに立ち現れてくるこの問いをポパーは拒絶する。それに代えて、彼が提起するのは「われわれはどうすれば悪い支配者ないし無能な支配者があまりにも多くの損害を与えることを防止できるように政治制度を組織することができるか[19]」という制度論的問いであった。

ポパーは「人民が支配すべきである」との、今日最も広く受け入れられている民主主義理念ですら受けつけない。「政府が流血なしで解任されうるかぎり、誰が支配するかは重要でない[20]」とまで言い切る彼の民主主義理論には、通常の民主主義理論の場合に中心となる統一的・全体的合意をいかにして形成するかという議論は見られない。彼にとって、政党であれ、何であれ、いかなる意味でも個別的選挙民の声を民主主義的に集約できるものが存在するなどと考えるのは誤った信仰にすぎないのである。むしろポパーが要求しているのは、一方で責任ある〈強力な政府〉であり、他方で、簡単に解任できる〈弱い政府〉である。一人一人の国民の個別意志を、国家意志という名の一般意志に変換する仕組みとして理解されがちな「選挙」ですら、ポパーの見方は非正当化主義的である。彼によれば、選挙は統一的な国家意志形成のためのものでもなければ、選挙に勝った者が組閣の権利付与というお墨付きを国民から与えられるのでもない。選挙はあくまで政府解任のための手続き、「人民裁判の日」なのである。

このポパーの民主主義論は、確かに、彼の科学論と同型である。科学的知識は、その強さ（検証可能性や正当化能力）ではかられるべきなのではなく、むしろその弱さ（その理論を反駁する事例への対応能力）によってはかられるべきだとするのがポパーの科学論の要点であるが、政治においても彼の要求は同じである。政府は、その失政という反駁事例に対して、問題解決への失敗を認め、仮説が棄却されるように、解任されなければならないのである。

ポパーはまた、科学において、科学者がどこから、どういう風に理論の着想を得てくるかという「発見の文脈」をどうでもいい問題として完全に無視するが、政治においても、彼はいかにして集合的意志形成を行うかという合意形成問題をまるで重視しようとしない。ポパーは、仮にある少数派の意志が、実験的・仮説的に採用されるような事態が生じてもかまわないとすら考えているようである。いや、存在するのは常に、政権を担う個人の個別的意志だけなのだ。その指導者がいかに他人の声に耳を傾けたとしても。

さらに科学において理論の失敗がその理論を唱える人の死を意味せず、いわば人の代わりに理論に死んでもらうのだとするポパーの主張は、政治においても共有されている。政策の失敗においては、人の代わりに政府に――しかも非暴力的に――死んでもらうのである。だからこそポパーは、流血なき解任の可能性が存在することを、民主主義と専制政治を分かつ唯一の境界設定基準として要求する。

もちろん解任を要求する側が「正しい」とはかぎらない。そもそも自分が「正しい」ということを裏付ける根拠など、見つける気になればいつでも存在するだろうし、その種の正当化主義的な「神々の争い」(M・ウェーバー)に自らも加わることこそ、ポパーの拒絶するところのものであろう。この神々は、全知全能を自称しながら、その実は可謬であり、自らの正しさを独断的に過信しているだけの荒ぶる神々にすぎない。問題なのは、どちらが正しいかではなく、誤りの発見とその除去だけである。「誤り」とは、ここでは「ある命題が真でなければ偽」であるという論理的問題ではなく、意図された成果を達成できなかった、あるいはあまりにも深刻な意図せざる帰結をもたらしてしまった問題解決案を含むものである。しかも「民の声は神の声 vox populi, vox Dei」は神話である。もし民主主義というものが、一回限りの最終的決定方式であるなら、かつてケネス・アローも証明したように[21]、そのようなものは存在しないだろう。「一回かぎりの民主主義」は成立しないのである。だからこそ必要なときにいつでも、何度でも、決定をやりなおせる状況を確保しておくことこそが肝要となる。なされたある決定に対して、ルールにのっとって異議申し立てを行うことが許されていること、一度採決で破れた少数派にとって、次には挽回できる方途と希望が制度的に残されていること、これが重要なのである。

「民主主義の原則を受け入れる人は、民主的投票の結果を、何が正しいことかについての権威ある表現とみなす義務はない。彼は民主的制度を働かせるために多数派の決定を受け入れるではあろうが、民主的手段によってそれと闘い、またその修正のために働くことは自由だと思うであろう。そして万一、多数票が民主的制度を破壊する日を見るまで生きたとすれば、この悲しい経験は専制政治を避けるための絶対安全な方法は存在しないということを彼に教えるだけのことであろう。だがそれでも専制政治と闘うという彼の決心を弱める必要はないし、また彼の理論が不整合であることを暴露するものでもない[22]」。

考えてみれば民主主義的な合意形成プロセスを経たコンセンサスであるから、その決定は正義であって、それを受け入れない者は不正義であるとする議論のスタイルは欺瞞的である。コンセンサスや、説得など、論理的観点から見れば、各々の討論参加者が独断的見解を述べ、それが単に両立したということ、せいぜいのところ両立しなかった部分を切り捨て、棚上げしたことの相互確認にすぎない。そのような「手続きを踏んだ」ことが、そこで主張された独断の正しさの証明にはなりえないのである。デモクラシーに何らかの価値があるとするならば、それはまさに「議論をする」ということ、そのものにあるのだろうし、その議論によって、お互いの間にある差異、見解の相違を確認しあうことにある。もちろん、議論を果てしなく続けることはできず、どこかで「決定」がなされなければならないのだが、その「決定」は真理でも正義でもない。むしろ、その「決定」によって、犠牲を強いられた人々、多数決に踏みにじられた少数派の意見が記憶され、次の議論の時にそのことが想起されることが重要であろう。

ここで適用されるべき正義は、多数決という、配分的正義ではなく、矯正的正義なのかもしれない。超大国と小国が、国連決議においてはともに国として一対一であるように、九〇％の多数派と一〇％の少数派も、集団の個数としては一対一なのだ。踏みにじられた片方、つまり少数派を次回には優先的に扱うということなしの形式主義が貫徹される多数決では、一〇％は一〇％なのではなくゼロにとどまり続けることになる。

5　他者性の問題——少数派に認められるべき無条件に平等なチャンス

しかしながら、このような矯正的正義が決定の過程に導入されるためには、どうしてもひとつの実質的な公正原理の導入が不可欠である。それは多数票獲得への到達をめぐって競い合う、万人に開かれた無条件に平等なチャンスの保障である。この平等なチャンスは無条件なものでなければならない。というのも多数派は、多数決を頼みの綱として、いつでも競合する少数者の抵抗に非合法の烙印を張り付け、政治の過程から排除することができるからである。

その際の排除の手法は、ナチスのホロコーストやミロシェヴィッチの「民族浄化」のように、国家の手によって文字通り「異質者」を抹殺する乱暴な直接的暴力の行使にとどまるものではない。もっとも手の込んだものとして、逆説的であるが、問題を私事化し、公的争点からはずすやり方もある。ラディカル・フェミニズムが「個人的なものは政治的である」と逆説的な主張を展開したのは、たとえば家庭内での暴力、いわゆるドメステック・バイオレンスや、男女間でのセクシャル・ハラスメントが、公的に取りあげるべき事象ではないとみなされ、私的領域の問題として扱われることで、その犠牲者が泣き寝入りさせられている現状を政治問題として訴えたかったからであった。これも男という多数派の支配的集団が、何が〈公的なもの〉であるのか、少数弱者である女性を蹂躙しつつ、その痛みの訴えを受認すべき個人的宿命として排除しながら、一方的に定義し続けてきたからに他ならない。

私があえてこの論点を問題視するのは、そもそも法と国家の創設に「始まりの暴力」があるからである。法と国家の創設は憲法制定権力によるのだが、それは、端的に言って、「権力なきところで権力を創り出す力（したがってそもそもドイツ語の verfassungsgebende Gewalt が含意しているように、それは「権力」ではない）、無から有を創り出す暴力である。そこでは「暴力による正義の創出」と「正義による暴力の正当化」が同時になされる。たとえば革命勢力は、その革命に成功するまでは「テロリスト集団」呼ばわりされることに甘んじなければならないとしても、彼らが革命に成功し、新しい国家を樹立すれば、彼らの意思が憲法となり、不正義は正義に転化する。「テロリストの首領」は一挙に「建国の父」に格上げされる。革命勢力の「不正義」が「将来の正義」という、その時点で存在していないフィクションを人々に信じさせることに成功した、その瞬間、無から有が生まれ、国家は国家になるのである。アメリカ独立宣言がそうであるように、その「アメリカ」という国家は、独立宣言時においては存在しない「アメリカ国民」の名によって無から創り出される。それは典型的な「遂行的発話」、つまり言語の働きによって新たな状態を作り出す行為であり、しかもその根拠となる権威は上からでも外からでもなく、自己自身、われわれの意志（とされているもの）、すなわち自己原因（causa sui）なのである。主権とは、この憲法制定暴力に他ならないが、その暴力性は隠蔽されなければならない。以後の国法体系が〈合法的〉に構築されるためには、この暴力と、その隠蔽が不可欠であり、それを隠蔽することに成功したからこそ、あらゆる抵抗権が排除され、法が正義になるのである。つまり、憲法制定暴力は、抵抗権の行使によって立ち上げられるといえようが、それによって生み出された合法性の体系は、逆にあらゆる抵抗権を失墜させなければならない。憲法が革命によって生み出されたとしても、その憲法秩序に挑みかかる別の革命勢力を「合法的」と容認する憲法など存在しない。

このように考えてくると、「法の正義」が、暴力ではなく正義であり続ける為には、〈法の脱構築〉が不可欠の作業となる。それは、それまで法の外側に排除され、法が抑圧し、沈黙を強いてきた他者を再び法の内側にとりこむことによって、その他者たちにとって不正義以外の何ものでもなかった法の正義を回復させる試みである。この脱構築は法解釈の問題ではない。岡野八代が従軍慰安婦・日本軍性奴隷問題に関連して述べていることを、われわれは法的議論になじまぬものとして、あるいはことばを奪われた者たちの沈黙は、そもそも存在しないのだから事実を問題とする学問の埒外のものとして無視してよいのであろうか。彼女は問いかける。法律家はややもすれば「既存の犯罪類型にこの問題を当てはめようとする。しかし現在、わたしたちが〈暴力〉をめぐって直面している問題は、逆に既存の犯罪類型から〈排除〉されてしまうがゆえに、自分が被った〈不正〉を告発することができない、あるいは暴力の被害に遭い、〈痛み〉に苦しめられているがゆえに声を発することができない人が多く存在する／してきた、という事態なのだ」[23]。

誤解を避けるために付言しておきたいが、国家や法を「暴力装置」、戦争機械として描き出したり、ましてやそれを是認する意図など私にはない。近代主権国家が想定する国民の平等、国民の同質性という前提が、必然的に国家の内外を分かつ国境線、「彼ら」と「われわれ」を区別・差別する基準を設定しなければならないだけでなく、国家の内部においても、国民的同質性から逸脱する「異質者」の排除・絶滅を企図することが不可避のものとなるのならば、アレントの言う「人権のアポリア[24]」は解消不可能である。人権を蹂躙するのも国家であるが、その国家の権力なくしては人権の擁護はなしえない。だからこそ国家における「正義」の契機にこそ、力点がおかれなければならない。

しかし、たとえば「9・11テロ」なるものに対して、「無限の正義」を振りかざし、国家の力をもってカウンター・テロに走ることが「正義」とはなりえないこともわれわれは同時に知らなければならない。それを容認してしまえば、「報復」する力を持つ者だけに、力が独占されるばかりか、正義も独占され、その暴力の前に沈黙を余儀なくさせられている人々からは、正義どころか、正義に至りうる可能性までが奪われてしまう[25]のである。

人権を蹂躙するような国家の暴力が「不当な暴力」であり、「われわれの」人権を擁護してくれる国家の暴力が「正義の暴力」なのではない。どのような暴力であれ、それを暴力として直視すること、自分たちが他者に加えている暴力を常に自覚し、他者の痛みから目を背けないこと、そのためには正当化主義的な思考を放棄することこそが必要である。

確かに「剣を伴わぬ契約は、たんなることばにすぎない」(Hobbes)。しかしことばまで奪われ、沈黙を強いられ、正義の可能性まで奪われた人々にことばを戻すこと、正義への希望を戻すことなくしては、法も政治も、暴力とイデオロギーの別名となり下がってしまうことも確かである。だからこそ重要なのは、新たな暴力の連鎖を生み出す「報復」と、すべてを水に流すという、単なる忘却の口実に供されかねない「赦し」のあいだ[26]で、正義の持つ根元的治癒力を模索し続ける努力をわれわれが続けていくことであろう。

そこで決定的に重要になるのは、他者を単なる異質者とみなすのではなく、確かに自分とは異質であるけれども、それでも自分と同じくらい尊重されなければならない同質者とみなす視点であろう。それこそ、ハンナ・アレントがその主著『人間の条件』のなかで力説していた複数性pluralityの観点である。

彼女は言う。「複数性が人間の活動の条件をなすのは、私たちは人間であるという点ですべて同一でありながら、誰一人として、過去に生きた他者、現に生きている他者、将来生きるであろう他者と決して同一ではないからであり」この「複数性は政治の生すべてにおいての条件…そのものである[27]」と。私たちの一人ひとりが任意の他者と置き換え不可能な人間なのであり、その意味でユニークな存在である。その人間が私的領域に引きこもるのではなく、言論活動によって他者の「前」に現れる、いや、そのことによって、すべての人間にとって、他者との「あいだ」に意味の空間が出現するということ、その「現れの空間」をアレントは政治空間であると考えているのである。しかも彼女はその現れにおいて、語られた言葉によって、語り手本人には決して開示されない、その人が「何であるかwhat」ではなく、その人が「誰であるのかwho」が問われるのだと述べている。その意味するところは何か。

私たち人間は、何らかのカテゴリーに照らし合わせてものを考える習慣になじんでいる。たとえば私とは誰かと聞かれれば、「男」であり、「日本人」であり、「かくかくしかじかの職業を持つ者」であると、つまり「私が何であるか」、つい答えてしまうだろうし、その方が手っ取り早い。ある固有名を持った、他人とは決定的に違う、これこれの個性を持ったユニークな人間であると、つまり私がどのような人間whoであるか理解してもらうには、かなり濃密な交際が必要となろう。この個別性をもった私が、私であり続けながらも、同時に公的でもありうる空間をつくり出すこと、それをアレントは政治の可能性として問いたかったのだろう。もちろんこうした濃密な交際すら望めない政治という暴力性の渦巻く世界の中でのその実現可能性は決して高くはない。しかしこの希望なしには政治を暴力の応酬から救い出す方途も存在しないだろう。

6　結びにかえて

「不正義の平和」か「正義の暴力」かという不毛な二者択一を前にして、ガルトゥングが示して見せたのは「正義の平和」の可能性であった。ガルトゥングの暴力の定義の仕方は、一方でこれまで見落とされがちであった社会にビルトインされている暴力の存在を明るみに出すことによって「声なき声」のかすかな叫びを聞き取るという積極的な側面を持っているといえようが、他方で、政治学的にみて非現実的なまでに、あるいは不適切なまでに「暴力」概念を広げてしまっているという難点を持つ。また、正戦論がしばしばそうであったように、「正義の平和」とそのための武力を用いた「平和的措置」を国家が標榜することが、逆に自己正当化のための口実としてイデオロギー的に利用されてきたことも見落としてはならない。暴力概念の極端なまでの拡張は、そうした「暴力」の克服、即ち、あらゆる「正義」の実現のために物理的な暴力（戦争・テロ）を誘発する恐れなしとしない。そうだとすれば、四つ目の選択肢である「不正義の暴力」に注目してみるのは、見込みのない試みではないであろう。誰の目にも明らかなものから順番に、この不正義の暴力をできるかぎり削減する努力を行うことが、平和の実現への近道なのではないだろうか。

確かに、本章で述べたように、民主主義をやり直し可能な制度設計ととらえたとしても、それだけでは平和は実現しない。たとえば国際連合は、第二次世界大戦を阻止できなかった国際連盟の欠点を克服したなどと教科書レベルでは説明されることが多い。しかし、さまざまな紛争の平和的処理の枠組みを持っていた国際連盟の制度設計がかならずしも間違っていたわけではない。かつてカントは、永遠平和の実現のための予備条項としていの一番に次の条件をあげていた。「将来の戦争の種をひそかに保留して締結された平和条約は、決して平和条約とみなされてはならない[28]」。つまり、平和の実現のための最も重要な条件は、平和への意志、暴力を用いずに紛争を解決しようとする個々の国家の主権者たちの意志なのである。民主主義とは、正義と平和を実現するという観点からは極めて不十分な制度かもしれないが、不正義の暴力という最悪のものを避けるためにはかなり有望な制度的工夫であろう。かつてウインストン・チャーチルもこう述べていた。「民主主義は最悪の政体である。人類がこれまで経験してきたすべての政体を除くとするならば」と。

注

（1）C・B・マックファーソン（粟田賢三訳）『現代世界の民主主義』（岩波新書、一九六七年）二頁、およびアンソニー・アーブラスター（渋谷浩・中金聡訳）『民主主義』（昭和堂、一九九一年）一一頁参照。

（2）ジョン・ダン（半沢孝麿訳）『政治思想の未来』（みすず書房、一九六七年）一三頁。

（3）石田雄『平和の政治学』（岩波新書、一九六六年）一八～三七頁、および石田雄『平和・人権・福祉の政治学』（明石書店、一九九〇年）五八～七三頁。

（4）マックス・ヴェーバー（西島芳二訳）『職業としての政治』（岩波文庫、一九五二年）九九～一〇〇頁。

（5）ヨハン・ガルトゥング（高柳先男ほか訳）『構造的暴力と平和』（中央大学出版部、一九九一年）五頁。

（6）代表的な権力の定義として、次の二つを挙げておくので、ガルトゥングの「暴力」の定義と比較して欲しい。「ある社会関係の中で、抵抗を排除してまで自己の意志を貫徹させる可能性」（マックス・ヴェーバー）、「AがBに対して、さもなければBがしなかったようなことをBになさしめる度合いに応じて、AはBに対して権力を持つ」（ロバート・ダール）。

（7）ブルース・ラセット（鴨武彦訳）『パクス・デモクラティア』（東京大学出版会、一九九六年）。なおここでの私の批判は、民主主義と平和が無関係であるなどと主張するものではない。

(8) ラセット・前掲書(注7)七頁。

(9) ラセット・前掲書(注7)二〇～一頁。

(10) メアリー・カルドー(山本武彦・渡辺正樹訳)『新戦争論――グローバル時代の組織的暴力』(岩波書店、二〇〇三年)。

(11) カール・マンハイム(高橋徹・徳永恂訳)『イデオロギーとユートピア』(高橋徹編『世界の名著68 マンハイム/オルテガ』(中央公論社、一九七九年)所収)一一二頁。

(12) アーノルド・トインビー「一歴史家の宗教観」(深瀬基寛訳)『トインビー著作集第4巻』(社会思想社、一九六七～一九六八年)一五頁。

(13) 福田歓一『近代民主主義とその展望』(岩波新書、一九七七年)四四頁。

(14) 「イギリスの人民は自由だと思っているが、それは大まちがいだ。彼らが自由なのは議員を選挙する間だけのことで、議員が選ばれるやいなや、イギリス人民は奴隷となり、無に帰してしまう。その自由な短い期間に彼らが自由をどう使っているかをみれば、自由を失うのも当然である。」(ジャン=ジャック・ルソー(桑原武夫訳)『社会契約論』岩波文庫、一九五四年、一三三頁)、「普通選挙は三年、ないしは六年に一度、支配階級のどの成員が人民を代表し、かつ踏みにじるかを決定する」ものにすぎない(カール・マルクス(木下半治訳)『フランスの内乱』岩波文庫、一九五二年、九七頁。訳は少し修正した)。

(15) カール・シュミット(田中浩・原田武雄訳)『合法性と正当性』(未來社、一九八三年)四一頁。「法律は民主制にあっては、……実際的にはそのときどきの多数者の意志である。民衆の命ずるところが法律である。……国民が善であり、したがって国民の意志というだけで十分なのだという前提なしにはいかなる民主制も成り立たない。彼が欲するということだけで十分なのだ。議会制民主制においては、議会の意志が、国民の意志と同一視される。議会が国民意志という資格要件を備えていると前提されるかぎりで、ここでは議会の単純多数決が法であり、法律でありうる」（同著、一三〇～一三一頁）。

(16) 小林よしのり『新ゴーマニズム宣言　戦争論』（幻冬社、一九九八年）、特に第二〇、二一章を参照。

(17) C・B・マックファーソン・前掲書（注1）、および樋口陽一『自由と国家』（岩波新書、一九八九年）を参照。また萩原能久「デモクラシーは最悪の政体である」法学セミナー一二月号（一九九五年）一〇五頁以下、および『政治哲学入門——CDブック』（慶應義塾大学通信教育部）二七頁以下も併せて参照のこと。

(18) カール・R・ポパー（内田昭夫・小河原誠訳）『開かれた社会とその敵』（未來社、一九八〇年）。

(19) ポパー・前掲書（注18）第一部、一二七頁。

(20) Popper, Karl R., Alles Leben ist Problemlösen. Über Erkenntnis, Geschichte und Politik. München/Zürich, 1994. S. 208.（同書は近々、萩原能久訳にて未來社より出版予定である）。

(21) ケネス・J・アロー（長名貴明訳）『社会的選択と個人的評価』（日本経済新聞社、一九七七年）参照。また萩原能久「ラビリンスワールドの夜はふけて」法学セミナー二月号（一九九六年）一〇二頁以降も併せて参照のこと。

(22) ポパー・前掲書（注18）第一部、一三〇頁。

(23) 岡野八代『法の政治学——法と正義と政治学』（青土社、二〇〇二年）一八五頁。

(24) ハンナ・アレント（大島通義・大島かおり訳）『全体主義の起原2　帝国主義』（みすず書房、一九八一年）二七〇頁以降を参照。

(25) 上野千鶴子「非力の思想　戦争の犯罪化のために」朝日新聞二〇〇二年九月一〇日夕刊参照。
(26) この論点に関してはマーサ・ミノウ（荒木教夫訳）『復讐と赦しのあいだ』（信山社、二〇〇三年）が示唆に富む。
(27) Hannah, Arendt, *The Human Condition*, Chicago U. P., 1958, p. 7f.（『人間の条件』（ちくま学芸文庫、一九九四年）二〇、二一頁。訳は適宜変更した。）
(28) イマヌエル・カント（宇都宮芳明訳）『永遠平和のために』（岩波文庫、一九八五年）一三頁。

第6章　ジェンダーと平和

森　玲子

1　はじめに

国連安全保障理事会は、二〇〇〇年一〇月三一日、ひとつの決議を採択した。それは、女性と平和および安全に関する決議（UN Security Council Resolution 1325〔2000〕on Women, Peace and Security）と呼ばれ、その中で次のことを明記したのである。「女性と子どもが、難民や国内強制移住者を含む、武力紛争による被害者の圧倒的多数を占めており……紛争の防止および解決と平和構築における女性の重要な役割を再確認し、平和と安全の維持および促進における女性の平等な参加と完全な統合、紛争予防と解決にかかわる意思決定における女性の役割を高める必要性を強調」する。さらに「平和維持活動においてジェンダーの視点を早急に主流化する必要性を認識(1)」すると述べ、平和と安全保障にジェンダーの視点が必要なことを、はっきりと謳った。そして、「平和維持活動において、ジェンダーの視点にたった活動をすることが望ましいことを表明する」「ジェンダー・トレーニングの努力にたいして、資金的、技術的および事務所体制強化にむけた支援を自主的に拡大する」「和平協定の交渉、実施の際には、すべての関係媒体が、ジェンダーの視点を取り入れることを求める」など、取り組むべき課題として個別に述べられた一八項目中七項目でジェンダーに言及している。

これは、第二次世界大戦後国連が行ってきた、ジェンダーに関する取組みの成果の一つであり、一九九五年に、国連の世界女性会議で採択された北京宣言および北京行動綱領などとともに、ジェンダーと平和をめぐる、女性たちの国を超えた活動と連帯の結果でもあるといえる。

また、二〇〇一年二月、国連の旧ユーゴスラヴィア国際戦犯法廷[2]における、ボスニア紛争の際の集団レイプ容疑のセルビア人元兵士への有罪判決の言い渡しや、それに先立つ二〇〇〇年一二月の女性民間組織による「女性国際戦犯法廷」開催とそれに対するハーグでの、日本軍元従軍慰安婦問題責任者への有罪判決[3]と、新しい正義の枠組みとしてのジェンダー正義（Gender Justice）の提起など、ジェンダーと平和をめぐる実践レベルにおける成果も明らかになってきている。

本章では、ジェンダーとは何かを概説し、平和研究・平和学においてジェンダーの持つ意味とともに、ジェンダー・パースペクティブ（Gender Perspective）により、平和研究・平和学の課題を分析することの意義について考えてみたい。

2　ジェンダーとフェミニズム

「ジェンダー」とは何かという問いに対しては、「社会的・文化的に創られた性別」と説明されることが多く、「身体的・生物学的性別」の「セックス」と区別するために生み出された概念であるとされる。心理学者フロイトのいう「解剖学的宿命論」などの、身体的・生物学的な違いが男女の優劣を決定すると結論付けた理論に対して、性差は生まれでなく育ち、つまり、社会的・文化的に創られた結果であることを主張するための概念として登場したのがジェンダーである。

ジェンダーとセックスの区別に関しては、一九七〇年代に、アメリカのジョンズ・ホプキンズ大学のジョン・マネーとパトリシア・タッカーが、性転換希望者や半陰陽などの患者の治療を通して、両者が別々なものであることを明らかにした。さらに、彼らは身体の性と社会的性の不一致に対して、ジェンダーにあわせて身体を変える治療がより効果があるという事実から、ジェンダーがセックスを規定するという考えも提示した。[4] 近年の、性同一性障害の社会的認知の広がりとともに、その治療としての性転換へと続く流れは、当時すでに作られていたのである。

性差別の原因を明らかにするための概念の一つとして定義されたジェンダーを、女性学およびそれを支える理論としてのフェミニズムとの関係において述べておきたい。

フェミニズム

フェミニズムという言葉に対して、日本では根強い偏見がある。ウーマン・リブのヒステリックな女性というイメージとともに、女性に優しい男性の呼称としてのフェミニストとの混同である。理論としてのフェミニズムは、各国により様々な歴史や理論展開があるが、ここでは、社会科学および人権思想の観点から概説することにする。

一八世紀から一九世紀のヨーロッパにおいて、市民革命の成功とともに近代社会が誕生し、人権思想が広がりを見せていった。様々な思想家が人権について述べたけれども、それは、男性——当初は一部の金持ち男性を対象としたものであり、女性は二流市民としての地位しか認められてはいなかった。近代社会の成立は封建制度からの解放をもたらしたが、それはすべての人々に共有されたものではなかったのである。社会科学の発展で、権利や差別についての考え方が広まる中、女性たちにとっては、新たななぜ——なぜ労働しても生活の苦しさがかわらないのか、戦いはなぜ終わらないのか等が生まれてきたのである。そして一九世紀から二〇世紀初頭にかけ、なぜ、女性に参政権が認められないのかという、疑問が大きくなり、女性参政権獲得運動が繰り広げられていった。その運動と連動して、性差別の原因を理論的に明らかにしようとする、ブルジョア的フェミニズムや、社会主義フェミニズムが誕生した。これらは、近代社会の成立を前提とした上で、女性差別の原因を法律など公的な領域の制度の不備に求めた。当時は、法律的・制度的に男女平等を規定することが、差別をなくす重要な一歩ととらえられ、第二次世界大戦後頃までに、世界の多くの国々では、法律的・制度的には、性による平等が保障されていった。

しかし実際には、法律的・制度的な平等規定が、現実社会での平等へと結びつくことはなかったのである。そして六〇年代、法律的・制度的な整備にもかかわらず、現実社会に残る性差別への反発として、世界各国でおきたのが女性解放運動といえる。この女性解放運動は、単なる運動として終わることなく、女性差別の原因や抑圧の歴史を、女性学という学問として理論化する方向へと向かった。ブルジョア的フェミニズムや、社会主義フェミニズムの、いわゆる第一期フェミニズムでは好意的に受け止められていた、近代社会の実態そのものや資本主義制度の是非にまで議論が及び、さらに法律や制度といった公的領域のみではなく、家族関係や文化・社会意識といった私的な領域を議論の対象として取り上げていったのである。それらは、ラディカル・フェミニズムやマルクス主義フェミニズム、エコロジカル・フェミニズムとして理論化されていった。

これらフェミニズム理論では、男性中心主義や家父長制が、社会や文化のあらゆる領域にひろがっていることを実証するとともに、ラディカル・フェミニズムでは、男性による女性の性支配が差別の原因であるととらえ、マルクス主義フェミニズムでは、資本主義社会での家事労働の無償化とそれの女性への役割化を問題視し、エコロジカル・フェミニズムでは、近代社会そのものを批判し、自然と女性性のつながりの強さを強調するなどの特色をもって展開されていった。

第一期フェミニズムにおいては、女性も経済力をつけ、公的社会に進出することで男性なみの権利や自由を獲得できるといった考え方が中心であった。しかし、六〇年代以降の第二期フェミニズムにおいては、歴史観や社会観といった西欧的思想体系そのものの中に内包される、男性中心主義や、近代社会の有り様や資本主義的考え方に、女性を抑圧する原因があると主張しはじめた。江原由美子はこれらの展開を指して、「前半の運動においては、男性たちが作った社会理論を利用するだけにとどまり、後半の運動において初めて、フェミニズム社会理論といえるような独自な視点が生まれてきている。」と指摘する。[5]

学問としての女性学およびフェミニズム理論は、その後、男性の視点による差別構造の指摘からうまれた男性学[6]と協調および切磋琢磨しながら、生物学的性別のみならず社会的・文化的に創られた性別による差別構造を議論するジェンダー論へと発展していくのである。

ジェンダー

八〇年代には、フランスの社会学者クリスティーヌ・デルフィが、ジェンダー概念の中に階層性を組み入れたといわれる。それについて上野千鶴子はその著『差異の政治学』の中で「ジェンダー論の対象とは、男もしくは女というふたつのジェンダーなのではない。ひとつのジェンダー、すなわち差異化という実践そのものが対象になる。この差異化という実践は、政治的なものである。政治的というのは、そこに権力関係が組み込まれているということである。デルフィが指摘する階層性とは、ジェンダー関係の権力的な非対称性を意味する。……男はいつも人間を代表し、男を標準として女はそれとの差異化においてのみ定義される。」と述べている。[7]

九〇年代になり、ジュディス・バトラーの『ジェンダー・トラブル―フェミニズムとアイデンティティの攪乱』の発表が新たな議論展開をもたらした。バトラーは、男女の二項対立的考え方および異性愛指向に疑問を呈し、セクシュアリティに着目し、ジェンダーとセックスの境界のあいまいさを指摘し、ジェンダーのみならずセックス、セクシュアリティも社会的に構築されたものであるとした。バトラーの考え方は、セクシュアル・マイノリティの権利やフェミニズム理論の再考を促すきっかけをつくったといわれる。これに基づく、ジェンダーをめぐる議論の中で、ジェンダーが権力関係の概念であり、ただ単に異なるということをあらわすのでなく、権力、力によって差異を差別化する概念であるということが、改めて認識されていったのである。(8)

日本では、フェミニズムそしてフェミニストという言葉への偏見が根強い。一部の学者たちの地道な研究は続いていたけれども、一般社会にフェミニズム理論を浸透させるにはほど遠かったといえる。しかし、一九九五年の世界女性会議に、日本から五〇〇〇人以上が参加し、それが連日メディアで取り上げられ、ジェンダーという言葉が一般社会にも広く浸透していくきっかけを作った。日本において、政府発行の公式文書にはじめて、ジェンダーという言葉が用いられたのは、「男女共同参画ビジョン」(9)の中においてであり、これは一九九九年に成立した男女共同参画社会基本法の基本理念を示すものとして発表されたものであった。しかし、差別認識及びその撤廃に向けての考え方から生まれたジェンダー概念であるにもかかわらず、ジェンダーがフェミニズムや女性解放の思想とは異なり、中立であるかのような誤解が、日本社会、そして一部の女性たちや男性研究者の間に存在することが指摘されている。(10)

3　ジェンダーの視点導入の意義

権力、力によって差異を差別化、階層化する概念として定義されたジェンダーは、既存の学問に新しい視点をもたらした。それは既存の学問が内在する、男性中心主義や西欧的思想体系などの問題点を厳しく指摘し、新たな研究方法や理論構築を提示することで、学問や社会のあるべき新しい姿を示そうとするものであるといえる。

ジェンダー導入の意義としては、まず、今まで見過ごされていたことや認められなかったことを、公に認識させるという点がある。例えば、歴史学において、政治や権力の中心にいた男たちの生き様については多くが語られ続けてきているなか、政治の中枢にいなかった女性たちが、どのように生き何をしていたかを、資料やデータをもとに明らかにすることや、女性の手による美術や文学作品を再評価するなどがある。平和研究・平和学においては、戦争や紛争などの直接的暴力によって、戦闘員でない女性がどのような被害を受けたのか、また構造的暴力による女性への影響はどのようなものなのかなど、女性の状況を明らかにするということがこれにあたる。

二番目は、私たちが生きているこの社会や国家、また家族制度・結婚制度や教育システムなど、ありとあらゆるものがジェンダー化されていることを明らかにしていくということである。そのうえで、差別化された現状をいかに変えていくかについて考えていくことができるようになった。これらは、性による差別の撤廃にむけての作業であるといえる。例えば、日本では国籍の取得において、父親が日本人であることという父系主義がとられていたが、一九八五年の国籍法改正により父母どちらかが日本人であるという父母両系主義に改められた。平和に関連しては、戦時暴力がなぜ起きたのか、そして起き続けているのか、あるいは、経済のグローバル化がもたらす貧富の格差拡大の実態や、いわゆる「先進国」による経済政策が開発途上国の女性に特別な犠牲を強いていることなど、ジェンダーの視点を導入することで、戦争や貧困一般の問題の中に解消されて今まで問題とも考えられてこなかったことを、重要な問題として認識し、根本的解決方法の模索へと進むことが可能となってきている。

ジェンダー論には女性学のみならず、男性学の存在が影響を与えてきた。ジェンダーの定義とされる、社会的・文化的に創られた性別は女性に多くの不利益や差別をもたらしたのみならず、男性にも不合理や差別的扱いを強いていたという考え方である。その結果、男女共同参画社会基本法に述べるように、女性も男性も慣習や社会の通念にとらわれず、個性を活かして生きることができる社会の成立を目指すという考え方が社会の中でも論じられるようになってきた。このように、新しい価値観を生みだすことが可能になったということも、大きな意義を持つ。平和とは何かに関しても、新しい平和概念を構築するということが、ジェンダーの視点導入で考えられ始めたのである。

さらに、ジェンダー論が、学問領域に留まらず、運動との連携において実社会の変革を目指すという点も、男性中心で権威主義的な既存の学問への挑戦として評価されるべきであろう。

これらを総称して、ジェンダー・パースペクティブと呼ぶ。

4　ジェンダー・パースペクティブと平和

一九五九年にノルウエーのオスロ大学平和研究部門を発足させた、ヨハン・ガルトゥングは、戦争のない状態が平和である——というそれまでの伝統的平和概念に疑問を呈した。そして平和の実現を脅かすものは戦争だけではないと、戦争や紛争といった「直接的暴力」、飢餓や貧困、政治的抑圧、差別などの「構造的暴力」そして文化的価値に対する「文化的暴力」の三つを、暴力として新たに定義した(11)。つまり、単に、戦争や紛争が存在しないだけでは、もはや人々は平和であると言えなくなってしまったというのが、彼の指摘であった。そしてそれまでの平和論・戦争論だけでは人類の平和が語れないと、新しいパラダイムを提起したのである。さらに、それまで議論されてきた戦争の無い状態を「消極的平和」と改めて定義し、戦争や紛争が無く、しかも飢餓や貧困・差別などで脅かされない社会を「積極的平和」として、新たに人類がめざすべきものであるとした。

彼の指摘により、平和研究・平和学の分野においても、新たなテーマが研究の対象となってきた。高柳先男は、平和研究の問題関心と研究方向の重心が、一九五〇年代半ばから六〇年代前半にかけては核戦争の防止、東西緊張緩和、紛争解決といった問題に、また六〇年代末から七〇年代にかけては、南北問題などいわゆる構造的暴力の問題に、七〇年代半ばには、世界秩序形成の条件と方法や、世界の軍事化のメカニズムとその実態のトータルな解明へと、移り変わってきたと分析している。[12] これら、平和研究の研究方向の重心の移り変わりに対応して、「戦争・紛争などの暴力とジェンダー」、「構造的暴力とジェンダー」、「ポスト冷戦時代の軍事化とジェンダー」の順に、平和研究・平和学へのジェンダーの取り組みとその成果を紹介したい。

戦争・紛争などの暴力とジェンダー

八〇年代以降、ジェンダー研究がすすむ中、ジェンダーと平和・戦争に関する論文や著書が発表され始めた。ベティ・リアドンの『性差別主義と戦争システム』では、戦争システムという言葉を「権威主義的原則を基盤とし、人間の間に不平等な価値があることを仮定し、強制的な力によって支えられている私たちの競争的社会秩序の意味」と定義した上で、「人間の定住、組織化された農業、国家、そして男性支配といった文明の主要要素をともなって現われたように思われる権威主義的な家父長政治は、その産物である社会秩序を維持するべく戦争を作りだし維持しているのである」[13] と指摘した。さらにリアドンは、平和研究において女性の問題や女性の運動の検討がほとんどされていないことや、性差別主義を研究・分析の対象としていないことを批判している。

この批判は、平和研究・平和学に限ったことではないということを、女性学・ジェンダー論は、明らかにしてきている。例えば、同じ学問分野であっても、高等教育は主に男性が担うが幼児教育は女性が中心であるということや、医学でも脳外科は男性の牙城で、小児科は女性医師も存在するというように、より公的・高等と言われ、国家や政治とのつながりが深いといわれる分野への女性の参加が、極端に少ないということなどに表れている。つまり、当時、平和・戦争という国家にかかわる研究分野であった、平和研究・平和学および、核という究極の技術分野への、女性の参加や女性の研究成果の認知は容易にはなされなかったのである。

戦争システムと性差別主義のひとつの象徴として、平和研究・平和学がとりあげなかった問題が、戦争・紛争時における女性被害の実態である。日本が当事者である、いわゆる元従軍慰安婦について考えてみたい。この問題がいつ公になったかということであるが、日本の第二次世界大戦の戦争責任を裁いた「東京裁判」からはるか後、一九九一年になり、初めて朝鮮人元従軍慰安婦の一人が名乗り出て、ここから裁判への道が始まったのである。

第二次世界大戦後の戦犯裁判での差別的優先順位付けとして、古沢希代子は「東京裁判では、五五項目の訴因に女性への暴力はなく、連合国側は同裁判のために集めたアジア女性への性暴力の証拠を、戦争犯罪そのものの構成要件としてではなく日本軍の一般的な残虐性を立証する事例として提出したに過ぎなかった」と批判し、女性の被害を問題としてとらえる視点の欠如とともに、レイプという性暴力被害をとらえる社会それ自体の問題を指摘する。(14) 被害者であるにも関わらず、女性は、「汚された」存在として家族や社会から阻害され、被害を公に主張することをはばかられる。そればかりか、女性自身も自分を卑しめられた存在として、卑下する状況が作り出される。これは、戦時に限ったことではない。現代社会においても、性暴力の被害者が、自身の性行動や対応を厳しく糾弾され、「セカンド・レイプ」と呼ばれる更なる被害を受ける状況とも重なっているのである。

戦時中の性暴力に関連して、ジュネーブ条約（戦時における文民の保護に関する条約）第二七条では「女子は、その名誉に対する侵害、特に、強姦、強制売いんそのほかあらゆる種類のわいせつ行為から特別に保護しなければならない」と規定している。この規定に対して、国連の女性に対する暴力特別報告官である、ラディカ・クマラスワミは次のように問題点を指摘したという。「この名誉という視点は、貞淑、純潔、処女性などの考え方と結びついているので、名誉という観点を持ち込むことで、女らしさについての従来の固定観念が国際人道法に組み込まれてしまった。」[15]

国家による戦争・紛争という行為は、国家そのものが男性中心で性差別主義を内在する存在であるがゆえに、女性の被害実態を矮小化し、さらに被害にも性差別を押し付けるという、二重、三重の抑圧を女性に強いるとともに、暴力による報復というおわることのない連鎖に入ってしまっているということを、ジェンダー論が一つずつ明らかにしていったのである。

女性への直接的暴力は、戦時のみに限らない。集団的国家安全保障という考え方により、世界各地に配備された基地においても、その国が直接戦争状態にないにも関わらず、あたかも戦時中と同じような状況が繰り広げられている。たとえば、日本において、全体の七五パーセントもの広さの米軍基地を抱える沖縄では、朝鮮戦争・ベトナム戦争そして湾岸戦争と数度にわたり、基地からの軍隊派遣を経験している。その経験と比例するかのように、基地の兵士による強盗などの事件とともに、買春と女性へのレイプ事件が頻発している。被害者は幼児から六〇才代の女性にまでおよび、殺人にいたるケースもある。一九四九年の段階で四五〇人の混血児が存在し、戦後六年間のレイプ事件は三〇〇件近いというデータが、明らかになっている。[16] 軍隊では、実戦はもちろん訓練においても人を殺すということを第一の目的としており、結果としてその暴力が一般の人々に日常的に向けられているのである。

さらに、私的領域における性支配の観点から、家庭内における女性への暴力への取組みをはじめたのも、女性たち自身であった。個人的なことは政治的―という女性解放運動におけるスローガンにもあるように、ベッドの中の問題をジェンダー問題として取り上げてきたのである。日本においても、「夫や恋人からの暴力」の実態調査にはじまり、ようやく二〇〇一年に法律による規制がなされることになった。[17]

構造的暴力とジェンダー

ガルトゥングによる、構造的暴力の指摘は、平和概念の大きな変革をもたらしたと評価された。しかし既存の構造的暴力概念では女性の現状が無視されていると、社会学者マリア・ミースらは、その著『世界システムと女性』(原題の直訳は、「女性―最後の植民地」である)の中で、厳しく指摘する。この本でミースらは、経済・貿易を含めた世界システムを、資本主義と家父長制が結びついた、資本主義的家父長制と呼ぶ。[18]

家父長制は社会学的には、近代以前の歴史的社会形態と見られており、ひとつの家族、もしくは、部族において年長の男性がその組織の長として、権限を有するという考え方であった。しかし、近代以降も、社会における性による役割分担が生じ、男性を中心とした国家社会が確立され女性の隷属が進んでいったという分析が、多くの研究者によってなされ新たな理論展開をもたらした。フェミニズムでは、家父長制を、男性が女性を支配することを可能にする社会的権力関係の総体とし、男性による女性支配と抑圧の構造を示すものと定義した[19]。家父長制を、社会のすべての分野において、また時代や地域をこえ普遍的なものとしてとらえたのである。

家父長制は、軍事・産業・技術および国家関係などすべての分野に及ぶ。この本の著者、ミース、C・V・ヴェールホフ、V・B・トムゼンの三人は、いわゆる「第三世界」に長年暮らして研究を続けている。第三世界に暮らすことで、ミースらは、第三世界の女性たちと経済の関係を示すデータが存在しないことに気づいたという。つまり、朝一番早く起き食事の支度から家族の世話、農園や工場での安い賃金労働者としての働き、夜も遅くまで家事労働に従事する女性たちが統計に表れていないという現実である。統計に表れていないということは、世界銀行など国際機関による、開発途上国支援政策に何も反映されていないということである。研究を通して、無償労働を経済分析の対象にするとともに、彼女たちとその夫が第三世界の低賃金労働者として、農園や工場での生産を支え、その利益はその国の一部の富裕層や、経済のグローバル化で力を得た多国籍企業に搾取されている実態を、アジア、南アメリカなどでの現地調査をもとに明らかにしていった。

資本主義社会の中で、中心にいて力を持つ者と、そうでない者との固定的な権力関係に、家父長制の原理そのものを見て取ったのである。自然と女性が、あたかも植民地のように、権力関係を表すピラミッドの底辺に置かれており、しかもこの資本主義的家父長制は、自然破壊的で男性中心主義さらには白人中心的であるとミースは厳しく批判した。

こうして、構造的暴力をなくし、世界秩序形成を目指した「先進国」中心の研究とその成果としての多くの施策は、第三世界のごく一部の富裕層の誕生を支えた一方で、そこで暮らす社会的弱者、女性や子どもを更なる貧困に追いやってしまったとミースらは述べる。世界秩序 World Order ではなく、世界無秩序 World Disorder であるとの批判が、開発途上国や一部の識者からさかんに寄せられた。

また、生きていくための糧をえるための無償労働の負担が女性のみにふりかかり、人身売買の犠牲となる女性と子どもは、年間七〇〜四〇〇〇万人との国際労働機関（ＩＬＯ）報告もある。その上、「国のため」に働いている夫や男性からの日常的家庭内暴力に苦しめられるケースも決して少なくないのである。

さらに、ＩＬＯの統計によると、働く子どもたちは全世界で、数億人と言われる。低賃金であるのはもちろんのこと、劣悪な労働条件のもと長時間労働に多くの開発途上国の子どもたちが苦しめられているのが現状である。このような更なる貧困の拡大は、第三世界内の新たな紛争の火種となってしまった。民族の違いや、宗教対立が表面化し、内紛へと発展し、長引く紛争は、無差別な殺戮の連鎖を生み、まだ幼い少年兵を戦場に送り出していった。現在世界の少年兵は、八〇万人とも言われる。[20] 戦乱で親を失い、生まれてから教育を受けることもなく、兵士となり戦いのみを経験する子どもたちは、今も増え続けている。

このように家父長制の実態については、様々な研究分野において明らかになっていったのである。

ポスト冷戦時代の軍事化とジェンダー

平和研究スタートの大きな原動力であった東西冷戦は、二〇世紀の終わりに終結を迎えた。しかし、その事実が平和をもたらすことはなかった。平和や暴力の定義が大きく変化する中で、平和を求める動きの反対側において軍事化が進み、世界の軍事化のメカニズムとその実態についての解明は、今日の平和研究・平和学の中心課題となっていった。この分野で、ジェンダー・パースペクティブによる分析を行ったのが、シンシア・エンローである。

エンローは冷戦を次のように定義する。「冷戦はより多くの国を自分の傘下におこうとする二つの超大国の闘いと単純に考えるよりも、この対立を支える男らしさと女らしさの定義をめぐる一連の闘いとも考えることができる。[21]」冷戦下での、ジェンダーや、軍国主義・国家などを巡る研究も、冷戦終結により、再検討が必要であると考えた。例えば、旧東欧諸国における議会での女性議員割合は、チェコでは、二九・三%から八・六%に、ハンガリーでは二六・六%から七・二%へと急激に低下した。その一方で文化が性差化され女性の身体を商品として扱い、裸のポスターやカレンダーが職場のいたるところに見られるようになったという。[22] つまり、冷戦終結ということだけでは、女性の平和は訪れなかったのである。一つの現象の終結が、新たな課題を生み出し、特に家父長的な現実世界においては、新たな形で社会のジェンダー化が進行すると、エンローは述べる。

また、エンローは、軍事化を軍国主義のようにある結果として存在する状況ではなく一つの過程としてとらえ、武器を用いての軍事力のことのみではなく、社会・経済・文化など人々の生活のあらゆる場面において、時間をかけて観察することで見えてくるものであると指摘する。[23] たとえば、経済の南北格差解消のためにと、とられた政策は、結局は先進工業国と開発途上国の力の駆け引きであると同時に、第三世界の中でどの国が勝ちどこが負けるかという、競争という名の戦いのプロセス以外のなにものでもなかった。また、世界各地で途絶えることのない紛争を支えているのは軍事産業であり、そこで働くことやそこから利益を得ること、さらには、その利益で暮らしを支えているすべての人々――女性や子どもも、軍事化の過程にあると、エンローは指摘する。

軍事化は、人間だけでなく、自然にも向けられている。多くの木が伐採され、砂漠化が進むアフリカ諸国や、海老の養殖場を確保するために、マングローブが切り倒され、生態系が壊れたアジアの海など、すべてが軍事化の犠牲となっている。

エンローは、「女らしさの軍事化」という言葉を使って、軍事化に際して女性に求められる役割の変化とともに、第二次世界大戦以降のアメリカの女性兵士についても詳述している。一九九〇年から九一年にかけての湾岸危機・戦争においては、アメリカ軍は四万人の女性兵士を派遣した。そのうち二名が捕虜となり、一三名が戦死、そのうち五名が戦闘によるものであり、湾岸戦争では、女性も「国のために死ぬ」ことができることを証明したとアメリカ社会はとらえた。妻や恋人として男性を支える形での軍事化へのかかわりよりも、性による平等を勝ち得ることを目指したアメリカにおいて、全米女性機構（NOW）は、女性兵士の戦闘への参加を求める決議を出し、平等に兵役義務を負担しない限り、軍隊における二流市民としての扱いは変わらないであろうとの見解を出した。プロフェッショナルな軍事愛国的な女性というイメージが、湾岸戦争で生み出された。ただし、陸軍における女性下士官兵のうち四七%がアフリカ系アメリカ人であるというデータは、この女性兵士是非問題が、ただ単にジェンダーに関する課題であるとはいえず、人種に関する課題を含んだものであることを示している[24]。

女性兵士の軍事愛国的位置付けは、冷戦終結後世界各地で勃発している民族紛争におけるナショナリズムとの共通点も見える。ボスニア・ヘルツエゴビナ紛争中に起きた戦時レイプは、民族浄化の名のもとに組織的に繰り返された。加害者である男たちは、ナショナリズムのイデオロギーの中で男性の権限を増大させ、自分たちの女性を汚された男たちは相手への報復を誓い団結し、ナショナリズムそのものが軍事化されていった。ナショナリズムは女性に、「愛国的な母親や、愛国的な女性」の役割を求める。しかし、レイプ被害を受けた女性は、ナショナリズムの軍事化のシンボルとはなりえるが、彼女たち自身がナショナリズムの担い手とはなれなくなる。女性が周縁化され、ナショナリズムがジェンダー化されていく、とエンローは分析している[25]。

5　ジェンダー・パースペクティブによる平和的社会システム構築の提案

長い間人々は平和を求めてきた。しかし、いまだ全世界の平和実現には至っていない。

ジェンダー論は、平和研究・平和学が取り組む課題に対して、ジェンダー視点の不在とともに、ジェンダー視点の不在が、平和研究・平和学から、女性を排除し女性の抱える現状に眼を向けることがなかったということを指摘してきた。さらにジェンダー論は、今まで見えていなかった女性を可視化したということにとどまらず、この社会や世界すべてが、ジェンダー化されているということを公にし、軍事化の実態を明らかにしてきたのである。

ジェンダー・パースペクティブは、平和の実現に、そして平和的社会システムの構築に何を提言できるのであろうか。ジェンダー・パースペクティブによる平和の定義と、平和を創る一方法としての活動について、考えてみたい。

平和の定義

ジェンダーの求める平和とは何であろうか。男らしさ、戦争の対極として、平和的な女性というパラダイムは可能なのであろうか。

女性を中心とした平和を求める動きは、すでに存在している。第二次世界大戦後における日本での母親を中心とした平和運動もその一つである。この運動を通じて、わが子を戦場に送るなという、子を産む母親からのメッセージが社会に送り出された。また、エコロジカル・フェミニズムにおいては、自然と女性の結びつきを強調し、文化・技術・産業などをできるだけ排除した社会システムの可能性を訴えた。これらはいずれも女性だからこそ平和を推進できるという、ある意味での性別役割分担に基づいたものであった。しかし、母親も女性も、平和構築だけでなく戦争やナショナリズムにおいても中心的役割を担ってきたということは、歴史が証明している。

さらに、女性・男性という二つの性にこだわり、どちらかを排除した形では真の平和が実現できないということは明らかである。バトラーの主張にもあるように、女性もしくは男性という二項対立的な考え方により、異性愛指向を招いてしまい、セクシュアル・マイノリティの平和を確立できないという問題点も指摘されてきている。

また、世界的規模の会議において顕著に現われているように、女性という性に関する要素だけですべての女性が団結できるほど、今日起きている問題の原因やその解決法は単純ではなくなってしまっている。人種、民族、年齢、性的指向、南北の経済格差等の多くの要素が複雑に絡み合っているのである。

多様性に満ちた、今日の地球上すべての人々の平和とは何であろうか。

まずは、冒頭で指摘した、国連安全保障理事会決議にものべるように、平和と安全の実現にジェンダー視点を主流化することが必要である。平和研究・平和学へのジェンダー論の取り組みの中で、戦争、貧困、差別、搾取等すべての形態の暴力を解決し、平和と安全と正義を獲得する過程に、ジェンダー・パースペクティブの導入を求めるという考え方は、ジェンダー正義として提唱されてきた。これは、国際刑事裁判所設立の国際的な動きの中で、戦時中の犯罪を裁く司法の場にジェンダーの視点を盛り込むことを求めて、一九九七年に組織された「ジェンダー正義を求めるコーカス」の活動により、広く周知されるに至っている。(26)

そして、ジェンダー論が明らかにしてきた、家父長制や軍事化、ナショナリズムなどの平和研究・平和学における課題にこれからも継続して取り組むことが重要といえる。例えば、戦時中の従軍慰安婦問題と家父長制、民族浄化の掛け声のもとに行われた集団レイプとナショナリズム等、根本的因果関係を明確にし、ジェンダー化された国家、社会の中で、今まで平和を脅かされつづけた人々の現実を直視し、その平和を回復し責任の所在を明らかにすることで、それへの関心と理解をさらに広めていかなければならない。

あらゆる事柄が軍事化されているというエンローの指摘は、この分野に新しい視野をもたらした。その一方で、エンローの新著書『マヌーバー(策略)』(Maneuvers)の、被害者としての女性の強調と男性被害の矮小化に、批判が起こっている。[27] ここで述べるジェンダー・パースペクティブが、男性からの新しい視点も含んでいるということを改めて指摘しておきたい。

これらの前提の上に、あらゆる分野の政策立案に、様々な立場の人がかかわり、自分たち自身の平和を発見していく――それが私たちの求める平和の定義となるに違いない。そして、自分たちの求める平和実現に向けて、私たち自身が平和を創る担い手になることが、今始まっている。

平和を創る

戦争や紛争といった直接的暴力や、貧困、搾取等の構造的暴力、さらには、ガルトゥングの指摘する第三の暴力としての文化的暴力は、それらが長期化する中で日常としての側面を帯び見えにくくなってくる。これら日常化された暴力を解決するために、平和を創る行動が起きている。それらは、伝統的な階層的・権威的組織集団ではなく、今までとは別の形態の組織として、冷戦後世界各地で起こっているグローバリズムや新帝国主義への批判もこめた形での行動であるといえる。

ミースらの批判する資本主義的家父長制は、経済のグローバル化の進展でさらに貧富の差を増大させ、女性や子どもなど社会的弱者の貧困の深刻化という「貧困の女性化」を招いた。そこで地域に密着した生活のための経済活動に目を向け、その中心的担い手である女性の経済的自立を目指した、グラミン銀行の活動が注目されている。マイクロクレジットの先駆けとして評価されるこの活動の創始者ユヌス氏は、机上の経済学理論と現実のギャップから、真に必要とされている制度として、これを考え出したとされる。バングラデシュで始まったこの活動は、現在アフリカ・中南米など世界各地に広がり、先進工業国においても、女性の起業という形での広がりを見せている。貧困の解消が構造的暴力をなくす第一歩となるとともに、女性の経済的自立が、経済的依存という家父長制における男女の力関係をかえる第一歩にもなっているのである。

また、近年、日本でも関心を集めている夫や恋人からの暴力に対して、加害者である男性が自分自身の暴力性について考え、暴力をふるわない人間になるための自己変革ともいえるセミナーやカウンセリング活動が、同性である男性たちにより行われている。これは、もともとアメリカで始まったとされるが、現在では、多くの国々で実践され、男性自身もジェンダー化された社会のあり方やその中で生きる自分を見直し始めているのである。

平和運動の新しい形として、一九八七年イスラエルで始まり、現在世界中に国際ネットワークを作りつつあるのが、ウイメン・イン・ブラック（Women in Black）の活動である。黒い服を着た女性たちが沈黙のまま、街角にたち、戦争と暴力に反対するという行動である。宗教や人種、国籍などの相違を超え、暴力のすべての被害者を鎮魂するという、この活動には、暴力や戦争に対しては、暴力とは別の形での抗議が必要との思いがこめられている。暴力による報復は更なる暴力の連鎖を生むだけである。

担い手である個人が、その人種、民族、年齢、性的指向、南北の経済格差等の要素において多様であればあるほど、その個人の活動についても多様性が求められている。国家を離れ様々な立場から率直に意見を述べ、建設的な提言ができる環境の構築にむけての社会的サポートが必要であり、社会的変革を求める市民活動として、非政府組織（NGO）を育てる社会システムを積極的に確立していかなければいけない。国家、企業そしてNGOが自由に平等な立場で議論を重ねていくことが、平和の樹立につながっていくのである。

私たち一人一人がジェンダー化を見抜き、それを批判する行動を起こすことが、平和構築への重要な第一歩である。長年にわたりジェンダー論が主張してきた、オルタナティブな平和や正義を求める理論が、実社会での平和実現にも活かされる道が示されつつある。

6　終わりに

ジェンダーとは、既存の学問にただ単に付加された、一分野ではない。既存の学問の理論や成果を根本から問い直すという役割を担っているといえる。そして、一度現れたからには、いかなる反動があろうとも、消えてなくなるものではないのである。

今日までに獲得した成果を今後に生かして、平和研究・平和学とジェンダー論の協調により、真の平和を求める研究と活動がさらに活発化することが求められている。

注

（1）原文では、ジェンダーの視点の主流化は、"Recognizing the urgent need to mainstream a gender perspective."（下線は引用者による）と表現される。なお、この決議の日本語訳については、女たちの21世紀三三号（アジア女性資料センター発行、二〇〇三年）を参考にした。

（2）旧ユーゴ国際戦犯法廷（ＩＣＴＹ）は旧ユーゴスラビア地域の紛争における戦争犯罪や国際人道法上重大な違反を侵した個人を裁くことを目的として、一九九三年五月の国連安全保障理事会決議八二七により国連憲章第七章の下での強制措置としてオランダのハーグに設立された。

（3）詳細は第三巻第5章、大越愛子論文を参照。

（4）Maney, John & Tucker, Patricia, *Sexual signatures*, Little, Browns Co., 1975.（邦訳：ジョン・マネー／パトリシア・タッカー（朝山新一ほか訳）『性の署名――問い直される男と女の意味』（人文書院、一九七九年））。

（5）江原由美子「フェミニズム理論への招待」別冊宝島編集部編『わかりたいあなたのためのフェミニズム入門』（ＪＩＣＣ出版局、一九九〇年）一三頁。

（6）男性学は、男性社会における男性の生き方や性役割を考えることをテーマの中心とする学問であり、アメリカでは一九七〇年代から大学で講座が開かれ研究が続けられていた。日本では、一九九六年、伊藤公雄が『男性学入門』（作品社）を著した。

（7） 上野千鶴子『差異の政治学』（岩波書店、二〇〇二年）一六～一七頁。

（8） 上野千鶴子・竹村和子「ジェンダー・トラブル」現代思想一月号（青土社、一九九九年）四六～四八頁。

（9） 一九九六年七月に、男女共同参画審議会から発表された。その中で、「この答申は、女性と男性が、社会的・文化的に形成された性別（ジェンダー）に縛られず、各人の個性に基づいて共同参画する社会の実現を目指すものである」と述べられている。

（10） 上野は前掲書（注7）三一頁で次のように指摘している。「ジェンダー概念が登場したとき、女性学やフェミニズムというイデオロギー色の強い用語を嫌って、ジェンダーが学問的に中立的であるかのような誤解が流通したが、そしてその誤解に対する反発からジェンダー概念への疑わしさを抱く人々も現われたが、いずれもジェンダー概念への誤解から生じたものであることを、ここではっきり指摘しておきたい」。

（11） Galtung, Johan., "Peace and conflict research in the age of the cholera : Ten pointers to the future of peace studies", *Peace and conflict studies*, Volume 2, Number 1, June 1995, The Network of Peace and Conflict Studies, p. 5. J・ガルトゥング（高柳先男・塩屋保・酒井由美子訳）『構造的暴力と平和』（中央大学出版会、一九九一年）五～一九頁。

（12） 高柳先男「平和研究」日本平和学会編集委員会編『平和学――理論と課題』（早稲田大学出版部、一九八三年）三～四頁。

（13） Reardon, Betty, *Sexism and the war system*, Teachers College, Columbia University, 1985.（邦訳：ベ

テイ・リアドン（山下史訳）『性差別主義と戦争システム』（勁草書房、一九八八年）二四頁）。
(14) 古沢希代子「ジェンダー・ジャスティスを求めて——戦争及び武力紛争下における女性への暴力」岡本三夫・横山正樹編『平和学の現在』（法律文化社、一九九九年）一八八〜一八九頁。
(15) 古沢・前掲論文（注14）、一八九〜一九〇頁。
(16) 高里鈴代「沖縄の基地・軍隊の現状と運動」アソシエ一一号（二〇〇三年）一七九〜一八五頁。
(17) 配偶者からの暴力の防止及び被害者の保護に関する法律。
(18) M・ミース／C・V・ヴェールホフ／V・B・トムゼン（古田睦美・善本裕子訳）『世界システムと女性』（藤原書店、一九九五年）一四頁。
(19) たとえば、一九七〇年のケイト・ミレットの『性の政治学』やシュラミス・ファイヤーストーンの『性の弁証法』などでも、この指摘が見られる。
(20) 出典は、The Child Soldiers Global Report by Coalition to Stop the Use of Child Soldiers.
(21) シンシア・エンロー（池田悦子訳）『戦争の翌朝——ポスト冷戦時代をジェンダーで読む』（緑風出版、一九九九年）二八頁。
(22) エンロー・前掲書（注21）三三〜三四頁。
(23) シンシア・エンロー「フェミニスト的好奇心から見る軍事化」女たちの21世紀三三号（アジア女性資料センター、二〇〇三年）一四〜一七頁。
(24) エンロー・前掲書（注21）二三六〜二三七頁。
(25) エンロー・前掲書（注21）二四三〜二六七頁。

(26) The Women's Caucus for Gender Justiceは、ジェンダー正義の周知とともに、国際条約へのジェンダーの主流化に関して、活動を続けている。
(27) Adam Jonesは、*Contemporary Politics*, 7：2 (2001) の中で、本書のレヴューを行っている。

参考文献

「特集ジュディス・バトラー」現代思想一二月号（二〇〇〇年）
土佐弘之『グローバル／ジェンダー・ポリティクス――国際関係論とフェミニズム』（世界思想社、二〇〇〇年）
松井やより『グローバル化と女性への暴力』（インパクト出版会、二〇〇〇年）
B・リアドン（山下史訳）『性差別主義と戦争システム』（勁草書房、一九八八年）原題は、*Sexism and the War System*, 1985
C・エンロー（池田悦子訳）『戦争の翌朝―ポスト冷戦時代をジェンダーで読む』（緑風出版、一九九九年）原題は、*The Morning After : Sexual Politics at the end of the cold war*, 1993
M・ミース／C・V・ヴェールホフ／V・B・トムゼン（古田睦美・善本裕子訳）『世界システムと女性』（藤原書店、一九九五年）原題は、*Women the last colony*, 1988

第7章　宗教と平和

鈴木　規夫

「市場に集まり　何を待つのか？」

「今日　野蛮人が来る」

――「野蛮人を待つ」1904（『カヴァフィス全詩集（中井久夫訳）』）より――

1　はじめに

宗教とは何か。平和とは何か。そして宗教と平和とはどのように関係しているのか。それぞれ難しい問題である。それは現代世界の直面するさまざまな問題がこの宗教と平和との諸領域に深く関わっているからに他ならない。

一方で、宗教とは対照的なものとされている現代科学は、すでに生命そのものをも操作可能な領域にまでその対象を広げている。遺伝子情報の探究はあたかも聖典の秘密を解読していくかのように進められ、これまで構築されてきた宇宙と人間とについてのさまざまな宗教言説に重大な転機をもたらそうとしている。

さらに、世界各地におけるさまざまな政治システムの崩壊や機能不全による「内戦」[1]は、宗教を異にする民族間の抗争として報道され、それぞれの宗教的対立があたかも何百何千年来と続いてきたかのような幻想もふりまかれている。そして、地道なボランティア活動から「テロ」活動に到るまで、「宗教の名の下に」さまざまな国際ネットワークが展開され、国境で遮られていた諸国家をこれまでとは異なる回路で複雑に繋いでいる。

もう少し身近な社会関係に目を転ずると、「宗教の名の下に」何かを語ることをためらう人々にも、心の間隙を埋めようとする小さな神々が絶えず新たな装いで現われては信奉され、その信徒たちは「鉱山のカナリア」のように平和ならざる日常の危うさを訴えている。ベトナム帰還兵の症状を解明するために開発されたＰＴＳＤ（心的外傷後ストレス障害）といった診断基準がごく普通に用いられる「戦場」としての日常世界を、人々は生きなければならないでいる。

そこであらためて、宗教とは何か平和とは何かと考え直してみる必要が生じる。われわれは比較的近い過去に特別の意味を与えられたこの宗教と平和というコトバそのものを疑うことからはじめなければならないだろう。むろん、ここで「粗雑な反宗教的合理主義」を持ち出そうというのではない[2]。

本章では、現代世界における宗教なるものもまた平和なるものも、近代合理主義自体によって構築されたものに他ならず、構築されたものである以上、われわれにはまたその再構築が可能なのであるということを明らかにしていきたい。

2　構築された宗教

帝国主義の刻印としての宗教

宗教は、文化理論の展開やメディアの報道などにおいて、従来から深遠さを装いながらしばしば浅薄皮相な議論に陥りがちな領域である。それもあって、現代社会ではさまざまな宗教的知識の供給は絶えず反復されるのだが、社会生活そのものには概して定着しない。宗教的知識が生活知そのものとは別次元のものであると考えられているからである。

かつて、林達夫は一九三〇年代の日本におけるマルクス主義文化理論のその浅薄さの間隙をぬって興味深い仕事をいろいろ残した。その一つである「プロレタリア反宗教運動」（林 1932 年／1973-③所収）で、彼は次のように記している。

多くの人々は、宗教こそは世界平和の基礎であり、教会こそは列国間の正義と愛との支持者であると聞かされている。事実、教会は平生声高く平和に対する熱愛を表明しているし、「汝殺す勿れ」の有名な戒律は牧師や司教の口から絶えず叫ばれている。だが、それによって教会が真の平和の使徒であり、人類の虐殺の断乎たる反対者であると考えるならば早計である。一見しては信じられないが、仁慈にあふれる道徳を強調する教会は、実践においては、戦争を好み、人類の虐殺に賛成する力の一つなのである。この好戦性について動かし難い証拠を提供したのは、一九一四―一九一八年の帝国主

> 義戦争であった。……この戦争は教会によって聖なる戦いとして記録された。教皇ベネディクトゥス一五世は一九一五年一月二二日に説教して曰く「……神の同意なくして、この世界から平和がなくなってしまったとは信じられない。神はこの地上世界に各自の思想を持つ諸国が、相互殺戮、相互軽蔑、等々によって相罰し合うのを許し給うたのである。」（……）教会はまた帝国主義者の植民地政策の遂行者でもある。近世のヨーロッパ布教団にして先進資本主義諸国の植民地略奪の道案内者でなかったような団体は一つもなかった。今日、植民地における情勢の変化（民族解放運動の進展）は、宣教師の役割をも多少変えている。かくて、植民地被圧迫大衆の中に支配者に対する心服と従順とを植えつけ、解放運動の「赤化」を極力防止すること――これが植民地の教会団体の今日の「高き使命」なのである。……

帝国主義の時代と宗教（すなわちキリスト教）の拡張とが重なり合うのだという歴史的事実は、さまざまなカタチで常に確認されるべき問題であろう。

「宗教は、ヨーロッパ人の拡張主義の一面に過ぎない」のだというパニッカルは、実際それまでプロテスタント教会は異教徒改宗の使命と伝道の仕事に真剣に取り組む意志がなかったのだが、一九世紀になると彼らの福音伝道活動が再びアジアとの関係におけるヨーロッパの一つの重要な運動となり、その執拗な活動のターゲットはインドと中国であったと指摘している。「この両国の地では、既にヨーロッパによって享受されていた政治的権威を補足する目的で、大規模な心理的・精神的征服計画が実行に移され」、その結果、「アジア諸国の精神的根源に対する攻撃は、民族の宗教と社会組織とに広範囲に亘って影響を及ぼした」（パニッカル 2000：444）。

つまり、この帝国主義の時代にヨーロッパの拡張主義のターゲットとなった諸地域にとって、キリスト教との政治的接触を意味する宗教というコトバそれ自体、ヨーロッパによる侵略の刻印に他ならないのである。これは日本における宗教というコトバの成り立ちにも相即している。

宗教というコトバは明治初期に *religion* の翻訳語として定着したものである。最初に *religion* が翻訳されたのは、一八五八（安政五）年の日米修好通商条約第八条の信教の自由に関する諸規定であったが、その段階ではまだ「宗教」の語は定着していなかった。相原一郎介は、*religion* を「宗旨」「宗法」「宗門」「教法」「聖道」「宗教」などと翻訳しなければならない実際的必要があったのは、「差当り外交関係の文書」においてであったので、「外国と結ばれた条約を順次年代を追って見れば、その訳語として「宗教」なる熟語の始めて公文書に使用せられた時が、発見せられるであろう」という視点から調査し、一八六九（明治二）年二月の「独逸北部連邦との修好通商条約」にこの翻訳語が始めて登場したことを突き止めている（相原 1938：4）。

その前年の一八六八（明治元）年、明治政府は五箇条御誓文の発布された同日にキリスト教禁止の公式通達を出した。それは当時キリスト教信仰のあらゆる宗派を代表する巨大な組織が中国全領域に亘って形成されていたといった東アジア情勢を反映したものであった。

こうした明治政府指導者たちの宗教と国家と外交とに関わる政治判断について、パニッカルは次のように述べている（パニッカル 2000：416）。

日本の指導者たちが公然と、国家の立場がキリスト教の布教されるのを許せるほどに強力になったと考慮した後に、ようやく改革手段として宗教の自由・黙認の原則が布告された。この手段が講じられた理由の一つは、西洋世界はキリスト教の布教活動の自由が存在すると言明されない限り、治外法権を放棄しないとの認識にあった。日本帝国内でキリスト教が本格的に「邪悪な宗教」でなくなった頃には、国家神道は強化され、キリスト教への大規模な改宗工作のチャンスは消え去っていた。……

当時の政治指導者たちのこういった選択をどのように評価するのかとは別に、少なくとも、日本が他の東アジア諸地域のような欧米帝国主義諸国による植民地化状況とは異なる国際政治上の地位をとりあえず占めることができた重要な要因の一つに、欧米列強の侵略の刻印を帯びるこの宗教をめぐる外交問題があったのだといえよう。

religion に宗教という訳語が固定化される直接の契機は、一八七二(明治六)年のキリスト教禁止高札撤回である。明治一〇年代にはこの訳語はほぼ定着し、「日本国内でキリスト教が黙認されたことを機に、それまでは外交という言わば外国との折衝場面でのみもちいられてきた訳語が、日本国内の宗教政策をめぐる問題として社会の内側で論じられるようになった」(磯前 2003：36)。

もともと帝国主義の外交用語として機能していた宗教は、もっぱらキリスト教を指していた。同時にそれは西洋文明を表象しており、西洋文明と宗教の観念とは未分化な一体化を示していたといえよう。(3) そして、明治期の科学と宗教、国家と宗教といった対立論争を経て、それが「宗教学的な宗教概念」（磯前 2003 : 64）を確立していく過程は、日本の国家主権が確立されていく過程と重なり、国家神道は宗教ではないという文脈もこの過程で形成された。

宗教概念そのものがヨーロッパ近代の形成と相即して生成してきたため、その概念定義は極めて困難な状況にあるが[4]、少なくとも、近代日本における宗教概念の確立が欧米列強同様の対外侵略を行なう可能性の確立をも意味したことは、一九世紀後半から展開される日本外交の実態がよき証左となるであろう。政府が国内の仏教などさまざまな信徒、門徒などの人間関係ネットワークを教会的教団組織に再編させ、対外侵略においてキリスト教教会と同様の役割を担わせようとしたとしても不思議はない。

現在韓国におけるキリスト教の浸透度が一定程度高いのも、実に皮肉なことではあるが、「宗教活動の自由の名の下に」主にアメリカのミッショナリーの援助によって形成された近代日本のキリスト教教団の朝鮮半島における活動によるところが大きいのである[5]。

そこでより肝心なのは、欧米列強の一九世紀東アジアにおける世界秩序認識のあり方を了解した当時の日本政府が、清朝の世界秩序認識との差異の間隙をぬい、両属関係にあった琉球や「属国」としての位置づけが曖昧であった台湾や朝鮮半島などに対して、まさに国家としての領土拡張確定を遂行したということである[6]。一九世紀から二〇世紀における宗教概念の世界化は、その宗教言説の表層とは裏腹に、平和ならざる状況の世界化を意味していたといえる。

〈宗教から離脱するための宗教〉としてのキリスト教

帝国主義の時代に先立つフランス革命は近代における宗教の基本的性格を根源的に変えた。フランス革命が創出した、「個人の権利にもとづき、その結果として人民主権を可能なかぎり完全で厳密に表現すると主張する体制とはどのようなものか」を問うマルセル・ゴーシェは、その革命の独自の性格を「権力と社会の関係についての宗教的構想力」の視点から炙り出している（cf. ゴーシェ 2000 : iv）。

ゴーシェによれば、フランス革命後ヨーロッパ近代が孕むことになったアポリアは、「権力と社会とは一体でなければならない」という前提によって、近代政治社会が支えられなければならなくなったという問題に他ならない。神であったり天であったりその様相はさまざまであっても、権力をとおして社会が不可視の基礎と関係をもってきたそれまでの時代と近代政治社会が根底的に異なるのはまさにこの点だからである。人間は自分の根拠を自分自身におかなければならなくなった。そこに現出された空間は、代表する者と代表される者とのあいだの距離を認めることが不可能であることによって正統化されたものである。これは、かつて国王が現世と来世との二つの身体を媒介するように機能する場合と事態を一変させる出来事であった。

とりわけ、この代表体制は人間の社会が宗教的構造化から引き離されるときにとる一つの表現であると理解される。権力が超自然的秩序と人間が生きる現世との間の媒介であることを止めるということは、社会を象徴的に包含したり、社会を要約したりするのを止めることに他ならない。それは最終的に「王たちの終わる時代」（アポリネール）の前提を示していた。

フランス革命が始めた時代とは、王が表象していた宗教言説による人間の統治が人間自身の表象に取って代わるという意味での世俗化過程の徹底された時代である。もはや王たる君主のなかに「国民の全体に帰属するすべての尊厳を一身に終結する」存在をしか見ない場合、それは「充全なる伝統的な形態での君主政の終焉」は近いことを意味する。国王が現存化する不可視のものは彼岸の立法者であり、国王がそのように超自然的なものを表象することを通して付随的に集合体の卓越の代表者となってきたのとは異なって、彼岸のなかに此岸をはめ込むこととは何も関係のない役割においてしか存続しないのであれば、その間隙をいかに埋めるというか。ゴーシェは次のように述べている（ゴーシェ〔2000〕：252）。

……天上と地上の結合が切断されたことの延長で、政治体と政府——今や個人の意志によって形成されたと考えられる政治体と、正統性を市民による指名に負うとみなされる政府——が分離する。自身にたいして行使される権力を産出することで自身が産出されると想定される政治的集団は、たとえこの権力が同一性を定義する極であるにせよ、この権力にたいする外部においてしか考えることはできない。……国王による一体化が果たしていた象徴的機能は、委任の民主的手つづきの内部で再構成される。大きく異なるのは、この機能が直接的で明白なまでに象徴的に行使されていたのにたいして、作り直されたときには潜在的で秘密裡のものになるという点である。代表制の秩序の秘密はこの変容にある。……

「人間が自己探求のために、自身より上位の存在の名で統治すること」を止めるという、君主政から代表政体への転換は、「われわれを統治する他の人間をとおして、われわれが自身を統治することを可能にするという、ありそうにもない」「同胞関係を保証するための最良の手段」（ゴーシェ 2000：254）として登場してきた。しかし、その探求が終わることはなく、近代政治社会を表象するこの代表政体は、一種の「未完のプロジェクト」として存在している。

こうした西洋の特異な経験に基盤をもつ、外交手段の一環としての宗教すなわちキリスト教は、非西洋世界が権力の正統性を担保する「外部」の存在を掻き消すために必要な重要ファクターとなっていく。そのような機能を果たすキリスト教を、ゴーシェは〈宗教から離脱するための宗教〉と呼ぶ（Gauchet 1999：ch. 5）。

キリスト教は、フランス革命において根本的に変質したような「宗教からの離脱」を、世界中に教えに行く。政教分離が成り立つには、まず「自身より上位の存在の名で統治すること」を止める必要があるとそれは教える。しかし、結局のところ、それはキリスト教を通さなければ、その地域を縛っている宗教的なるものの魔術からの離脱は不可能なのだと教えに行くことに他ならないことになるのである。この意味における宗教は、西洋の経験に倣う近代化に予め仕掛けられてきた一種の呪文に等しい。

たとえば、世界政治における宗教の復興現象をとらえて、「近代システムが機能不全に陥っていることを照射する宗教が再生している」という考え方がよく登場するが、そこには一つの逆説が含まれている。近代システムそれ自体は〈宗教から離脱するための宗教〉としてのキリスト教の宗教言説を必要とした。しかし、その近代システムを批判するためにさまざまな意匠を帯びて登場するキリスト教とは異なる信仰をめぐる言説は、キリスト教との相対的関係においてそこで「宗教言説」として立ち現われるという意味で、あらかじめ近代システムの言説構造の中に組み込まれて存在しており、逆に近代システムなくしてはそうした批判言説は存在しえないのだということである。

いわゆる「原理主義」はその典型的な事例である。イスラーム「原理主義」が近代システム批判を展開すればするほど、それが「宗教的」というカテゴリーに組み込まれる限り、近代システムの言説構造の中でキリスト教「原理主義」やユダヤ教「原理主義」などと同様の性格を必然的に帯びていくことになるのである。

〈ローマのテクノロジー〉とキリスト教

なぜ、キリスト教にのみ特異に代表制をともなうデモクラシーや政教分離の原理を導きそれを構築可能にする要素があったのであろうか。

法制史を基礎として「西洋のドグマ的諸問題」に取り組み、法と宗教などを根本から問うピエール・ルジャンドルは、国家や法などキリスト教における現実生活の諸規範や制度はもともとキリスト教の教義に内在するものではなかったと鋭く指摘している。ルジャンドルによれば、現代世界における諸宗教共同体のように、「国家」の存在なくしてその共同体が存在しえないという現象は、キリスト教共同体の始まりから起こっていた（西谷/ルジャンドル 2000：128–129）。

……キリスト教は、はじめはいわばユダヤ教の一セクトでした……キリスト教固有の思想というものはなかったのです。「福音書」を見てごらんなさい。これはイエス・キリストと使徒たち、つまり弟子たちをめぐるキリスト教固有のテクストですが、その全体を見ても、細かな点を別にすれば、これらのテクストのなかにことさら社会生活の規則を記した部分は見あたりません。それに対して、ユダヤ人の聖書、「トーラー」を見れば、それはまるで生活規則で織り上げた布のようになっています。そこには神学的規則と儀礼的規則と祝賀の規則、社会的規則、たとえば結婚だとか、生活の組み立てだとか、法律がわれわれに教えるあらゆるもの、その総体が一枚の布のように織り上げられているのです。イスラームについてもコーランについても同じことが言えます。けれどもキリスト教は、借り入れでやっていました。その後キリスト教はユダヤ教世界を離れることになりますが、それは社会的規則を切り捨ててしまったようなものです。割礼の廃止がその端緒でしたが、ユダヤ教を離れるということは、その世界のベースである生活習慣を捨てるということですから。だからキリスト教にはいわゆる神学的テクストがあるだけです。しかしそれが幸いして……キリスト教はローマ人たちのもとに自分たちのやり方考え方を見出してそれを借用し、ローマ帝国の生活の中に身を落ち着けることができたのです。そしてそれが結局キリスト教の政治的かつ歴史的資産になりました。……西方キリスト教はローマ法と結びつきますが、ローマ法というのはどこにでも通用します。……キリスト教はだから、ローマ的な規範概念のテクノロジーと結びついたのです。そのために、国家、契約、結婚等々といった技術的ないし法的概念が、キリスト教を通して世界に蔓延するようになりました。……

ローマ的な規範概念のテクノロジーと結びついたキリスト教が世界に蔓延する過程には、当然の帰結としてローマの「軍隊」も必要となり、「新たな帝国」を構築していくヴィジョンが形成されていくことになる。この「帝国」、そしてその植民地や属国・属領といった表象が、世界認識のツールとして西方キリスト教世界に定着していくのも、この〈ローマのテクノロジー〉[7]がもたらしたものであった。

ここで重要なのは、他の信仰システムとは異なって、キリスト教はその共同体表象において〈ビオス〉の政治（フーコー）を担うテクスト、すなわち、個的にも集団的にも固有の生の形式を定めた生活規範の経典を予め欠いていたということである。だからこそ、ローマ帝国が崩壊し〈ローマのテクノロジー〉そのものが変質していく過程で、国家などの装置を政治社会に補塡しなければ、キリスト教信徒共同体そのものも維持されえなかった。

それはキリスト教が特異に保有している「宗教」という領域自体についてもいえる。エミール・バンヴェニストによれば、もともと、いくつものインド＝ヨーロッパ諸語にはキリスト教におけるこの *religion* に相当するコトバはなかった。

……《宗教》を表わす共通インド＝ヨーロッパ語の用語はない―そう即断しても差し支えないだろう。歴史時代に入っても、いくつものインド＝ヨーロッパ諸語にはこの用語が欠如しているが、これは驚くにあたらない。単一で一定した呼称がみられないのは、［宗教という］概念自体の特質による……

さらに、「《宗教》を意味する際に、それぞれ別個に形成されていた用語しか見出せない」のは、「特殊な信仰結社を除いて、祭祀や信仰全体を意味する特定の用語は必要とされえなかった」からであり、現在われわれがあたかも宗教を独立した制度として考えるようになっているのは、もともとは「内的な心構えを指示する語で、しかじかの物事の客観的属性や、信仰および実践の全体像を表わすわけではない」、「《特殊な信仰結社》であったキリスト教徒による造語ともいえるラテン語の誤用」に始まった、「精神が宗教にまつわるもろもろのことからかなりみずからを切り離し、信仰ないし崇拝の一般的形態と誇張的形態とを弁別しうるほどに育った、ある文明「社会」と時代に出現した興味深い概念」であるという（Benveniste 1969〔1985〕: 272〔263-264〕）。

「俗信」概念を喚起させるこの「宗教」概念が流入することによって、非西洋世界の多くでは、「民間信仰」とか古い信仰の「旧化生存」survivals とか呼ばれるべき信仰形態や生活行事を「迷信」の名のもとに一括し、これを人間知性にとって甚だ面目のない光景だとしてそれの打破を叫ぶような事態が後に生じる。しかし、「正統の組織宗教より見ればあるいは迷信と貶し去るべきも、彼等の中には太古純朴の神話的信仰の留存せるあり、又中には合理的の習慣存するあり、学術的に社会学及び宗教史の上より見れば漠然たる迷信の語を以てこれを概称するは頗る常識的見解たるを免れず」と姉崎正治が言うような、また、「民俗学や人類学の畑における宗教研究の勃興と共にその中に解消せられて」しまうような、さまざまな信仰の存在形態の多様性は、国家組織の一環として宗教に組織化されていくことになってしまう（林 1973-③: 286-287）。

近代日本におけるその集大成が、アメリカによる占領期の最終段階に成立した宗教法人法（一九五一年四月）であろう。それは宗教が近代国家の定義と監視によって存続することを示す一つの典型であるといえる。

逆に言えば、国家権力によって制御されない宗教は宗教ではない。そうした国家による定義を外れるような信徒集団が、その政治社会においてどのような位置づけを与えられることになるのかは、その信徒集団それ自体の性格も含め、政治状況が大いに関与する。かつての日本におけるオウム真理教への対応や、中国における法輪功への大幅な国家権力介入などは、そうした顕著な事例であるといえよう。

帝国主義の刻印としての宗教は、そもそも祭祀や信仰全体を意味する特定の用語（＝宗教）の必要がなかった非西洋世界のわれわれを、あたかも宗教が独立した制度であることがあたりまえであるかのごとく思わせるほどにまで、現在ではその影響力を拡張している。またそれゆえに、われわれは世界におけるさまざまな祭祀や信仰全体を宗教という用語で通訳可能であると思い込んでいる。通訳可能であると前提するから逆に摩擦と紛争も頻繁に起こることになる。

そこでさらにこの宗教概念の現代における再考が試みられるべきであろう。その場合、われわれは平和という概念との関係に着目していかなければならない。現代世界において「宗教の名の下に」唱えられる平和ほど、「戦争は平和である」という二重思考を呼び覚ますものはないからである。

3　発明された平和

＜人民の破産の後＞の宗教と平和

一九世紀におけるナショナリズムは、政教に分離可能な政治体の触媒としての「王の二つの身体」としての宗教が忘却され、「祖国のために死ぬ」ための新たな宗教言説の生成による、対象としてのネイション・ステイト構築へ向かう過程に他ならなかった。靖国神社もそうした国家的宗教言説現象の一つの事例である。

それに対して、二〇世紀後半における宗教現象の復活は、そのネイション・ステイトの衰退そのものが宗教言説の再構築に向かっている結果に他ならない。したがって、それはしばしば＜宗教的ナショナリズム＞といった様相を帯びていた（鈴木 1996 参照）。一九世紀ナショナリズムの時代が「王たちの終わる時代」にほかならなかったのに対して、この宗教言説の再構築は、かつての宗教に代替された「人民」にも一切の根拠をおくことの不可能な二一世紀のわれわれが、「すべての人民の破産の後」（アガンベン）に生きなければならないことをも意味している。

そうした政治社会における宗教言説再生の時代に新たに叢生してきた諸国家の多くは、もはやフランス共和国やトルコ共和国などのように、国家の名において国家自体の非宗教性を強調する「ライシテ原則」を敢えて唱えることはない。非宗教性によって国家への忠誠心を調達し、その凝集性を高度化する戦略を取ることは、現在ではむしろかえって難しいからである。ポーランドの体制変動をカトリック教会のネットワークと切り離して考えることはできないであろうし、かつて油田をめぐりイギリスが「イラク」という国を作為した地域にムスリムのあり方を無視して新たな政治秩序を構築していくことは、ほとんど困難であろう。

現在アメリカが世界各地に展開している戦争はなぜ起こったのかを考える場合にも、宗教性は小さくはない位置を占めている。(8) もっとも、〈宗教から離脱するための宗教〉としてのキリスト教が、現在ではグローバリゼーションの拡張に応じて急速にその役割を増大させている結果、アメリカの宗教性は相対的には隠蔽されている。現代世界における信仰システムは本来多様であるにもかかわらず、あたかも *religion* 以外には存在しないかのように、宗教という用語とその〈イメージ〉に依拠しつつ、さまざまな議論が無前提に行われているからである。

第1節でみたように、民主政を他の政治社会に強要することが、実はきわめて宗教的な行為なのであるという認識を共有するには、幾つもの帷を開けなければならない。人間の生は限界に充ちている。神のような〈第三項〉としての外部の存在なくして、「われわれを統治する他の人間をとおして、われわれが自身を統治することを可能にする」という、民主政をめぐる政治権力の正統化過程は、存在しえない。それはあたかも永遠の相の下に敷かれた未完のプロジェクトを遂行するに等しいといえよう。

それはまた、現代イスラーム政治哲学の重大な論争点の一つともなっている。イスラームに現代世界の諸矛盾の解決を求めようとする人々にとって、「アッラーの名において」「人間が自己探求のために、自身より上位の存在の名で統治すること」の継続が、政治理論上きわめて重要だからである。イスラームの名において思考する実存は、極端であるか穏健であるかを問わず、基本的にアッラーの主権を人間に置換・転倒することはない。イスラームの原理からすれば、「人民」の名において「人間が自己探求のために、自身より上位の存在の名で統治すること」を止めるのは、人間にとってはあまりに危険な選択であり、人間存在の起源を人間自身に置くようなものだからである。なるほど、人間の歴史は人間が構築してきたものであるにちがいない。しかし、人間存在自体の始原の根拠までをも人間が占めるのはあまりにも過剰であり不合理である。そもそも、その過剰と不合理こそが現代世界における諸問題の根本原因なのだとイスラーム主義者たちは考えるのである。

たとえば、エジプトのナセル政権に弾圧され処刑された反体制派理論家サイイド・クトゥブ[9]は、パキスタンのマウドゥーディィーが、西洋政治学上の主権概念に対抗して翻訳発想した〈ハーキミーヤ・イラーヒーヤ（神の主権）〉に影響され、「人民でも政党でもなく、権力の源は神のみにある」という「神の主権理論」を唱えた。そして、現代世界をジャーヒリーヤ（イスラームのおよぶ以前の無明時代）社会であると規定しつつ、それを「神の主権を否定して人間に主権を与え、一部の人間を他の人間の神とする社会である」と批判している（cf. Euben 1999 : 53ff.）。

国家を必要とするキリスト教共同体とは異なって、イスラームのように共同体の生活規範をテクストとしてすでにもっている信仰システムが有機的に機能している政治社会では（cf. Legendre 2001）、これはきわめて予期された反応であったといえよう。権力の源泉に関わる代表制をめぐってキリスト教世界で起こった出来事は、ファシズムや全体主義の生成にみられるようにそもそも自分たちですら困難なほどの抽象力を必要とするからである。「人民」を主体とする代表政体は、君主政体に代わって人間の歴史の舞台に登場したのだが、人間が人間自身より「より上位の存在の名で統治」しないでいることは、クトゥブの鋭く指摘するように、どうしても大いなる矛盾を抱えざるをえない。それは結局のところ「一部の人間を他の人間の神とする」可能性が高くなるという袋小路に陥るのである。

かといって、「人間の名において」ナショナリズムを「神」に仕立て上げるわけにはいかない。すると、人間を超えた人間である「超人」が必要とされるようになる。それは一つの倒錯に他ならない。その倒錯が生じるところに、まさしく全体主義が生じる。つまり、代表政体が全体主義を生むことになるのである。

アガンベンは、「デモクラシーと全体主義とがその内奥において連帯しているというテーゼ」によってのみ、二〇世紀末の新たな諸現実と予期しない収束の数々に直面することができ、その新たな政治に向かう領域が切り開かれ、その新たな政治は大部分発明されるべく残されているという（アガンベン 2003：19–20）。そして、「人民」という同じ一つの語が、政治主体を構成するものを名指すと同時に、権利上はともかく事実上は、政治から排除されている階級をも名指しているとして、次のように述べている（アガンベン 2000：146–147）。

……われわれはすべての人民の破産の後に生きている。それぞれの人民はそれぞれの仕方で破産した。それぞれの差異はもちろんどうでもよいことではない。それはドイツ人にとってはヒトラーとアウシュヴィッツを意味し、スペイン人にとっては内戦を、フランス人にとってはヴィシーを、それから、その他の人民にとっては逆に静かで残虐な五〇年代を、セルビア人にとってはオマルスカでの強姦を意味した。つまるところ、われわれにとって決定的なのはただ一つ、この破産がわれわれに遺産として残した新たな任務だけである。これを任務として定義するのも正しくないのかもしれない、というのも、その任務を引き受ける人民はもはやいないのだから。……

第1節に取り上げた林達夫による宗教批判の文脈には、明らかにこの「人民」が存在していた。林が教会組織の政治的行動を糾弾できたのは、「人民」が存在するという確信に充ちたその立場のもたらす批判の後の未来に、一定の展望が確実に存在したからである。しかし、われわれにはもはやその「人民」はどこにもいない。「人民」が宗教の代替システムであったことは、社会主義政権下における個人崇拝やそれを支える共産党組織の教団的システムなどから明らかではあったが、それは長らく隠蔽されてきたのだった。

宗教はあたかもこの破産した「人民」の後の債権回収システムとして再生している。しかし、それさえ国家や「人民」とともに破産の危機にあるといえる。「人民」が消え、国家の機能も急激に後退していくにつれて、その国家の内壁として制度化された宗教も剝き出しの状態となっているからである。アウシュヴィッツを阻止することのなかった宗教は、〈民族浄化〉などのように「剝き出しの生」が直接攻撃に晒される現代において、どれほど有効に機能するのか不確かであるばかりでなく、逆に「宗教の名の下に」殺戮が繰り返される状況が新たに産み出されているのが現実である。
さらには「人口を減らす義務」を合理化するような宗教言説の使用が横行する。宗教の名の下に、かつてヒトラーが国家と民族との名の下に〈民族浄化〉を唱えたのと同様の言説が、繰り返し構築されていく。「人民」の破産後においては、かつて「人民」に転位していた「聖なるもの」は消滅し、これ以上世俗化などありえないような事態にわれわれは直面する。そして、すでに世界のどこにも「聖なるもの」、「聖なる人間」の根拠を見出すことなく生きざるをえなくなっているのである。

平和構築と宗教言説の脱構築

現代世界は「いかにどの程度なおキリスト教に繋ぎ止められ支配されているのか」と問うたジャン＝リュック・ナンシーは、「神とは何か」という一神教の本質に関する問いについて、次のように述べている（ナンシー 2001：14–15）。

……一神教というものはまず最初に、神的なるもの［le divin］の様々な性質、機能ないし活動よりも神的なるものの存在が、あるいは存在としての神的なるものが優越することにあるのだ。一神教は、通常の漠然とした表象とは反対に、神々の数の縮小に由来するのでは絶対ない。……一神教は、神的なるものをまったく別の仕方で措定すること、あるいは神的なるものについてのまったく別の視線を意味する……

一神教における神とは、神々の数が減っていって一つになるのではなく、一者でありつつ存在する「まったく別の視線」を措定することであるとすれば、「この世界は一つである」ことや「理性は一つである」と措定されることも、この「まったく別の視線」が根拠となっている。

さらに、「なぜこの社会が現在ある社会になったのかは、この社会がキリスト教から遠ざかったからであろうという理由以外に、人々はまったく知らず」、「現代世界がそれ自身キリスト教の生成変化であることを内的に忘却ないし否認」することは、結局、現代世界の自己理解を阻むことになるのである（ナンシー 2001：127-128）。

その意味でもキリスト教性についての再考は、現代世界における平和構築には不可欠である。それは、宗教が帝国主義の刻印であり、そもそもの戦争の原因であったばかりでなく、そこには「価値」をめぐる諸問題が横たわっているからに他ならない。

かつて坂本義和は「平和の研究」について自省的問題提起を行なった際に、「平和とは現状の固定ではない。たえず変動する社会的・自然的な条件のもとで、価値を平和的に配分しなおして行く過程にほかならない」、「……近代の自由主義的民主主義は、たしかに前近代社会にくらべて価値の配分の型は大きく変えたが、「価値」という観念そのものは、変えることなしに継続したといってよい」（坂本 1976：52-61）と述べその再検討を促した。民主政体を構成する「価値」の源泉であるキリスト教と「その裏面を構成する言説としての啓蒙」（ルジャンドル）が再構築を必要とされるほど崩壊に瀕しているということは、坂本が想定していた「価値」そのものの継続性すら危うくなっているのだということを意味している。

一見逆説的に思えるかもしれないが、平和構築のためにはむしろこうした宗教言説再考へのコトバを増殖させていくことこそ必要である。それによって「キリスト教の信仰箇条の内実を脱構築」（ナンシー〔2000〕：56）していくことが可能となる。むろん、それは現代においてキリスト教を破滅させることでも救済することでもなく、結局のところ現代世界が現在あるように存在しているモダンの状況を、キリスト教が時代適応力によって自己超克してきた結果として捉え、問うことに他ならない（ナンシー〔2001〕：123）。現代における「価値」をめぐる問題は、モダンによって構築された〈宗教から離脱するための宗教〉であるキリスト教の脱構築から始められなければならないのだといえよう。[10]

ルジャンドルもキリスト教においてきわめて重要な来歴を辿った「ローマ法的な概念である《*religion*》というもの」を問い直すべきであるとしている。これもまた「キリスト教の脱構築」の一環に位置づけることができる。

キリスト教において《*religion*》は「ある特定のタイプの聖俗の区別」の問題である。宗教的であろうと世俗的であろうと、社会はいずれにせよ〈第三項〉、つまり、一神教的神学用語では〈神〉なるものを発明しなければならない。[11] したがって、「世俗化」された社会はどのように「世俗化」される以前の〈神〉を振り払ったのか、その宗教言説の変質が問われることになる。ルジャンドルは、「世俗化とは〈第三項〉の概念、神という観念がより抽象的になったということを意味している」という。彼によれば、原理主義者とは技術の進歩を拒絶している人たちではなく、「モダニティが突きつける抽象化の敷居を跨ぐこと」を受け容れていない人たちなのである。世俗化という問題への理解の方法についてルジャンドルは、さらに次のように敷衍している（Legendre1999〔2003〕：307–309〔275–279〕）。

……世俗化を理解し、吸収するためには、まず宗教という概念を理解しなければなりません。そして、そのためにはわれわれの思考の習慣を揺さぶらなければならない。われわれは啓蒙時代の終わりではなく、中世の終わりを生きているのです。中世というこの歴史的な瞬間にあって、キリスト教のあとを引き継ぐことになる抽象的な〈第三項〉の基盤が打ち立てられました。国家という概念が発明されたわけです。世俗化された国家というものを理解したければ、まずはローマ法と教会法による宗教の概念を理解しなければなりません。イスラームのモダニティへの参入は、一八世紀から受け継がれた紋切型、すなわち宗教とモダニティという二項対立の繰り返しなどではない。大切なのは、イスラームの中世的な結び目を発見することです。それはまた近代西洋の結び目にもなっています。領域も限定され始めている、この哲学においてとりわけ名高い中世の結び目に、問いかけてみること、モダニティの基礎をめぐるイスラームと西洋との遭遇はそこからなされなければなりません。そのような土台の上に、真剣な対話が可能になるのです。……

ここにいう「イスラームの中世的な結び目」（＝「近代西洋の結び目」）という、この「ゴルディアスの結び目[12]」を想起させる議論の射程には、イスラームを西洋近代との対立物とするのではなく、むしろそれ自体の基本原理を導いたものであるという《メッカに始まる近代》（板垣雄三）

といった考え方にも通底するものがあるといえる。そうした視座を無視して宗教言説の脱構築はありえないのである。

4　むすびに

かつて、ヘンリー・メイン卿は「戦争は人類誕生以来のものであるが、平和は近代の発明に他ならない」と言った。たしかに、近代における平和をめぐる議論は、基本的に現世としての地上の水平的な「戦争のない状態」についての議論に終始してきた。その意味では、明らかに「近代の発明」に他ならず、それは帝国主義の刻印としての宗教が現世の人間的な還元に到る近代そのものと軌を一にしている。

逆に言えば、平和についてさまざまな信仰システムがそれまで育んできた天上界への多様な諸段階の重層的なイメージは、現世の諸関係に還元され、単純化・貧困化されてきた。平和をめぐって何が語られなくなっているのかを探れば、それは一目瞭然である。平和の意味の豊穣さを取り戻すことは、信仰システムの豊穣さを回復することと相即する出来事である。「平和が〝近代の発明〟であるかないかはともかく、それが戦争より以上に複雑なことがらであることははっきりしている」(Howard 2001 : 1-2)。

われわれは、二一世紀に入ってなお「神の名の下に」あまりに安易に始められた大規模な戦争をすでに経験している。しかし、問題はそれが神や宗教の名の下に行なわれることなのではなくして、その信仰それ自体へのイメージの貧困にこそあるのだということを再認識すべきである。

注

(1) そのイスラーム的コンテクストの組み立て方については、鈴木2001参照。

(2) かつて林達夫がそのように呼んだ「宗教批判」は、宗教が、近代性一般と相即した諸関係から生成しているため結局のところ合理主義自体の産み出したその分身であり、それを自らの外なる不倶戴天の敵だと思っている「コミック」にすぎないというロジックに立っていた。

(3) この点にも関連して丸山真男はかつて次のように指摘していた(丸山・加藤1998:137–138)。「……Christian nationsというのは、当時としては大事な表現ではあるのです。だんだん現実がみえてくるわけね、(国際法が) Christian nationsのあいだでのみ妥当する契約だということが。……グロチウス以来、ヨーロッパのキリスト教国のあいだで、元来、ローマ法・ゲルマン法とか、ギリシア・ローマの古典とか、長い神聖ローマ帝国の支配とか、共通の伝統をもつ国民国家のあいだに発達した国際法を、文化も伝統も違う地域にまでグローバルに広げてしまったところが、現代では問題なのですね。」

(4) 現在、宗教概念そのものの再構築は世界各地の諸学問領域で進行している。その議論の一端を垣間見るのに、未だそれ自体混沌とした状況を反映しているものの、岩波書店から最近刊行され始めた「岩波講座　宗教」は、とりあえずの情報の交通整理には有効であろう(池上他編2003)。もっとも、ネイションなどと同様に、この問題の実に厄介なところは、「宗教」というコトバが素朴実在的な日常言語生活においてすでによく流通しているので、定義不能な状態に陥るということである。学問的にこのトリッキーな術語を排除し別の術語に置き換えたとしても、それがどこまで有効であるのか「宗教学者」自身も懐疑的である（池上他編 2003 : 51）。

（5） この点については、すでに同時代的に吉野作造などによる批判的検討が行なわれている（吉野 1995 等参照）。

（6） それまで一種の平和共存を保証する秩序でもあった東アジアの広義の朝貢関係を機軸とした世界秩序は、いち早く近代国家を建設して対外関係の近代的再編に乗り出した日本と対峙しながら、近代的再編を余儀なくされた。また、従来の清朝とその辺境諸地域との宗属関係もその性格を変えて、権力的な支配―被支配、搾取の関係に変わっていった。しかし、欧米列強と対峙しつつ劣勢の力のもとで支配を保つためには、その根拠を「伝統」に求めざるを得なかった清朝は、最後までその形骸化した伝統的枠組による世界秩序認識を捨てようとはせず、日清戦争を経て日本に完全に東アジア世界秩序におけるイニシアティヴを剝ぎ取られることになった（茂木 2001 参照）。そして、近代日本は世界秩序認識に空白の生じたこの地域に新たな枠組を創出していかなければならなかったのであるが、平和的秩序構築には到らず失敗したのである。

（7） ミシェル・フーコーによれば、このローマのテクノロジーは、生あるものの一切に共通の生きているという事実をいう〈ゾーエー〉と個々の個体や集団に固有の生の形式ないし生き方を意味する〈ビオス〉という、ギリシア人がかつて有していた、意味的にも形態的にも互いに異なる二つの概念を分離させたものである。生の意味から〈ビオス〉という生の形式の置かれた数々の文脈が切り離され、人間の生はローマ法の *vitae necisque potestas*（息子に対する父のもつ生殺与奪権）を含む主権権力 *imperium* へ従属する生に特化されつつ、後には、近代国家の名のもとにこの人間の生を無条件に死の脅威にさらす、剝き出しの生の圏域へ閉じ込めるような政治権力が創出された。フーコーによれば、現代においてはこの〈ビオス〉が問題なのであり、政治は生政治的なもの *biopolitique* にならざるをえない（cf. Foucault 1976〔1985〕: V）。

(8) たとえば、ブッシュ Jr. 政権における宗教性の問題については、二〇〇三年九月二五日に亡くなった故サイードの最晩年のエセー参照（Said 2003）。

(9) サイド・クトゥブ（一九〇六―一九六六年）は、一九六五年獄中の著作『里程標』によって国家転覆を煽動したとして再逮捕され翌年処刑されたが、西欧近代が彼にとって「鏡の中の敵」（cf. Euben 1999）となった要因にはその「欧米体験」がある。非西欧世界には、クトゥブのように「欧米体験」によって、その「反西欧」思想が近代と常に共犯関係を構築し再現するような形象は幾つも見出しうる。

(10) むろん、仏教やイスラームなどの脱構築も問われなければならないであろう。しかし、現在あるそれら「諸宗教」は、すでにその一部がこの〈宗教から離脱するための宗教〉によって解体再編されたカタチで存在している。したがって、その再構築とは〈宗教〉というアリーナをまずいかに脱け出せるのかということから始められなければならない。アラン・シュピオは、「宗教よりもむしろ信仰について語るということには、あらゆる国、あらゆる人々を、平等なものとして位置づけるという大きな利点がある」としている（シュピオ 2003 : 123）。

(11) 国家が神となりうる可能性について、ルジャンドルは「国家は来るべき世代の象徴的未来を司っているのだ」（Legendre 1999〔2003〕: 15〔20〕）という。神ではなく国家が「裁く権力」をもつ状況の下に生きる主体にとって、国家の存在は未来がどのようなものであるのかというイメージを制定する働きをしている。そして、国家は法のさまざまなカテゴリーを設定し解釈する権力をその系譜的核心において行使する。これはさらに考えていけば、人間が引き継いでいく世代の支えとなるもの、いわば人間が人間であることを保証する基盤を、国家が与えていることになる。

(12) 古代フリジアのゴルディアス王によって結ばれた結び目を解く者はアジアを支配するという予言がなされ、これをなしえた者はいなかったが、アレキサンダー大王は剣で両断するという方法でこの難問を解決した。

参考文献

相原一郎介 1938「訳語〝宗教〟の成立」『宗教学紀要五』所収

アガンベン、ジョルジョ〔2000〕(高桑和巳訳)『人権の彼方に——政治哲学ノート』以文社

アガンベン、ジョルジョ〔2003〕(高桑和巳訳)『ホモ・サケル——主権権力と剝き出しの生』以文社

Benveniste, Emile 1969〔1987〕*Le vocabulaire des institutions indo-européennes, 2. pouvoir, droit, religion,* Eds. de Minuit(前田耕作監修、蔵持不三也他訳『インド＝ヨーロッパ諸制度語彙集II 王権・法・宗教』言叢社)

Euben, Roxanne L. 1999 *Enemy in the Mirror : Islamic Fundamentalism and the Limits of Modern Rationalism*, Princeton University Press.

Foucault, Michel 1976〔1985〕*Histoire de la sexualité 1 La volonté de savoir*, Gallimard(渡辺守章訳『性の歴史I 知への意志』新潮社)

Gauchet, Marcel〔1999〕(tr. Oscar Burge) *The Disenchantment of the World : A Political History of Religion, 2nd print*, Princeton University Press.

ゴーシェ、マルセル〔2000〕（富永茂樹他訳）『代表制の政治哲学』みすず書房
林達夫 1973-③『林達夫著作集3』筑摩書房
Howard, Michael 2001 *The Invention of Peace : Reflection on War and International Order*, Profile Books
磯前順一 2003『近代日本の宗教言説とその系譜　宗教・国家・神道』岩波書店
カヴァフィス〔1988〕（中井久夫訳）『カヴァフィス全詩集』みすず書房
Legendre, Pierre 1999〔2003〕*Sur la question dogmatique en Occident*, Fayard（西谷修監訳『ドグマ人類学総説——西洋のドグマ的諸問題』平凡社）
Legendre, Pierre 2001 *De la Société comme Texte : Linéaments d'une anthropologie dogmatique*, Fayard.
丸山眞男・加藤周一 1998『翻訳と日本の近代』岩波新書
茂木敏夫 2001「中華帝国の「近代」的再編と日本」『岩波講座　近代日本と植民地1　植民地帝国日本』岩波書店
西谷修/ルジャンドル、ピエール 2000「ドグマ人類学から宗教を読む」『宗教への問い1　宗教の解体学』岩波書店所収
ナンシー、ジャン=リュック〔2000〕（西谷修訳）『侵入者』以文社
ナンシー、ジャン=リュック〔2001〕（大西雅一郎訳）『神的な様々な場』松籟社
パニッカル、K. M.〔2000〕（左久梓訳）『西洋の支配とアジア　1498-1945』藤原書店
Said, E. W., 2003 "Dreams and delusions", *Al-Ahram weekly*, 21-27 August, 2003, No. 652. http://weekly.ahram.org.eg/2003/652/op1.htm

坂本義和 1976『平和——その現実と認識』毎日新聞社
シュピオ、アラン〔2003〕（嘉戸一将訳）「人権——信（*credo*）か、人類共有の資源か?」思想九五一号所収
鈴木規夫 1988「〈オリエンタリズム〉の構造と権力——E. W. サイード『オリエンタリズム』の意義とその〈視覚認識〉問題における限界—」成蹊大学法学政治学研究第7号
鈴木規夫 1996「宗教的ナショナリズム論——世界政治の構造変動における宗教をめぐる諸問題」平和研究二〇号
鈴木規夫 1998『日本人にとってイスラームとは何か』筑摩書房
鈴木規夫 2001「現代イスラームにおける内戦」日本政治学会編『年報政治学 2000』岩波書店
ヴィリリオ、ポール〔1992〕（柏木治訳）「人口を減らす義務」今村仁司監修『世紀末の政治』リブロポート
吉野作造 1995『吉野作造選集9』岩波書店

第Ⅲ部

平和をつくる人々
——思想・運動・教育

グローバル時代の平和学
1
いま平和とは何か
平和学の理論と実践

第8章　平和主義とは何か

藤原　修

1　はじめに

「平和主義」という言葉は、戦後日本政治のキーワードであった。戦後半世紀以上経ってなお、自衛隊海外派遣、集団的自衛権、憲法改正など、平和をめぐる諸問題は大きな争点であり続けている。しかし注目すべきは、一貫して日本政治のキーワードであった「平和主義」という言葉は、実際の議論で使われる場合、ほとんど全くといってよいほど明確な定義を与えられてこなかったことである。この言葉は、多くの場合、あたかもその意味が自明であるかのように用いられてきている。

もしこの「平和主義」という言葉が、一般的に想定されている「戦争に反対すること」「戦争を否定する立場」という意味であるならば、確かに敢えて定義する必要はないかも知れない。しかし、単に「戦争に反対すること」というだけでは、実際上、ほとんど何も言わないに等しい。それは全ての戦争に反対することか、場合によっては戦争を肯定することもあるのか。後者であるならば、その基準は何か。それは、今直ちに、あらゆる戦争を否定するということか、それとも将来そのような状態を目ざすということか。その場合、「将来」というのは比較的近い未来か、それとも人類の心がすっかり変わるほどの気の遠くなるような先のことか。また、「平和主義」とは、日本の政治原則として言われていることか。即ち、日本の歴史的経験あるいは地政学的環境を前提にしたものか、それとも普遍的な原則として言われていることか。このように、いかなる意味での「戦争反対」であるのかを厳密に明らかにしない漠然とした「平和主義」では、論者同士がお互い何を共有し、何について対立しているのかを正確に知ることができない。これでは、生産的な議論につながらないであろう。

戦後日本における戦争・平和をめぐる議論は、憲法解釈を軸とする法律論が多くの部分を占めてきた。そのことは、近年では「神学的」とも揶揄され、不毛な議論に終始してきたとされる。しかし、戦後の平和論争が不毛であったとすれば、それは、法律解釈をめぐる議論が中心であったことそれ自体に由来するものではないと思われる。法律解釈があたかも主たる争点であるかのように見える、そうした論争の背後には、論争当事者それぞれの平和観・戦争観が大きく影響を及ぼしているはずである。平和憲法を根拠とする「平和主義」者が、憲法が改正されたとたん、その「平和主義」を放棄するであろうか。「平和主義」という言葉で、一体何を否定し、何を肯定するのか、その実質的な根拠は何かということが、法律論以前にそれぞれの論者の「平和主義」の実体を構成するはずである。戦後日本の平和論争が不毛であったとすれば、論争当事者双方に、この「平和主義」の中身が十分に明らかでないにもかかわらず、あたかもそれが自明であるかの如く議論が行われてきたことによるのではないか、というのが本章の問題意識である。

それぞれの「平和主義」の中身を正確に見極め、論争当事者が、何を共有し、何をめぐって対立しているのかを明らかにすることは、議論を整理し、論点を明確にすることを通じて、外交・安全保障をめぐる政治的意思決定を合理化することになろう。政治的意思決定とは、集団全体を究極的には強制力をもって拘束する決定である。一人ひとりの政治的選択は、単に自分に返ってくるだけでなく、多数の他者の運命をも拘束する。自他の主張する「平和主義」の中身が何であるのかを正確に認識することは、戦争と平和という重大な政治課題に関して、市民として責任ある選択を行うためにも必要なことである。本章は、このような目的を念頭に、「平和主義」という言葉は戦争と平和をめぐる選択としてどのような内容を持つのかということを、厳密に定義し明らかにしようとするものである。そしてこうした吟味は、単に意思決定の合理化だけでなく、今日の世界平和をめぐる基本的な問題状況の理解にも資するであろう。

2　平和主義と似て非なるもの――疑似平和主義

平和主義の類型・内容について述べる前に、平和主義とは似て非なるもの、即ち平和主義は何でないのかを明らかにしておこう。ある特定の戦争に反対することとは、必ずしも平和主義に立脚したものとは限らない。それどころか、全ての戦争に反対する、あるいは、あらゆる戦争への参加を拒否する、一見最も徹底した平和主義―絶対平和主義―と見えるものすら、平和主義の名に値しない場合があるのである。

まず最も分かりやすいのは、特定の戦争に対する反対は、必ずしも平和主義によるとは限らないことである。平和主義がその名に値するためには、「原則として（in principle）」戦争に反対するものでなければならない。この「原則として」というのは、後で詳しく触れるように、必ずしも「全ての」戦争に反対するということを意味するわけではない。しかし、おおよそ一般に戦争は望ましくなく、避けるべきものであり、大部分の戦争には反対するという「原則（principle）」を持ち、その帰結として、ある特定の戦争につき反対するというのでなければ平和主義とは言えない。このことを最も極端な形で示しているのが、第二次世界大戦における英国のファシスト団体である。彼らは、平和主義とはおおよそ正反対のイデオロギーを持ちつつ、政治的な親近性からナチス・ドイツとの戦争に反対した。

より誤解を招きやすいのは、あらゆる戦争に反対し、参戦を拒否する立場でも平和主義とは言えない場合があることである。古代ローマ帝国時代の原始キリスト教に関し、当時キリスト教徒は軍役を拒否したことから、彼らは絶対平和主義の立場を貫いていたということがしばしば指摘されてきた。しかし、このキリスト教徒たちの軍役拒否は、平和主義に基づいていたというよりも、異教徒たちとともに軍隊に編入されることへの反発、異教の支配する不正な政治社会に対する分離主義的な態度によるものであったとの指摘がある。また、当時は、キリスト教徒たちの間では、終末の到来ということが本気で信じられており、その日を待望しつつ、現世の苦難を耐え忍んでいたとされる。(1) この場合、戦争それ自体の原則的否定に立つ平和主義とは異質の、独特の宗教教義上の立場からする軍役拒否であり、これを平和主義と呼ぶのは不適当と言わねばならない。

この、原則的な戦争否定ではなく特別な宗教教義上の帰結としての戦争否定は、近現代におけるキリスト教セクトの兵役拒否などにおいても広く見られる。そしてこれはさらに、宗教的な場合だけでなくより一般的に、疑似平和主義として類型化することができる。[2] 即ち、特別な宗教教義に基づく戦争否定の場合、現世の一般社会に対する徹底した否定的評価から、「正しい」教義を信奉する者としてそのような不正な社会への関与を拒否する、いわばエリート的分離主義である。こうした態度は、「正しい」教義の信奉者として自己の倫理的完全性を守りつつ、社会的義務を一方的に免除するという、広い社会から見れば利己的な動機に基づく戦争拒否であり、普遍的な原則（つまり、自分もその他の人も平等に拘束する原理）としての平和主義とは根本的に異なる。こうした疑似平和主義の非宗教的形態としては、特別な才能、地位を持つ者が、その能力、地位ゆえに、軍役の免除を求めるような場合がある。宗教教義上の戦争拒否が、まだ彼らの教義の上では普遍主義的指向を持ち（つまり、全ての人が自分たちと同じ教義に改宗すれば、もはや社会的義務からの免除という特権を求めることはなくなろう）、また、通例、そうした社会的に特異な教義を信奉することに伴う厳しい迫害や不利益を甘受する用意があるのに対して、世俗的疑似平和主義の場合は、露骨に利己的であり、場合によっては、軍役につかない自己を守るため他の人は軍役につくべきであるという、平和主義とは正反対の特権的利己主義にまで行き着く。

ただしそうした特権的疑似平和主義の場合でも、その特権を社会が認めるべきなのは、その人物に社会的に有益な特別な才能や地位があるからであるという、ぎりぎりのところで「公益」性を基盤にしているが、[3]この疑似平和主義の立場をさらに極端にまで推し進めると、全くそうした公益性の主張を欠く、単なる利己心あるいは自己便宜に基づく軍役拒否になる。これは、他者を顧みず自分だけは生き延びようとするものである。平和主義は、しばしば、「自分たちさえ安全であればよい」という利己的立場（国民規模では「一国平和主義」）であると批判されることがあるが、そもそもそのような利己的立場は、平和主義とは呼び得ないものである。平和主義がその名に値する「主義」であるためには、普遍主義的、即ち、自己・自国だけでなく、広く社会・世界において実現されるべき思想態度として主張されなければならない。

平和主義の源泉（インスピレーション）として西洋のキリスト教のような有力な宗教的基盤を持たない日本の場合、平和運動において、しばしば、平和主義の根拠として個人の幸福が挙げられることがある。[4]しかし、素朴に個人の幸福を根拠とするだけでは、利己心との区別ができず、社会的な行動原則としての平和主義は成り立たない。平和主義が普遍的な行動原則としての意味を持つためには、自己の幸福の実現だけでなく同時に他者の幸福をも成り立たせるという原理を持たなければならない。逆に言えば、平和主義を主張する者は、これがもたらす幸福や便益だけでなく、それに伴うリスクや犠牲をも甘受しなければならない。したがって、さらに言えば、この思想が社会的に幅広い支持を得るためには、その選択に伴うリスクや犠牲が、平均的市民にとって特別な負担ないし非合理と感じられるものであってはならないということになる。この点は、絶対平和主義の節でも触れる。

3　総説──戦争と平和をめぐる思想・態度の基本類型

平和主義と似て非なるものと本来の平和主義とを区別した上で、平和主義の性格を浮き彫りにするために必要なことは、平和主義と対照される、平和主義以外の、戦争と平和に対するさまざまな主義・立場を明らかにすることである。平和主義と異なる思想立場を比較・検討することで、平和主義の特徴と意味内容がより明確に限定され浮き彫りにされるであろう。次に述べる戦争と平和をめぐる思想・態度の基本類型は、英国オックスフォード大学の政治学者マーチン・キーデル（Martin Ceadel）の類型論に依拠したものである(5)。

戦争に対する態度は、まず両極に、戦争それ自体を価値あるものと捉え、侵略戦争を含めて戦争を積極的に肯定する軍国主義と、あらゆる戦争を否定する絶対平和主義がある。現代においては、このように侵略戦争を原則として肯定する立場はまれであり、あたかも軍国主義的とも見える言動も、多くは戦争の肯定そのものではなく、厳格な規律、連帯意識、自己犠牲などの軍隊的倫理に対する積極的評価を主眼とする。また、次に述べる、軍国主義とは似て非なる「現実主義」を非難する言葉として使われたりする。

実際に厳格な意味でこの両極的立場をとる人は、非常に少ない。これに対して、戦争に対してより肯定的であるが軍国主義ではない立場＝「現実主義」と、戦争を一般的に否定するが絶対平和主義までは徹底しない平和主義（ここでは「相対平和主義」と呼ぶ）が、戦争と平和をめぐる論争においては二大類型となる。「現実主義」は、軍国主義とは異なり侵略戦争は否定するが防衛戦争の必要は認め、かつ強力な軍事的防衛態勢こそ、平和と安全の基本条件であると考える。「平和を欲するならば戦争に備えよ」との有名な格言は、まさにこの立場を表現したものである。この「現実主義」のキーコンセプトは「防衛」にあり、「現実主義」の言葉は実際上さまざまに広い意味で使われるので、ここではこの立場をキーデルにならって「防衛主義（defencism）」と呼ぶ[6]。相対平和主義の立場からは、こうした強力な防衛態勢へのこだわりは、逆に戦争を誘発し平和を脅かすものとなる。ただし、相対平和主義は、絶対平和主義のように直ちに戦争を廃絶できるとは考えず、国際協調、軍縮その他、戦争廃絶に向けたさまざまな改良的なステップを踏んでいく必要を強調する。

こうして、戦争をどの程度肯定するか、軍事力をどの程度認めるかにより、軍国主義―防衛主義―相対平和主義―絶対平和主義の四つの基本類型を設定することができる。しかし、歴史的に見てもう一つ重要な類型がある。それは、戦争の廃絶や平和への指向の点では相対平和主義と同一であるが、平和の実現のためには、防衛主義以上の軍事力行使をためらわず、侵略戦争すら肯定する立場である。あくまで平和を目的とし、その限りで例外的に戦争を認める点で軍国主義とは異なるが、防衛を踏み越えた侵略を平和の大義のために肯定する点で防衛主義とも異なり、その理想主義的指向からはむしろ相対平和主義と親近性を持つ立場である。この立場も、適切な用語が余り見あたらないのでさしあたりキーデルにならって「聖戦（crusading）」という言葉で表す。現代の「人道的介入」などはこの立場から正当化しうるであろう。

こうして、戦争と平和をめぐる思想・態度の基本類型として五類型が出そろうことになるが、いくつかの注釈が必要であろう。まず、この五類型はあくまでもいわゆる理念型であって、現実の議論や立場が全てこの類型のいずれかに当てはまるというものではない。混合型もありうる。しかし、この基本類型を基準にして、さまざまな論争を整理して理解することが容易となろう。第二に、より重要な問題として、この類型は、古典的な主権国家システムとしての近代国際関係における、クラウゼヴィッツ流の国家間戦争を念頭に置いてつくられており、グローバル化や国際統合と破綻国家の同時出現という現代的な国際環境のもとでは、こうした古典的な戦争・平和をめぐる態度の類型論によっては、現実世界の複雑なイデオロギー分布を明らかにすることは到底できないのではないかという批判があり得る。まさにその通りである。しかし、そうした現代国際関係の変容は、依然として現代の国際関係の骨格部分を形作っている古典的な主権国家システムの枠組みに立脚してはじめて、その特徴を浮き彫りにできるはずである。「新しい戦争」と呼ばれるさまざまな現代型の武力紛争も、この古典的枠組みを使ってその特徴を明らかにしつつ、理解を深めることができるだろう。しかし、なお、この類型論は、歴史における基本的な連続性に着目する保守的な歴史哲学を背景につくられていることは否定できない[7]。したがって、この類型それ自体には歴史的な変化の要素は組み込まれていない。そうした時代的変化をふまえた平和主義概念の検討は、後で「歴史的平和主義」として論じる。

4　相対平和主義・防衛主義・聖戦

戦争の歴史は、おそらく人類社会の歴史とともに古いといえるであろうが、しかし、原則的な戦争否定という平和主義の主張が社会的に有力な地歩を築くようになったのは、決して古いことではない。そもそも、上に挙げた戦争と平和をめぐる思想の基本類型そのものが、平和主義カテゴリーに限らず、近代以降に明確化したものである。軍国主義なり、防衛主義なり、程度の差はあれ戦争の必要を主張する立場は、そのライバルである戦争を否定する思想があってこそ存立しうるものである。つまり、肯定・否定という戦争をめぐる倫理的判断そのものの誕生が、平和主義なり防衛主義なりの基本類型を同時に成り立たしめることになる。それ以前においては、一般に戦争は望ましくあろうと嫌悪すべきものであろうと、人間の力ではどうにも左右することのできない現象ととらえられており、キーデルはこれを戦争をめぐる諦観主義（fatalism）と呼んでいる。諦観主義が支配的な時代においては、そもそも戦争は「在る」ものであり、「在るべき」か「無くすべきか」の議論は現実的な意味をほとんど持ち得ない。これに対し、一八世紀の終わりから一九世紀にかけての英国を中心とするヨーロッパおよび北米において、戦争は否定すべきものであり無くすことは可能であるという考えが次第に有力になっていった。これが、今日の平和主義の起源とされる[8]。

平和主義が政治的に意味のある主張となるためには、㈠国際関係が安定し戦争防止の考えが単なるユートピアンではなくなること、(二)戦争を不可避のものとして受容する(諦観主義)社会に対し異論を唱えることができる自由な政治的環境が存在することが条件となる。したがってヨーロッパにおける啓蒙主義時代から近代民主主義の発展期が、平和主義の登場の時代と重なることになる。ただし、戦争防止の見通しがきわめて有望で国際関係における楽観論が支配的になると、却って平和主義は注目されなくなる。平和主義は、楽観と悲観の適度なバランスの上に成り立つ思想であるといえよう[9]。

平和主義を標榜する者の大部分は、相対平和主義の立場にある。相対平和主義は、戦争廃絶を目ざすが、絶対平和主義のように、これを直ちに実現可能とは考えず、この目的のためには根本的な社会的改革が必要と考える。どのような改革を指向するかで、自由主義、急進主義(市民による政治監視・参加)、社会主義、エコロジー、フェミニズムなど、さまざまなイデオロギー的立場に分かれる。相対平和主義の特徴は、現実的な(つまり近い未来における)実現可能性の枠内での思考であり、平和主義であっても、軍備の必要や戦争の可能性を必ずしも否定しないことにある。そこで、いかなる場合に戦争を肯定するのかが問題となる。

防衛主義の場合、戦争肯定の条件ははっきりしている。即ち、国際関係の現状(status quo)の維持であり、その現状が正か不正かは問わない。これに対して、相対平和主義の場合は、戦争廃絶に向けた改革のイデオロギーを基盤とする。したがって、そのような改革を弾圧するような政府は守るに値しないというのがむしろ自然な結論となる。この意味では相対平和主義は、防衛主義よりも防衛が認められる対象が狭くなる。ところが、そのコインの反面として、相対平和主義のイデオロギーから見て嫌悪すべき邪悪な政府が打倒されることはむしろ望ましく、平和の脅威となる政府を除去しようとする聖戦（侵略）を容認することになってしまう。こうしたディレンマは、国際関係のみならず、国内政治社会においても広く見られる。正義の実現を強力に主張する立場は、いかに非暴力を標榜しても、その正義を実力で、あるいは違法行為をも辞さないで実現しようとする傾向（最も極端な場合、暴力革命）にしばしば直面することになる。平和主義が却って戦争につながるというのは、この意味でそれなりの根拠を持つ。これに対し、防衛主義は、重武装で戦争への備えを怠らない立場であるが、現状を維持するという意味での平和指向においては最も徹底した立場である。ただし、そうした現状維持指向は、現状に大きな不正を抱えている限り、逆に暴力的な反発を招くことにもなる。この点、改革指向の相対平和主義の方が、平和的変更の可能性を高める面もある。したがって「意図せざる」戦争や暴力とのつながりという面では、相対平和主義も防衛主義もそれぞれの仕方であまり変わらないとも言える。

いずれにせよ、戦争と平和に関する思想・態度の二大類型である防衛主義と相対平和主義からの「逸脱」として、しばしば論争的となるのは聖戦の立場である。イラク戦争に見られるように、国際の平和と安全や人道主義、民主主義のため、防衛の枠を超えて武力行使が認められるかは、今日の国際社会の大きな争点である。

聖戦が可能となるためには、次の三つの条件が充たされなければならない[10]。第一に、実行者の側に倫理的確信があることで、これは、国際法的には、国連安保理の決議など、国際社会の総意に基づくものとしての正統性があることが有力な条件となる。第二に、実行者は目的を達成するに十分な実力を備えていなければならない。これも、特定の国ではなく、国際社会が力を合わせて行動することが、その実行を容易にするであろう。第三に、聖戦はあくまで利他的でなければならない。アメリカのイラク攻撃が常に石油目的との批判を浴びるのは、聖戦としての正統性を傷つけることになる。実行者が「ケーキを切って自分で食べてしまう」ようなことは避けなければならない。そのためにも、国連などの中立性の枠をかぶせることが意味を持つ。

実行者の側における以上の三条件に加えて、聖戦が実効性を持つためには、介入される側において、自立的かつ実効的な政治秩序を樹立できる見通しが確立されていなければならない。聖戦としてのイラク戦争の問題は、上記の三条件の充足が不十分であることに加え、この介入される側の準備の欠落があり、そのことが「戦後」の再建に大きな影を落としている。しかし、仮にこうした条件が充足されたとしても、戦争によって理想を実現することには、平和主義の側からは強い抵抗がある。その戦争否定が最も徹底している立場が絶対平和主義である。

5 絶対平和主義

絶対平和主義は、この言葉それ自体を含め、いろんな意味で誤解・曲解されやすい概念である。まず、「平和主義」という言葉は「絶対平和主義」と同じとされることが多い。しかし、現実には、「平和主義」を標榜する人で真の意味の絶対平和主義を信奉する人は非常に少ないはずである。真の絶対平和主義とは、文字通りあらゆる戦争を否定する立場であり、例えばヒトラーの軍隊やかつての日本軍国主義の侵略行為に対してすらも軍事力による防衛を認めない立場である。「絶対的に」侵略を否定するのは、絶対平和主義ではなく防衛主義か相対平和主義である。絶対平和主義とは、明白な侵略に対する防衛戦争すら否定するという、通常の政治的倫理・合理性には反するような立場を意味する。そしてそのようなものとして、絶対平和主義を信奉してきた人たちは古来歴史的に存在する。[11] しかし、当然の事ながらそれはきわめて少数である。

絶対平和主義が抱えるこの非常識的ともいえる性格は次のように説明できる。通常、平和主義を標榜する人もその他防衛主義の立場の人も、平和ないし安全という目標に向けてどのような立場が最も合理的か、という観点から自己の立場を正当化する。おおよそ政治的選択というのは、そうした結果に対する合理性という基準によって説明されるものであり、相対的な性格を持つものである。ところが、絶対平和主義は、こうした通常の政治的判断とは異なる原理に立脚している。絶対平和主義は、結果がどうあろうと常に戦争否定の立場をとる。そうでなければ「絶対的」ではない。哲学の用語で言えば、相対平和主義など通常の政治的選択は、結果主義（consequentialist）であり、絶対平和主義の場合は、義務論（deontological）である。[12] 絶対平和主義のこうした本質を端的に表現しているのが、第二次世界大戦時における米国フレンズ平和委員会の次の言葉である。「平和主義は義務であって約束ではない。それは安全を保証しない。しかし私たちは、それが正しいことを確信している」[13]。絶対平和主義とは、言葉の通常の意味における政策（policy）ではなく信条（faith）である。

しかし、混乱が生じやすいのは、こうした意味での絶対平和主義が、現代においてはしばしば

「功利主義的」ないし「客観的」な根拠をもって正当化されることである。現実の結果の如何を無視するような態度は、絶対平和主義を広く社会に受け入れてもらうには不都合である。そこで絶対平和主義を「功利主義的」ないし「客観的」に説明することが行われる。一般に広く行われている、戦争それ自体の悲惨さ、非合理性を強調しつつ、絶対平和主義は客観的に合理的な選択であると主張することがそれに当たる。しかし、結果の計算に基づいて戦争の是非を判断するということは、その計算の如何によっては戦争を合理的なものと認めるという前提がなければならない。即ち、「功利主義的」「客観的」な立場とは、定義上、相対的な立場であり絶対平和主義ではありえないのである。絶対平和主義の場合は、計算結果の如何にかかわらず常に結論は戦争否定であり、計算をしないことに等しいからである。[14] しかし、現代では、この「功利主義的」な絶対平和主義は本質的に形容矛盾であるとしても、なお有力であるように見える。それは、二〇世紀における戦争を取り巻く環境の変化による。この点は次節で説明する。

このように戦争否定において最も徹底している絶対平和主義は、容認されるべき戦争の範囲につき議論の余地を残す相対平和主義や防衛主義に比べ、単純明快のように見える。しかし、現実の行動様式において絶対平和主義は、実は、最も複雑な性格を持つことになるのである。絶対平和主義者の場合、戦争を容認する国家・社会と、戦争との関わりを徹底して拒否しようとする自己の信条との間に根本的な矛盾を抱え込む。戦争との関わりを避けようとすると、社会から孤立してしまい、戦争否定の主張を人々に広めていく機会を失うことになる。[15] こうしたディレンマの中で、絶対平和主義は次の三つの対応に分かれる。

第一は、楽観的絶対平和主義であり、これは、戦争の廃絶は今直ちに可能であり、絶対平和主義は現実的政策として採用しうると考える。この立場は、主にガンジーやマーチン・ルーサー・キング・ジュニアの非暴力抵抗の運動にインスピレーションを得ており、軍事力に依存しない非暴力防衛や紛争解決のための非暴力介入を主張する。しかし、多くの場合、すぐに現実の壁に突き当たることになる。(16)

第二の対応として、協力的絶対平和主義がある。これは、絶対平和主義が直ちに実現可能とは考えられないことから、さしあたり、実現可能性のある相対平和主義の政策に協力するというもので、絶対平和主義の主流である。平時においては絶対平和主義と相対平和主義との協力関係は特に問題はないが、相対平和主義の立場から容認されるような戦争、特にその正当性が明白なファシズムや軍国主義に対する戦争、あるいは国連などの国際機構の容認する戦争の場合、困難に直面する。通例、この立場の絶対平和主義者は、自らは戦争には参加しないが、軍役に代わる代替役務などを引き受け、社会とのつながりを保ち、市民としての義務を果たそうとする。

しかし、そうした代替役務を引き受けることは、結局戦争を支持することにつながり、なぜひとり軍役を免れようとするのかという倫理的ディレンマに陥る。第一次世界大戦時には、英国の良心的兵役拒否者は、投獄など厳しい処遇を余儀なくされ、そのことが却って彼らの士気を高め、また世論の支持を得ることにつながった。第二次世界大戦時には、英国政府は兵役拒否者に寛大な政策をとり、彼らは比較的自由にその信条を貫き得た。しかし、彼らの安全な生活のために身の危険を冒している人たちに逆に負い目を感じることになり、倫理的には却って苦しい立場に追い込まれたのである。[17]

こうして楽観的絶対平和主義は平時から、また協力的絶対平和主義は戦時において、その主張を貫くのが困難になるが、そうした現実社会との葛藤を最終的に避けることができるのが、第三の悲観的絶対平和主義である。この立場は、絶対平和主義は、現実政治に適用可能なものではなく、遠い将来人類が回心した段階で始めて広く適用可能となるものであると考え、それまでは政治社会との関わりを断念して自己の信条をひとり守り続ける。この立場は、政治的なアピールはほとんどないが、政治的な幻滅には免疫を持つ。第二次世界大戦時の英国では、政治社会と積極的に関わりを持とうとする楽観的絶対平和主義と協力的絶対平和主義は大きな打撃を受けた。戦時下に最後まで残ったのは、絶対平和主義は実際的な政策ではなく信条であると結論づけた悲観的絶対平和主義者たちであった。[18]

以上の絶対平和主義者の一般社会との関わりにおける三類型の歴史的展開が示しているのは、絶対平和主義者は、自己にとり都合の良い寛容で自由な社会において、却ってその主張を貫くことが困難になるという逆説である。自由な社会であればあるほど、絶対平和主義者にとり自己の主張を社会にアピールする機会は増え、社会的な関与は深まる。しかしそのように社会に統合されその便益を受けることで、彼らは、依然として戦争を容認する社会において軍事に関する市民的義務のみを絶対的に拒否することの倫理的矛盾を深めてしまうのである。[19]

こうした矛盾を抱えつつ、絶対平和主義がなお徹底した戦争否定を主張する実質的な根拠は何であろうか。平和主義からする反戦の根拠にはさまざまなものがあるが、概ね次の二つに整理できる。一つは、戦争における武力行使をめぐる正統性（legitimacy）の問題であり、もう一つは、戦争における強制力の質（quality）の問題である。[20]

武力行使の正統性の問題は、警察活動との対比が分かりやすい。絶対平和主義を標榜する者でも、軍事行動と区別される国内治安の維持のための警察活動を否定する者はあまりいない。[21]では、なぜ戦争は否定され警察活動は容認されるのか。警察活動においても拳銃などの武器が使用され、場合によっては人の殺傷を伴うことがある。しかし警察活動の場合、原則として全て厳格な法的統制のもとにあり、実力の行使は必要最小限にとどめられ（比例性）、殺傷はやむを得ない例外的場合、それも命令に抵抗する犯罪実行者・被疑者に対してのみ認められ（個別性）、かつ犯罪被疑者は適正な手続きでその罪責の有無や量刑が定められなければならない。即ち、警察活動は、一般に司法的な正統性を有する。これに対し、戦争行為は、相手国側国民が集団的無差別に攻撃の対象となる。個々の人がその罪責に応じて強制力行使の対象となるのではない。また、戦争における非戦闘員の殺傷は一般に禁じられているが、作戦遂行上の必要がある場合は、民間人の殺傷もやむを得ないものとされる。したがって、全体として戦争行為には、国内社会に見られるような司法的正統性が欠けている。[22]しかし、経済制裁など非軍事的な制裁は、戦争を避けつつ国際的な正義を実現する手段として、絶対平和主義の側からも支持されることがある。非軍事的制裁もまた、相手国民一般に無差別に適用されることになるゆえに司法的正統性を欠く。したがって、絶対平和主義における反戦の根拠は、司法的正統性の欠如だけではなく、殺傷行為としての戦争という営みに対する批判を含んでいる。換言すれば、相手国民に殺傷という深刻な身体的被害をもたらす行為が司法的正統性を欠いている点において、戦争は不当なものであるということになろう[23]。

この司法的正統性を欠く殺傷行為を根拠にした戦争否定が、絶対平和主義者のみならず平和主義者一般を含めて最も幅広いアピールを持つのは、戦争における、子どもなど全く罪のない弱い立場にある者の無差別な殺傷に関してである。湾岸戦争や、コソボ空爆、アフガン戦争、イラク戦争など、近年の戦争をめぐる反戦・平和運動において最も広く主張されている反戦の根拠は、戦争では罪のない者たちがたくさん殺されるというものである。

絶対平和主義は、以上見てきたとおり、通常の政治選択の概念の枠外に存在するものであり、特に自由な政治体制が一般化する世界においては、維持していくことが却って困難になるという性格を持つ。しかし、仮に厳密な意味では誤解に基づくものであるにしても、ナチズムや日本軍国主義が打倒され、自由民主主義体制が共産主義体制との冷戦に勝利した後も、絶対平和主義的なアピールは世界において依然有力な支持を得ているように見える。このことを理解するには、これまで述べてきた類型論に加えて、歴史的な観点からの平和主義の検討が必要となろう。

6　正戦の復権と歴史的平和主義

二〇世紀は二つの世界大戦をはじめ多くの戦争によって大量の人命が損なわれた時代であった。同時にこの世紀の戦争の際立った特徴として、軍人に劣らずむしろ民間人が多数犠牲になる傾向が挙げられる。英国の社会学者マーチン・ショー（Martin Shaw）は、これを「堕落した戦争（degenerate war）」と呼び、こうした戦争の堕落傾向が、二〇世紀を通して、特に第二次世界大戦後において反戦平和思想の世界的な浸透をもたらし、戦争それ自体の非正統化が進行したとする。[24] ところが近年、特に湾岸戦争以来、戦争の復権とも言うべき現象が顕著となっている。即ち、米国を中心とする西側諸国の近年の戦争では、大量の民間人の殺傷という二〇世紀の戦争の堕落傾向を逆転させ、攻撃対象はあくまで戦闘要員、軍事施設に限定し、民間人の犠牲を極力避ける戦争方式がとられるようになっている。これは、二〇世紀に特徴的な戦争の堕落現象を食い止め、「兵以外は殺してはならない」とする正戦（just war）の伝統への回帰とも見える現象である。西洋世界における伝統としての正戦は、二〇世紀初め以来の兵器の破壊力の飛躍的増大と総力戦態勢の中で堕落した戦争に取って代わられたが、今度は逆に、ハイテクを駆使した精密誘導兵器によって二〇世紀末に復活したかのように見える。

しかし、ショーは、湾岸戦争からアフガン戦争に至る近年の西側諸国の戦争を「危険移転型（risk-transfer）ミリタリズム」と規定し、正戦の復権は実は見せかけに過ぎないことを指摘している。[25] 即ち、確かに、湾岸戦争以降の米国を中心とする西側諸国の戦争では、主に軍隊・軍事施設が標的となっており、軍人に比べ民間人の犠牲は少なく、この比率だけを見れば正戦の復活とも見える。ところがもう一つ注目すべき数字は、これらの戦争では米軍人など西側兵士の犠牲が圧倒的に少ないことである。[26] 即ち、戦争に伴う危険が専ら敵国側の戦闘員および民間人に移転されており、西側諸国側はほとんど犠牲を負わないという極端なまでの不均衡がある。これは、西側兵士の安全と引き換えに敵側民間人に犠牲を強いていることになり、戦争の堕落傾向を新たな形で引き継いでいると言える。

さらに注目すべきは、なぜこのように西側諸国はその兵士に絶対的ともいえる安全を確保しようとするのかと言えば、兵士の命を損なうことに対する政治的な敏感性が高まっているからである。兵士であれば、あるいは戦争であれば当然のごとく大量の犠牲が生じるとの考えは、もはや政治的に通用しなくなっている。これは、二つの世界大戦からベトナム戦争の頃までに見られた、戦争＝大量の人命の損耗は当然とする伝統的な戦争観の大きな変化を意味している。さらに冷戦後の戦争は、人道や人権の擁護を目的とするようになっており、自ずと戦争行為それ自体がそうした配慮を要求されることになる。またグローバルメディアの発達は、特に民間人犠牲の政治的敏感性を高め、いったん敵側国民に移転された戦争の危険が、西側諸国側に政治的リスクとしてリバウンドすることもある。

こうして一見正戦の復権とも見える現象は、実は、二〇世紀以来の戦争の非正統化の文脈においてこそよく理解できるものである。ショーは戦争のこの歴史的な非正統化傾向を「歴史的平和主義（historical pacifism）」と呼ぶ。これは、キーデルの類型論で言えば相対平和主義に当たり、戦争を今直ちに全て否定するというわけではないが、原則として戦争は望ましくない政策手段であり、その認められる場合を厳しく限定するというものである。同時に、この概念に関して重要な点は、歴史的な傾向として、例外として戦争が認められる条件が次第に厳しくなってきているということである。戦争はますます、一般の市民社会の価値観やルールによって律せられるようになってきており、民間人のみならず兵士も含めて、人命の損耗を当然視する伝統的な戦争観は通用しなくなってきている。新しい正戦としての「危険移転型ミリタリズム」の抱える矛盾は、まさにそうした歴史的平和主義によって戦争の遂行が困難になってきている状況を反映したものと言えよう。

歴史的平和主義は、二〇世紀の世界史的傾向の中で、相対平和主義から絶対平和主義への移行を巧みにとらえた概念といえよう。絶対平和主義が、概念の厳密な理解によれば非現実的な見果てぬ夢という性格を持ちつつ、しかし、新しい戦争の時代の到来とも見える近年の状況において、これに近い言説が強いアピールを持ち続けている現象は、この歴史的平和主義によってよく説明され得るであろう(27)。

7　むすびにかえて——戦後日本の平和主義

戦後日本の平和主義は、戦争を放棄し軍隊や交戦権を否定する平和憲法の存在からも、絶対平和主義的言説を基調としてきた。そこからおよそ戦争ないし軍隊を認めるかどうかという形での論争が長く続いてきた。しかし、上に見てきたように、厳密な意味の絶対平和主義は通常の政治的選択の原理とは異なる性格を持っており、平和主義を主張する者の大部分は、どのような政策が日本にとり合理的かという相対平和主義の観点に立っているはずである。そして、「戦争の放棄」や「非武装」といっても、警察や海上保安活動を否定するのではないはずである。したがって、議論の焦点は、およそ武力を持つか否かではなく、日本の平和と安全の確保に当たってどのような実力装置を持ち、これをどのように運用することが望ましいかということになる。その際に、上述の絶対平和主義の反戦の根拠は参考になるであろう。このように問題を立てるとき、平和主義者と現実主義者の溝は原理的に架橋しがたいものではないはずである。

他方、日本の平和主義は、そのインスピレーションを広島・長崎の原爆被災をはじめとする戦争体験から得てきた。平和主義は、平和憲法そのものも直接には戦争の産物である。しかし、上述の「歴史的平和主義」が示すように、平和憲法に盛られた絶対平和主義的な指向は、単なる過去の遺物ではなく、二〇世紀から二一世紀にかけての世界史的傾向とみなし得るものである。平和主義が幅広い社会的支持を得るためには、どの限度でどのような強制力をその名の下に認めるかの検討が不可欠である。しかし、それは素朴に「現実化」することではない。戦争の非正統化という歴史的な傾向に即した、国際社会の平和と安全の確保の仕方とは具体的に何であるのかということが、平和主義を主張する者もこれを批判する者にも等しく課せられた現代世界におけるチャレンジである。[28]

しかし、日本の平和・安全保障政策に関し、最後にどうしても見落とすことができないのは、第二節で触れた、平和主義のみならずあらゆる政治的主張の前提である、便益と負担いずれも国民各層が平等・公平に分かち合わなければならないという条件を欠いていることである。即ち、日本の安全保障政策の柱となっている日米安保体制を支える米軍基地の大部分が沖縄に集中しており、この状態は、沖縄の日本復帰後三〇年以上経っても是正される見通しが全く立っていない。[29]

重大な犠牲を伴いやすい平和・安全保障政策こそ、そうした公平性は厳しく問われなければならない。正確な自己認識や世界情勢の的確な理解があったとしても、沖縄に「ただ乗り」する無責任な状態が変わらない限り、日本の平和・安全保障政策の合理化は到底実現し得ないであろう。

注

(1) Johnson, James Turner, *The Quest for Peace : Three Moral Traditions in Western Cultural History*, Princeton University Press, 1987, pp. 12-17 ; Ceadel, Martin, *Pacifism in Britain 1914-1945 : The Defining of a Faith*, Oxford University Press, 1980, p. 20.

(2) 疑似平和主義については、Ceadel, *Pacifism in Britain 1914-1945*, pp. 9-10.

(3) したがって、王族など、その特権的地位が公的に承認されている場合は、自らは決して戦争の危険を冒さないが、他の人の危険においてその安全を守ってもらうという、特権的疑似平和主義が公認されることになる。

(4) 鶴見俊輔は、「戦争反対の根拠を、自分が殺されたくないということに求める方がよい。理論は、戦争反対の姿勢を長期間にわたって支えるものではない。それは自分の生活の中に根を持っていないからだ」と述べている。(朝日新聞二〇〇三年三月二四日夕刊、文化欄)。しかし、逆に、「自分の生活の中に根を持つ」反戦は、同じく生活の中に根を持つ対外的な脅威感が高まる場合など、「戦争反対の姿勢を長期間にわたって支えるものではない」とも言える。なお、鶴見自身の平和主義の根拠は、暴力それ自体に対する嫌悪とその社会的病理への危惧に基づいているようであり、単なる利己心による反戦ではない。鶴見俊輔座談『戦争とは何だろうか』（晶文社、一九九六年）三三〜三五頁。

（5） Ceadel, Martin, *Thinking about Peace and War*, Oxford University Press, 1987. 本書は、戦争と平和とめぐる思想・態度の類型論として、高度に洗練された内容を持つ基本的な参考書である。

（6） *Ibid*., pp. 15-16, 72-74.

（7） *Ibid*., p. 7.

（8） Ceadel, Martin, *The Origins of War Prevention : The British Peace Movement and International Relations, 1730-1854*, Oxford University Press, 1996, pp. 4-15 ; Ceadel, *Semi-Detached Idealists : The British Peace Movement and International Relations, 1854-1945*, Oxford University Press, 2000, pp. 12-32.

（9） Ceadel, *Thinking about Peace and War*, pp. 102-103.

（10） *Ibid*., p. 44, 58.

（11） 絶対平和主義の歴史については、次に掲げるピーター・ブロックの一連の著作が最も基本的な参考書である。Brock, Peter, *Pacifism in Europe to 1914*, Princeton University Press, 1972 ; *Pacifism in the United States : from the Colonial Era to the First World War*, Princeton University Press, 1968 ; *Twentieth-Century's Pacifism*, New York : Van Nostrand Reinhold Company, 1970.

（12） Ceadel, *Pacifism in Britain 1914-1945*, pp. 4-5, 13.

（13） Ceadel, *Thinking about Peace and War*, p. 146.

（14） Ceadel, *Pacifism in Britain 1914-1945*, pp. 13-14.

(15) *Ibid.*, pp. 15-17.

(16) このことは、非暴力防衛の研究や非暴力介入の実践が無意味であることを意味しない。こうした研究や実践は、現実世界における軍事力に依存しない防衛や紛争解決の方法の検討や実現に貢献するであろう。しかし、そうした貢献の多くは、一般に相対平和主義の補完として意味を持ち、一切の強制的方法の代替としてではないであろう。

(17) Ceadel, *Pacifism in Britain 1914-1945*, pp. 300-311. この歴史的事実は、現代日本の愛国心や国旗・国歌をめぐる問題を考える上で示唆的である。個人の良心を尊重し、国旗・国歌や愛国心を強制しないような国家は、そうした政治倫理的問題に敏感な人々にとり、かけがえのないものとなるはずである。国家が国旗や国歌を学校などの儀式の場で強制するのではなく、「ご自由にしていいですよ」と言うとき、そうした自由を尊重する国家に敬意を払う機会を持たない人々は、おそらく却って倫理的に困惑することになろう。

(18) Ceadel, *Thinking about Peace and War*, pp. 154-165.

(19) Ceadel, *Pacifism in Britain 1914-1945*, p. 16.

(20) *Ibid.*, pp. 11-12.

(21) 警察活動をも含めおおよそ強制力、国家権力を否定する立場はアナーキズムとなる。平和主義者の大部分はアナーキストではないが、絶対平和主義の場合、戦争に関しては国家の権威を完全に否定する。したがって、選択的アナーキズムと言うことはできる。*Ibid.*, p. 16.

(22) なお、相対平和主義の場合、戦争が認められる重要な条件として、国連などの国際社会を代表する機関による承認が挙げられる。この場合の戦争は、個別国家の判断に基づく武力行使ではなく国際社会の総意を代弁する機関の承認に基づくものとして、正統性が付与されることになる。しかし、この場合も依然として、国連軍によるものにせよ、特定国家に対する無差別的軍事行動としての実体には変わりなく、絶対平和主義の立場からは、司法的正統性を満たすものではないとして否定されることになる。Ibid., p. 12.

(23) ただし、近年では、例えば湾岸戦争後のイラクなど、経済制裁が対象国の最も弱い層（子ども、女性、病人ら）に致命的な打撃を与え、戦争による直接的被害と同様の身体的被害をもたらすことが指摘されている。したがって、このような性格を持つ経済制裁は、絶対平和主義の立場からは、戦争と同様否定されることになろう。

(24) Shaw, Martin, *War and Genocide : Organized Killing in Modern Society*, Cambridge, Polity, 2003, pp. 3-5, 23-26.

(25) 危険移転型ミリタリズムは、マーチン・ショー・前掲書（注24）二三八〜二四〇頁、にその概要が説明されているが、Shaw, Martin, "Risk-Transfer Militarism, Small Massacres and the Historic Legitimacy of War," *International Relations*, Vol. 16 (3), London, SAGE publications, 2002, pp. 343-359, に、より詳しい説明がある。

(26) ショーは、前掲論文（注25）（三四七頁の表および三五八頁、注九）において、湾岸戦争（一九九一年）、コソボ空爆（一九九九年）、アフガン戦争（二〇〇二年三月初め現在）における米国その他西側諸国の軍関係戦闘死者数、相手側軍関係死者数（推計値）、西側の攻撃による民間人死者数（推計値）につき、それぞれ、二五〇（人、以下同じ）―二〇〇〇〇―三二〇〇、〇―一〇〇〇―五〇〇、一〇―数千・数万？―一〇〇〇から一三〇〇、という統計を挙げている。

なお、イラク戦争については、米英軍死者数は二〇〇三年七月二八日までで一七八人（米一六四人、英一四人）。イラク軍側戦死者は、英ブラッドフォード大・ポール・ロジャーズ教授の推計で少なく見積もって約一万人（朝日新聞二〇〇三年八月二日）。民間の死者数は「イラク・ボディー・カウント」調べで二〇〇三年六月一一日現在、五五三一人から七二〇三人（朝日新聞二〇〇三年六月一一日夕刊）。イラク駐留米軍の死者は二〇〇四年一月一七日で前年三月二〇日のイラク戦争開始以来、計五〇〇人となり、二〇〇三年五月一日の戦闘終結宣言以降では計三六二人にのぼった（共同通信社『KYODO NEWS イラク特集』二〇〇四年一月一七日付記事（http://news.kyodo.co.jp/kyodonews/2004/iraq4/）。このように、イラク戦争でも「危険移転型ミリタリズム」のパターンが見られるが、「戦後」において米側に徐々に危険がリバウンドしていることが、米国内でのブッシュ政権への不満を高めている。

(27) 「危険移転型ミリタリズム」の詳細な検討については、藤原修「戦争論の現在——マーチン・ショー著『戦争とジェノサイド』を中心に」現代法学（東京経済大学現代法学会誌）六号（二〇〇四年）四五～五〇頁、参照。

(28) こうした課題に正面から取り組んでいる近年の優れた研究として、Kaldor, Mary, *New and Old Wars : Organized Violence in a Global Era*, Polity Press, 1999（邦訳：メアリー・カルドー（山本武彦・渡辺正樹訳）『新戦争論——グローバル時代の組織的暴力』（岩波書店、二〇〇三年））, esp. pp. 122–131 ; *Global Civil Society : An Answer to War*, Polity Press, 2003, esp. pp. 132–141.

(29) 沖縄基地問題については、FUJIWARA, Osamu, "OKINAWA : A Struggle for Peace and Autonomy 1995-1998," *Peace Studies Newsletter*, No. 18 (June 1999), pp. 1-8, および藤原修「沖縄米軍基地問題の政治

過程（1）」現代法学（東京経済大学現代法学会誌）創刊号（二〇〇〇年）七五～一四一頁、参照。

第9章　プルトニウム問題と科学者平和運動

鈴木達治郎

1　科学者と平和——深い関係と認識ギャップ

戦争と科学の歴史

科学者は社会の発展・平和に貢献すべく研究を行う。もし、科学が平和目的にではなく、戦争・軍事目的で開発され利用されたとしても、それは「科学者の責任ではない」という考え方が科学者では一般的である。

しかし、歴史を紐解けば明らかなように、戦争と科学は実に密接な関係を有史以来続けてきているのである。E・ヴォルクマン『戦争の科学』[1]は、紀元前から二一世紀にいたるまでの、戦争と科学の関係を詳細に調べた著書として注目に値する。その豊富な史実の中からあげられている例としては、レオナルド・ダ・ビンチ、ガリレオ・ガリレイといった著名な科学者が、生活苦を理由に軍事研究に多大な貢献をしたことが注目される。

二〇世紀になれば、マンハッタン計画による核兵器の開発を代表として、スーパーコンピューター、宇宙用ロケット、ミサイル防衛、そして革新軍事技術にいたるまで、科学と戦争の相互関係は非常に深いことがわかる。以上の歴史的事実を踏まえ、ヴォルクマンは、「人類の進歩を支えたのは主に科学といってよいが、科学の発展に拍車をかけたのが戦争だった」と、結論を導いている。そして、科学が誕生し進歩していった大きな要因は、「強力な武器への渇望だった」という。

優れた武器の開発には優れた科学力が必要とされる。その理由として、物理学者ファインマンは「科学は『機能する』からだ」と簡潔に説明する。戦争に従事する兵士たちでは思いつかない、何らかの解決策を提供したのは科学者であったことを、科学者自らがまず認識する必要がある。

科学・技術者の社会的責任の増加：三人の核科学者の行動

このように、有史以来、科学者・技術者は、時には自らの意思で、時には自らの意思とは関係なく、戦争と関わってきているのである。その関係がもっとも劇的に、かつ衝撃的に顕示されたのが、二〇世紀に登場した核問題であろう。核兵器開発に関わった科学者の責任について考える上で、ここでは、三人の科学者について、述べてみたい。

最初の一人は、ジェームズ・フランク博士（米国）である。一九四五年、人類史上初の核爆発となった米国ニューメキシコ州アラモゴードにおけるトリニティ核実験の後、科学者はその恐るべき脅威の大きさに愕然とする。しかも、戦争は最終局面を迎えつつあり、もともと恐れられていたドイツではなく、日本に対して原爆の使用が検討されていた時期であった。原爆投下の国際社会への深刻な影響を憂慮した科学者たちが、「政治的・社会的諸問題に関する委員会」を結成。同年六月一一日に「核管理の困難性とその日本への投下反対」を訴えた報告書をまとめた。この報告書の委員長を務めたのがノーベル物理学者であるジェームズ・フランク博士であり、この報告書は彼の名前をとって「フランク報告」と呼ばれている。その内容は、世界を破壊しかねない兵器を開発してしまった科学者たちが、その社会的・政治的意味について、真摯にかつ冷静にまとめたものとして、広く知られている。また、その内容も、原爆投下後の冷戦拡大、核拡散の危険性、国際核管理体制など、その先見性に驚かされるばかりである。(2) 残念ながら、フランク委員会の提言は聞き入れられることはなく、広島・長崎に原爆は投下され、その後はその予言どおり、核軍備競争が米ソ間で始まったのである。

しかし、このフランク報告の精神は、その後米国の核不拡散政策の基本精神としてよみがえった。「原子力利用が多少の犠牲を被ろうとも、核拡散防止のためには核物質・技術の管理を優先すべきだ。」という米国核不拡散政策の基本原則は、ここにそのルーツを見ることができるのである。しかも、そのルーツは、国際政治学者や政治家ではなく、核エネルギーの威力を熟知している科学者によって打ち立てられたことにも注目すべきである。

二人目の科学者は、ジョセフ・ロートブラット博士（英国）である。終戦直後、高まる冷戦構造の中で、一九五四年米国はついに水爆実験に成功する。その驚異的な破壊力に、再び科学者の中から、今後の開発に向けての疑問が呈されることになる。一九五五年七月、哲学者バートランド・ラッセルが科学者アインシュタインと連名で、核兵器と紛争の廃絶を訴える宣言を発表した。

これが、有名な「ラッセル・アインシュタイン宣言」である。この宣言に署名し、二〇〇三年現在存命している唯一の科学者がロートブラット博士である。ロートブラット博士はポーランドに生まれ、ナチス・ドイツから逃れるべくして、米国に亡命したが、最愛の家族とは生き別れとなってしまった。その後、ロス・アラモス国立研究所でマンハッタン計画に参画したが、原爆の脅威を知った後、原爆開発を辞し、英国リバプール大学にわたり、その後英国に永住することになった。そして、このラッセル・アインシュタイン宣言に参加したのであった。

ラッセル・アインシュタイン宣言で、もっとも引用される次の部分は、国益や信条を超えたものであり、一人の人間として、人類の一員として訴えた強いメッセージなのである。

『…私たちが今、この機会に発言しているのは、あれこれの国民や大陸や信条の一員としてではなく、その存在が疑問視されている人類、人という種の一員としてである…』[3]

『…私たちは人類として人類に訴える——あなた方の人間性を心にとどめ、そして他のすべてを忘れよ（Remember your humanity, and forget the rest）』[4]

この宣言がきっかけとなり、一九五七年七月、カナダのパグウォッシュ村において、世界の科学者たちが集まって、科学と国際問題に関する会議（Conferences on Science and World Affairs）を開催した。これが、いわゆるパグウォッシュ会議の発足となったのである。核軍縮と紛争の根絶にその一生をささげてきたロートブラット博士の情熱、その努力と成果に対し、一九九五年同博士はパグウォッシュ会議とともに個人でノーベル平和賞を受賞したのである。

三人目の科学者はモルデチャイ・バヌヌ博士（イスラエル）である。バヌヌ博士は、イスラエルの核科学者で、一九七六年から八六年までディモナ核施設で原子力研究に従事していた。しかし、一九八六年、バヌヌ博士はその施設が秘密裏に核兵器の開発に取り組んでいることを発見し、英国ロンドン・サンデータイムズ紙に内部告発を行ったのである。写真を含む数々の証拠とともに提出された書類を見ると、既に二〇〇発近い核弾頭が開発されていることが判明したのであった。しかし、この内部告発はその後バヌヌ博士の人生を悲劇に陥れる。一九八六年九月三〇日、バヌヌ博士はローマに向かう途中、イスラエル秘密警察に捕らえられ、その後イスラエルにて「国家機密漏洩」の罪に問われ、裁判の結果、懲役一八年の刑が確定したのである。その結果二〇〇三年現在も服役中であるが、二〇〇四年に刑役を終えて自由の身となった。[5] バヌヌ博士は、自分のとった行動について、自ら次のように語っている。

「…私は、この地域全体に脅威を与える核兵器の危険性を明らかにするため、自らの自由を犠牲にし、命がけで告発を行った。これは、全人類と市民を代表して行った行動である[6]」。

以上、三人の科学者に共通していえることは、核の脅威に対し、その開発に参画した科学者として、あるいはその事実を知ってしまった科学者として、また組織や国の一員としてではなく一人の人間として、「社会的責任」を現実の行動に移し、その責任を最後まで全うした、ということである。核という、人類を一瞬にして滅亡させる「科学的手段」にかかわった科学者が、自らの自由・職、そして家族や人生までもかけて、平和のための行動をとったということである。

しかし、このように科学者が、積極的に平和のために行動を起こすことは、やはり例外的な行動なのである。ほとんどの科学者は、組織の忠実な一員として、また政治活動とは係わらないという考えから、このような行動をとることができない。行動を取らない科学者を責めるわけにはいかない。全ての科学者が自由に、また良心に基づいて活動できるような社会を目指すことが必要なのではないだろうか。

筆者は、このような科学者の良心が、原子力の民生利用分野にも必要と思うようになった。それは、貴重な燃料であると同時に、核兵器の材料としても利用可能なプルトニウムに関わるようになってからである。以下、プルトニウム問題の概要を述べる。

2　プルトニウム問題と科学・技術の二面性

プルトニウム問題とは

プルトニウムは、二〇世紀における科学技術の光と影を代表する物質のひとつといえる。シーボーグ博士が発見したこの核分裂性物質は、人類に無尽蔵のエネルギーを供給することができる可能性を秘めていると同時に、一瞬にして人類に壊滅的な打撃を与える破壊力も秘めているのである。同様にウランも核燃料として、また核兵器の材料としても利用可能である。しかし、ウランの場合は、枯渇資源であると同時に、天然ウランのままでは核兵器材料にはならない。天然ウランでは核分裂性の同位体ウラン二三五がわずか〇・七%であるので、その比率を九〇%以上までに濃縮しなければ、核兵器には使えないのである。これに対し、プルトニウムは後述するように増殖の可能性をもち、しかも直接核兵器に利用可能な物質である点がウランと異なるきわめてユニークな核物質といえるのである。

プルトニウムの歴史は、まさにこの二面性の葛藤の連続といっても過言ではない。長崎に爆弾として使用されたプルトニウムは、その後高速増殖炉（Fast Breeder Reactor）の主燃料として脚光を浴びることになる。燃焼した燃料を上回る核燃料物質（プルトニウム）を生産する、いわば「夢の原子炉」と呼ばれる新型炉であり、ウラン資源が希少と考えられた一九六〇年代まで、主要原子力国の究極の開発目標であった[7]。そのころ、核兵器開発はさらに進み、核保有国はプルトニウムの生産能力をさらに拡大していたのである。当時、平和利用のプルトニウム（「原子炉級プルトニウム」と呼ばれる）は兵器に利用される高純度（Pu239の比率が九〇％以上）のプルトニウム（兵器級プルトニウムと呼ばれる）と異なり、核兵器利用には適していないと信じられていたので、軍事用プルトニウムと民生用プルトニウムは別々の進歩を遂げていたといえる。

核燃料サイクルと核拡散リスク

しかし、その仮説が大きく揺らいだのが一九七四年のインドが実施した核実験であった。平和利用の原子炉から回収したプルトニウムを用いたとされ、原子炉級プルトニウムも核兵器に利用可能である、という考え方が広がり始めた時期でもあった。テイラーとウィルリッチ（Taylor & Willrich）は、原子炉級プルトニウムでも、理論上核爆発が起きることを実証した上で、工学的な困難さも当時の技術で克服できると判断し、原子炉級プルトニウムの核物質防護や核不拡散政策を見直すべきだ、という報告を一九七四年に発表した[8]。

一九七〇年代は、石油危機の影響もあり、原子力発電所に対する大きな期待が広がっていた。当時、米国においても、ＦＢＲの原型炉クリンチ・リバー（ＣＲＢＲ）ならびに商業再処理施設が建設中であり、プルトニウム・リサイクルの実現が期待されていた[9]。しかし、一九七〇年代後半になると、ウラン資源も豊富にあることが判明し、ウランの価格は予想されたほどには上昇しなかった。一方で、核燃料サイクル再処理やプルトニウム燃料（ＭＯＸ）のコストは予想以上に上昇し、期待されていたプルトニウム経済は早急には実現しないであろう、という見通しがでてきた。

そのような背景の中、核拡散リスクを考慮してフォード米大統領は、一九七六年、「三年間の再処理凍結政策」を発表した。そして、翌年発表されたフォード・マイター報告書[10]は「プルトニウム経済は当分成立しない」、との判断のもと、以下のような提言を行ったのである。

> 「…高速増殖炉の燃料用として早期に再処理を行いプルトニウムを蓄積しておくことが必要といわれてきた。しかし我々の分析によると、プルトニウムの再処理回収およびそのリサイクルは、国際的かつ社会的コストが便益を大幅に上回るものと判断した。したがって、米国としては、エネルギー政策上も、核不拡散上も、プルトニウムの商業化を進めることは賢明ではない[11]」。

この提言が下敷きとなって、米国カーター大統領はプルトニウムの商業化を無期延期とする核不拡散・原子力政策を一九七七年四月に発表する。しかし、この政策は、リサイクル路線を推進してきた欧州・日本、および原子力産業から大きな批判を呼び、その結果国際核燃料サイクル評価（INFCE）と呼ばれる国際評価プロジェクトへと繋がった。INFCEは一九八〇年に終了し、燃料サイクルと核拡散との関係については、明確な結論を出さないまま、結局それぞれの国の実情に応じて核燃料サイクルを進めていくことになった。

八〇年代に入り、プルトニウム利用の本命であるFBRプロジェクトのキャンセル・遅延が米国、ドイツ、フランスなどで相次ぐなか、英・仏・日を中心とするリサイクル路線がいよいよ本格化に向けて動き出す。わが国も、一九八〇年に民間再処理事業者「日本原燃サービス（現（株）日本原燃）を設立し、青森県六ヶ所村に再処理施設建設を決定する。一九八八年には日米新原子力協定を締結し、三〇年間にわたる商業用プルトニウム利用計画の包括的承認を米国から得ることができた。これにより、わが国の核燃料サイクルは大きく前進することになったのである。

余剰プルトニウム問題とその解決策

ところが、九〇年代になると、プルトニウム問題は大きな転換期を迎える。

まず、冷戦終了による、解体核兵器から回収されるプルトニウム管理・処分問題の登場である。八〇年代半ばまでに米・旧ソ連が配備した核弾頭はおおよそ最大六万五〇〇〇発（旧ソ連四万発、米国二万五〇〇〇発）程度とみられ、九〇年代半ばにおいて米・ロシアが保有している兵器用核

図表9―1　米ロのプルトニウム・高濃縮ウラン（HEU）在庫量

		米国	ロシア
在庫量総量	プルトニウム	100	160
	高濃縮ウラン（HEU）	645	1050
核弾頭10,000発以外の在庫量	プルトニウム	65	125
	HEU	420	825
現時点で余剰と宣言された核物質	プルトニウム	50	50
	HEU	175	(500)

出典：M. Bunn and J. Holdren, "Managing Military Uranium and Plutonium in The US and The Former Soviet Union, *Ann. Rev. of Energy Environment*, 1997.

物質は、プルトニウムで約二六〇トン（米一〇〇トン、ロシア一六〇トン）、高濃縮ウラン約一七〇〇トン（米六四五トン、ロシア一〇五〇トン）と推定されている（図表9―1）。解体された核物質が再び軍事転用されないよう管理・処分することは、冷戦後の最も重要な安全保障上の課題とされたのである。

　高濃縮ウランについては、二〇％以下に希釈することにより、即軍事転用が不可能にすることができる。米ロともこの方針に従って、高濃縮ウランを低濃縮ウラン（三～四％）に希釈し、商業用燃料として供給することで合意に達している[12]。

　もっと深刻なのがプルトニウムである。プルトニウムはウランのように希釈して軍事転用を不可能にすることができない。したがって、解体核兵器プルトニウムの処分方法としては、ウランと混合させたＭＯＸ（混合酸化物）燃料と

図表9－2　民生用プルトニウム在庫量

(1999，トン，国際原子力機関2000年12月公表)

	英国	フランス	ベルギー	ドイツ	日本	スイス	ロシア	米国	中国
再処理施設	69.5	55.0	0	n. a.	0.5	n. a.	30.9	n. a.	n. a.
MOX工場	2.2	8.2	1.4	5.48	1.2	0.6	0.2	n. a.	n. a.
その他	0.8	18.0	2.5	1.71	3.5	n. a.	0.9	n. a.	n. a.
合計	72.5	37.7	3.9	7.19	5.2	0.6	32.0	0	0
在国外	0.9	＜0.05	0.9	n. a.	27.6	n. a.	n. a.	n. a.	n. a.

出典：Institute for Science and International Security, 2001

して原子炉で燃焼させてその後廃棄物として処分する案（MOXオプションと呼ぶ）と、そのまま他の放射性廃棄物と混ぜガラス固化体として処分する案（ガラス固化体オプション）の二つを並行して進めることで、米ロが合意に達した。しかし、「プルトニウムは資源」と考えるロシア側が、「ガラス固化体オプション」を事実上放棄したことで、現在はMOXオプションが主要な処分策となった。これに対し、MOXオプションはプルトニウム・リサイクル路線を事実上容認することになると、一部の核不拡散専門家が強く反対している⑬。

さらに複雑なのは、民生用プルトニウム産業との関係である。解体プルトニウムをMOX燃料にして燃焼するためのインフラをロシア・米ともに持ち合わせていない。ドイツ、フランス、英国といったMOX燃料産業は、格好のビジネス機会として解体プルトニウム処分事業を捉えたとしても不思議ではない。これら三カ国のみならず、カナダ、日本を加えた国々が、安全保障上の協力という形ではあるが、米ロ協力とは別にそれぞれがロシアと協力プログラムを確立してきている。

一方、民生用プルトニウムも九〇年代は「余剰問題」が深刻化した。英・仏・ロシアでは、再処理事業が進められたため分離プルトニウムの量は着実に増大したが、一方でそのリサイクル（ＭＯＸ燃料として既存炉で燃焼）はウラン燃料より高価であることも手伝って、予定通りには進んでいない。その結果、世界的な民生用プルトニウム在庫量は急増しており、二〇〇〇年には二〇〇トンを超えると推定されている（図表９―２）。核兵器用プルトニウムの在庫量とほぼ同程度の在庫量となるわけだ。その防護対策が、軍事用核物質並みに重視され始めたのも当然のことといえる。

わが国のプルトニウム問題

わが国のプルトニウム利用計画が、国際的に注目を浴びることになった最初のきっかけは、海外からのプルトニウム輸送問題からであろう。一九八四年のフランスからの輸送では、米国産核燃料からのプルトニウム輸送で、しかも二五三kgという大量輸送であったため、米国議会で論争を呼んだ。その結果、一九八八年の日米原子力協定に厳しい輸送条件がつけられることになった[14]。一九九二年のフランスからのプルトニウム輸送は、その協定改定後の初の輸送であり、しかも一・七トンというこれまでにない大量輸送ということで、世界の注目を浴びた。その背景には、イラク・北朝鮮問題、さらには環境問題への高まりもあった。

また、高まる国際的懸念に対応するため、一九九一年に原子力委員会核燃料サイクル専門部会は「余剰なプルトニウムを持たない」政策を発表し、[15]その後正式にこの政策がわが国のプルトニウム利用政策の重要な柱として位置付けられるようになった。この政策に基づき、九二年から毎年プルトニウム保管量を公表するようになり、さらに将来のプルトニウム需給バランスを公表し、世界でも最も透明性の高いプログラムへと、最大限の努力を払ったのである。[16]

技術的にも、法的にも、ほぼ完ぺきといえる準備を行ったにもかかわらず、なぜ日本のプルトニウム輸送、あるいはその計画が国際懸念の材料になったのか。これについては筆者も参加したMIT Report（一九九五）[17]が詳細に分析を加えている。その結論は以下の三点に絞られる。

［1］　日本がプルトニウムの商業化を進めることにより、他の国がプルトニウム利用を進める促進要因となる（「実証効果（demonstration effect）」と呼ぶ）。特に、日本と異なり核物質防護・計量管理が整っていない国でプルトニウム利用が進められれば、核拡散のリスクを高めることになる。一方、将来のエネルギー情勢の不確実性に対する保険としての、研究開発については、それほど国際的な懸念を呼ぶものではない。

［2］　エネルギー政策の一環としての原子力利用を考えたとき、日本のプルトニウム利用についての説明は説得力に欠ける。プルトニウム利用により得ることのできる利益は、日本が説明しているほど大きくはなく、その説得力のなさが国際的懸念の大きな要因となっている。

［3］　しかし、日本でプルトニウム利用が進められようとしている背景には、他の国でも見ら

れるような国内的要因がある。それは、地元との関係、法的問題、産業界の利益、プロジェクトや体制のもつ惰性等があげられる。これら要因が十分に説明されていないことが、国際的懸念を助長している。

ＭＩＴ報告書で最も重要な点は、国際的懸念が単に日本にとって不利益をもたらす可能性があるだけでなく、日本のプログラムが世界の安全保障にも影響を与える可能性が指摘されている事実である。言い換えれば、日本のプルトニウム利用は、国際政治経済情勢、特に安全保障問題と密接に関係しており、その関係を理解したうえで、政策立案を行うことが必要だ、ということである。

プルトニウム利用と日本の核疑惑問題

わが国の原子力政策とプルトニウム問題の相互作用を理解しておく必要がある。わが国の利用するプルトニウムは全て原子炉級プルトニウムであるが、その事実だけでわが国のプルトニウムが核拡散のリスクを増加させない、という議論にはつながらない。しかし、わが国の科学者・技術者はその技術的差異を強調することにより、わが国のプルトニウム利用計画が核拡散リスクを高めない、という主張をすることが多い(18)。むしろ、高度な保障措置、計量管理や核物質防護措置、さらには毎年在庫量を自主的に公開している透明性、などを強調するほうが説得力がある。「プルトニウム余剰を持たない」というわが国の政策は、世界的にも評価され、上記の在庫量データ公開も含めて、民生用プルトニウム利用の新たな規範になりつつある点は、高く評価されるべきだろう。問題は、余剰削減策としてのMOXリサイクルが、国内事情によりかなり遅れるかもしれない、という点である[19]。再処理が進み、プルトニウムが引き続き回収されるのに、その燃焼計画であるプルトニウムが進まなければ、蓄積量は増加するばかりであり「余剰プルトニウムを持たない」とするわが国の政策の信頼性は崩れていくであろう。

3　科学者平和誓約運動について

わが国に対する核疑惑とプルトニウム利用問題は、いまだにくすぶり続けている。そういった背景の中、原子力平和利用に携わる技術者として、科学者として、なにか貢献できることはないか。そう思って開始したのが、「科学者平和誓約運動」である。

発足の経緯[20]

そもそもの発端は、九〇年代初めのころ、筆者がわが国のプルトニウム利用に関して、「日本は核兵器を将来獲得しようとしているのではないか」という問いに、何回も接したことから始まる。平和利用三原則や、非核三原則、平和憲法、「余剰プルトニウムを持たない」政策等々、ありとあらゆる説明をしても、根本的な疑惑がなかなか解けない。

そのときに思いついたのが、「国や組織が信用されないのであれば、個人で意志表示を明らかにしてはどうか」という考えだった。当初は、きわめて単純に日本のしかるべき団体に「核兵器活動には参加しない」旨の署名を提案すれば、うまくいくのではないか、と思っていた。平和利用を法律で規定しているわが国では、このような誓約文に署名することは、何の問題も生じないはずであると認識していたのである。しかし、現実にはどの既存団体も個人での誓約運動を推進することは難しいことがわかってきた。そこで、パグウォッシュ会議評議員（当時）の小沼通二慶応大学名誉教授などの支援をうけて、任意団体「ピースプレッジ・ジャパン（ＰＰＪ）」を一九九九年八月に設立し、「科学者平和誓約運動」を始めることとした。これが、ＰＰＪ発足の経緯である。

誓約運動の特徴と課題

誓約運動を始める上で、大きく次の三つの課題が浮かび上がった。それは、基本的には個人レベルの誓約運動が持つ課題でもあり、また科学者・技術者が個人として平和問題にどう取り組むのか、科学者・技術者の社会的責任をどう具体的な活動に結びつけるか、という問題につながるものであった。

第一が、「声明（署名）」と「誓約」の違いである。ＰＰＪの活動を始めるに当たって、ラッセル・アインシュタイン宣言をはじめ、多くの科学者による平和宣言や声明を参考にした。わが国では、特に原子力の平和利用を規定する「平和利用三原則」が日本学術会議の提言に基づいて作られたことは有名である。また、パグウォッシュ会議に日本から参加した湯川秀樹博士、朝永振一郎博士、坂田昌一博士が、「日本の物理学者として核実験の禁止を訴える」声明（一九六一年）[21]や、翌年から開催された京都科学者会議においても、毎年科学者としての声明が発表されている。最近では、故高木仁三郎氏など一八名の科学者が「科学技術の非武装化声明」（一九九八年）[22]を発表している。これらの声明や宣言は、科学者の声（意見）を社会に訴える、という目的で作られてきている。これに対し、科学者自らの行動規範として、その意志を明確にするという「誓約」は、医師の「ヒポクラテスの誓い」や倫理規定などによく見られる方法である。これは、社会に対してのアッピールというより、自らの行動を律するための意思表示という目的を持つ。また、核廃絶運動などに趣旨賛同して「署名」を集める「署名運動」とも異なる性質を持つ。署名も声明も「意見表明」ではあるが、自分自身の行動を律する「誓約」は、誓約する個人にとってより重たい意義を持つ。ＰＰＪとしては、これまで日本では実施されてきていない個人の「誓約運動」を始めることとした。これが第一の特徴である。

第二が、「組織」と「個人」の違いである。個人誓約である以上、組織内の行動とは必ずしも一致するわけではない。科学者・技術者が属している組織の行動、あるいは組織の一員としての科学者・技術者の行動に焦点をあてるのではなく、あくまでも個人としての科学者・技術者の行動に焦点をあてたものである。誓約運動を開始する際、リーダーと呼ばれている科学者や組織のトップに署名を依頼する活動方針が議論された。確かに、このいわゆるトップダウン方式で運動すれば、比較的容易に署名が集まるかもしれない。しかし、それでは本当に個人として強い意識を持って誓約したかどうかが分からなくなる可能性があり、ＰＰＪではあえてトップダウン方式をとらないこととした。これが、後述するように、誓約運動としての特徴であると同時に、その拡大がすすまない大きな課題となってきていることが分かってきた。

第三が、政治・政策的思想からの独立性である。核廃絶運動や、平和運動は現実の核抑止政策の否定や、原子力平和利用政策への反対とつながる場合が多い[23]。その結果、政策的立場や政治思想の異なる科学者・技術者がせっかくの「平和への意識」を共有できないでいる。ＰＰＪの誓約運動では、その制約をできるだけ緩和するべく、誓約文や活動内容に配慮した。たとえば、誓約文は科学者・技術者の行動を規定しているだけであり、核軍縮政策や原子力政策については、特定の立場をとらないこととしている。その結果、政治的アピールは逆に弱くなるという課題を抱えることとなった。

最後に、意見・立場の異なる人たちとの対話の必要性である。誓約運動を開始するに当たり、大きな問題となったのが、誓約に署名しない科学者・技術者にどう対応すべきか、という課題であった。誓約に署名しないことが、そのまま大量破壊兵器の活動に参加する意思表示となってはいけない。ここでは、パグウォッシュ会議の精神にならって、立場の異なる科学者・技術者と対話を行うことを誓約運動として明記することにした。誓約に署名できない、とする人たちの意見や考えの中にこそ、平和への真の課題が隠されている可能性もある。事実、署名できない人たちの理由の中に「核の傘に対する信頼性低下」や「朝鮮民主主義人民共和国（北朝鮮）や中国のミサイル脅威」が上げられている。こういった問題を真摯に議論する場を提供することが、誓約運動としても重要であると考えたのである。これが、ＰＰＪ機関誌を「ダイアローグ（対話）」と名づけた大きな理由であった。

以上の四点をふまえ、ＰＰＪ活動の目的を以下の四点にまとめた[24]。

1．平和への意思表示

科学者として、核兵器およびその他の大量破壊兵器の研究、開発、製造、取得、利用に一切参加しないことを誓約し、個人の立場から平和への意思表示をする。

2．自覚と責任

国際平和における科学の役割について、科学者個人の自覚と責任を促す。

3．対話の促進

核兵器や大量破壊兵器に関連する問題について、立場や国境を越えた対話を促進する。

4．国際平和への貢献

この運動を拡大することにより、各国の透明性を向上させ、信頼醸成に寄与するとともに、世界の安定と国際平和に貢献する。

誓約運動の成果とその分析

ＰＰＪの誓約文は、以下のような単純な文章である。

「誓約：私は、個人の尊厳と名誉に基づき、自分の知識のおよぶ限り、核兵器およびその他の大量破壊兵器の研究、開発、製造、取得、利用に一切参加しないことを誓います。」

この誓約文を読んで、読者の方は何をまず考えられるだろうか。

賛成：「すぐ署名しよう。」「すばらしい。世界にこの運動を広げてください。」「科学者だけではなく一般の人にも署名を広げてください」「科学者としてこういった運動を待っていた」「大量破壊兵器だけでなく、もっと広い意味での誓約を科学者には課すべきだ」。

反対：「国際政治の現実はこんな甘いものではない（無駄である）」「組織の人間としては署名できない」「（誓約は）日本の文化に合わない」「署名をして一体どうなるのか」「平和主義では現実の安全保障問題は解決しない」「もし上司に反対されれば困る」「（日本でも）核兵器のオプションは確保しておくべきでは…」。

これらの反応は、実際に私達宛に送られてきた反応の実例である[25]。これだけ、多様な反応があるとは、正直言って予想していなかったのである。

しかし、発足から四年経った今、残念ながら誓約者の数はわずかに一七五名（海外一四カ国、五五名、二〇〇三年一一月三〇日現在）。日本の原子力学会員が六〇〇〇名を超えることを考えれば、この数字は大変物足りない。この数字が物語るように、この運動は正直言って成功したとはいえない。その原因は大きく次の三つに集約されると考えられる。

第一が、科学者・技術者の平和問題への意識の低さである。前述の「戦争と科学」に明記されているように、自然科学者は、戦争や平和に自らかかわっている事実がありながら、その責任は自分たちにはない、という意識が一般的である。その意識の転換を図ることが、誓約運動の第一の目的なのであるが、現実にはまず興味や関心をもっている科学者・技術者が少ない、という厳然とした事実がある。

第二が、組織文化の制約である。誓約運動の趣旨に賛同しつつも、署名に躊躇する人が多く存在するのは、組織として行動する科学者・技術者がわが国には多いからと推定される。「組織としての憲章などで、平和利用の規定があるから個人としての署名はいらないのではないか」「上司の許可が必要」という意見がその例証である。PPJでは、そういった人たちのために「匿名署名」を認めている。二〇〇三年現在、わが国で名前の公表に同意している署名者は全体の約半分強（国内署名者一一三名のうち六四名）にしか満たない。これでは、草の根で署名者を増やそうとしても、どうしても限界がある。

第三が、国内・国際情勢の変化である。国際情勢では、冷戦の終了とともに核兵器の軍事的価値が減少した時期があった。しかし、九〇年代の後半からは、再びイラク、イラン、北朝鮮といった国々の大量破壊兵器開発が国際政治の俎上にのり、特に二〇〇一年九月一一日以降は、国際テロとの関係もあって、大量破壊兵器の拡散問題が最大の安全保障課題のひとつとして注目されるようになった。この間、わが国にとって最大の安全保障問題が北朝鮮問題であろう。テポドン発射や不審船侵入事件など、安全保障強化に向けて世論もたかまった。現実に日米安全保障条約における新ガイドライン調印、テロ特別措置法にもとづく自衛隊派遣など、わが国の軍事的貢献への支持率も少しずつ上昇してきている。また、核武装に関する発言や議論もより頻繁に起こるようになった。一般オピニオン雑誌である『諸君』（文芸春秋社）は二〇〇三年八月号に核武装論(26)を特集するなど、もはや日本の核武装論は一時のようなタブーの課題ではなくなったのである。

この背景には、被爆者人口の老齢化にともない被爆体験の記憶が若い世代に薄れつつある点もあげられよう。

一方、このような課題がある中で、ある程度の成果も上げることができた。

第一が原子力学会倫理規定における「核兵器活動に手を染めない」文の採用である。日本原子力学会では、二年以上の議論を経て二〇〇一年九月の理事会において、最終的な倫理規定(憲章および行動の手引き)を承認した。[27] この手引きの第一―二項に「平和利用への限定」があり、そこにPPJ誓約文とほぼ同じ趣旨の文章が採用されている。[28] 世界的に見ても、「核兵器の活動に参加しない」と明記している学会倫理規定は珍しいといわれる。[29]

第二にわが国からの発信として国際的認知が得られ始めている、という点である。まず、類似の署名活動との提携が進み、[30] さらにPPJの誓約運動とほぼ同じ趣旨の誓約運動が米国核科学者間で開始されたのである。これは、米国天然資源保護協会(NRDC)とロスアラモス科学者グループが始めたものである。[31] NRDCは米国において環境、自然保護、そして核軍縮・不拡散などを専門としているNGOシンクタンクであるが、その安全保障グループがロスアラモスの科学者達と「科学者・技術者として大量破壊兵器の開発・利用に参加しない」旨の誓約運動を始めた(二〇〇〇年より)。これは、核兵器国でしかも核兵器に直接携わっているロスアラモスの科学者達が開始した誓約運動ということで、非常に意義深いと思う。ロスアラモス研究所には核兵器関連以外の研究も数多く実施されているが、その研究者が誓約文に署名した後、自分の研究が実は核兵器開発と関与していることが明らかになり、その科学者は結局辞職して核兵器反対運動の

ＮＧＯをたちあげたという。[32] この例は、誓約に署名することにより意識変化を起こすことができる、という点で、実に興味深い実例である。

このほか、マスコミにも数回取り上げられ、論文もいくつか発表している。中でも、二〇〇三年六月には、パグウォッシュ会議ワークショップ「科学と倫理」において、科学者平和誓約運動を紹介するとともに、最近の日本における核武装論議も紹介して、今後ますますこの運動の重要性が増すとの認識を発表した。[33]

ＰＰＪ活動の意義

もはや核の傘に依存して、日本の平和が保障されるという時代ではなくなった。わが国自らが、どのような脅威を考え、それに対しどのような防止策、対応策をとるのか。米国が独自の軍事行動をとるときに、わが国はどのように主体的に取り組めばよいのか。その際、核・原子力のみならず、化学兵器、生物兵器の脅威について、技術的専門家の果たす役割はきわめて大きいはずである。また、サリン事件はわが国のみならず、世界初の「大量破壊兵器テロ」であり、その中で科学者・技術者の果たした役割を見逃すわけには行かない。科学者の一人でも多くが、このような問題に関心を持ち、望むらくは専門家として育っていくことが、わが国にとってますます重要となってきているのである。

4　平和のための科学技術――科学者の社会的責任とその実践

以上、プルトニウム問題を中心に科学者・技術者の社会的責任について、現実の課題と平和に向けての実践運動としての科学者平和誓約運動を紹介してきた。最後に、二一世紀の科学技術と平和を考える上で、科学者として実践すべき項目を三点ほど挙げて、本章のまとめとしたい。

科学技術と国際問題の研究促進

第一に、平和問題に繋がる国際問題と進展する科学技術との関係をより深く理解する研究を促進することである。わが国では、この分野の研究がまだ確立しているとはいいがたい。それは、最初に述べたように、自然科学と社会科学の壁がまだ高いからであると思われる。幸い、大学院レベルでの研究、さらには社会技術といった分野で、学際研究が実践されつつあるようになった。ただ、これまではどちらかといえば、社会科学者が科学技術を外から分析するという研究が目立つ。また、安全性や環境問題といった分野に限られている傾向があり、国際問題や安全保障、平和研究においても、自然科学者と社会科学者の協働がさらに必要である。

安全保障問題における科学技術評価とそれへの科学者の参加

第二に、安全保障問題における先端科学技術評価の制度を確立すると同時に、その評価に科学技術者自らがもっと参加すべきだ。安全保障問題に限らず、これまで、科学・技術の事前評価（technology assessment : TA）の導入が叫ばれつつも、わが国ではいわゆる技術評価手法の研究に重点がおかれ、科学技術の批判的評価、社会影響評価が充実していたとは言いがたい。欧米では、米国の議会技術評価局（Office of Technology Assessment : OTA）が一九七三年に設立されたのを皮切りに、欧州においても、一九八〇年代～九〇年代初めまでに主要国ですべて制度化された。米国ＯＴＡは九五年に廃止されたが、ＴＡの手法も社会制度として着実に根付いたこともあり、必ずしもＴＡの後退にはつながっていない。欧州では、あらたなＴＡ手法として「参加型ＴＡ（participatory technology assessment : PTA）」が導入され、少しずつ根付いている。

わが国においても、科学の社会的影響を総合的に評価する必要性が急増している。特に、平和・安全保障問題の分野での科学技術評価の専門家育成は急務の課題である。そのためにも、科学者・技術者があらたな専門分野として、このような領域に入っていくことが望まれる。

倫理規定・行動規範の普及と平和への貢献の言及

最後に、上記にも述べたが、倫理規定・行動規範の普及による科学者・技術者一人一人の意識向上が不可欠である。原子力学会のように「核兵器の活動に参加しない」という行動の手引きを持つ学会はまだ少ない。しかし、このような行動規範が多くの学会に普及すれば、科学者・技術者の意識改革と、平和への貢献はより明確に位置づけられるだろう。自らが従事する科学技術と平和の関係についても、より深い意識に基づく行動が取れるようになるはずだ。

最後に、強調したい点は、科学者が科学技術の社会への悪用・誤用を防ぐ最後の砦である、という事実だ。特に最先端の科学技術の効用・影響を前もって推測することができるのは、専門知識を有する現場の科学者・技術者であり、最も早く正確にその知識を社会に供与することができるのである。そのような事実を重く受け止め、専門家として、個人としての責任を明確に意識した科学者・技術者の一人一人の行動が、科学技術を真に平和のための科学技術とする決め手なのである。

注

（1）Volkman, E., *Science Goes to War*,（邦訳：アーネスト・ヴォルクマン（茂木健訳・神浦元彰監修）『戦争の科学』（主婦の友社、二〇〇三年））。

（2）報告書の前文には「科学は原子力の破壊的作用に対抗し得るような有効な防御策を約することはできない。そのような防御策は世界的な政治機構によってのみ実現可能だ」とのべており、そのような国際管理が実現できない限り「われわれ（米国）が核兵器を保有していることを明らかにすれば、その後を追って必ず核軍備競争が始まる」と結論づけている。最後に、「核兵器の対日使用だけではなく、これら兵器の早期実験さえ、我が国の利益に反する」と提言している。長崎正幸『核問題入門：歴史から本質を探る』（勁草書房、一九九八年）より。

（3）朝永振一郎『朝永振一郎著作集5　科学者の社会的責任（新装）』（みすず書房、二〇〇一年）一四九頁より。

（4）朝永・前掲書（注3）二四四頁より。

（5）釈放後も、自由な身分が保証されるかどうか、議論が続いている。バヌヌ博士開放を訴える市民団体「バヌヌ博士の解放と核のない中東を目指すキャンペーン」のホームページ（http://www.vanunu.freeserve.co.uk/）参照。

（6）同ホームページから。

（7）原子炉内では、燃料であるウラン（またはプルトニウム）が燃焼する一方、原子炉内でウラン二三八が中性子を吸収してプルトニウム二三九に転換される。装荷した核分裂性物質と転換した核分裂性物質の比率を原子炉の「転換率」とよぶ。増殖炉では、この転換率が一・〇を超えるので、「増殖炉」とよばれる。増殖を実現するには、使用済み核燃料を化学処理してプルトニウム（ならびにウラン）を回収する作業が必要となるが、これを「再処理」と呼ぶ。再処理したプルトニウム・ウランを再度原子炉燃料として利用することを「核燃料サイクル」と呼ぶ。

（8）Willrich, M., and Taylor, T., "Nuclear Theft : Risks and Safeguards," *A Report to the Energy Policy Project of the Ford Foundation*, Ballinger Pub. Co., 1974.

（9）当時、FBR の商業化は一九九〇年代と見られており、開発の進め方として、実験炉、原型炉、実証炉と段階的に進めていく計画が一般的であった。米国では原型炉が建設中であったが、わが国では実験炉「常陽」が一九七七年運転を開始した段階であった。なお、最も進んでいたのはフランスで、すでに原型炉「フェニックス」が運転中であり、実証炉「スーパーフェニックス」が建設中であった。ＦＢＲが商業化されるまでの間、プルトニウムは既存の原子炉（高速炉に対して熱中性子炉［thermal reactor］）でリサイクルされる計画であり、これを「プルトニウム・リサイクル」と呼び、わが国では「プル・サーマル」と呼んでいる。この場合、プルトニウム燃料は、ウランと混合酸化物にして加工するので、ＭＯＸ（mixed oxide）燃料と呼ばれる。

（10）Nuclear Energy Policy Study Group, *Nuclear Power Issues and Choices*, Ballinger Pub. Co., 1977.

（11）*ibid*. p. 31.

（12）ロシアからのウラン購入は、民営化された米国濃縮会社（ＵＳＥＣ）が交渉を行っており、世界のウラン市場に大きな影響を与えないように、との配慮もあって、進展が遅れているのが実態である。

（13）ブッシュ政権になって、解体プルトニウム処分は優先課題からはずされ、二〇〇三年末現在、米・ロとも処分計画が遅れたままになっている。

（14）一九八四年の議論の結果、日米両政府は欧州からのプルトニウム輸送を空輸で行う事としていたが、空輸に反対する議員の提案による法改正の結果、空輸の安全基準が強化され、事実上空輸が不可能となった。その結果、再び海上輸送に計画が変更された。

（15）原子力委員会核燃料サイクル専門部会「日本における核燃料サイクル」（一九九一年八月）。

（16）プルトニウム・プログラムの透明性向上については、その後日本も積極的に取り組み、国際原子力機関による「民生用プルトニウム・ガイドライン」で、プルトニウム主要保有国が自発的に保有量を毎年公表する制度につながった。

（17）Skolnikoff, E., Suzuki, T., and Oye, K., *International Responses to Japanese Plutonium Programs*, MIT Center for International Studies, Working Paper, C/95-8, 1995.

(18) (社)原子燃料政策研究会は、二〇〇一年八月一日付けで「地球温暖化防止のために：プルトニウム平和利用の促進」と題する政策提言を行っている。そのなかで、「原子炉級プルトニウムと兵器級プルトニウムの組成や技術的問題を明確にし、それに対応した合理的な保障措置のあり方を考える」との提案を明記している。これが燃料サイクルを推進するグループの代表的な見解とされている。Plutonium, No. 34, Summer 2001, pp. 2-8 参照。

(19) 政府・電力業界の計画では二〇一〇年までに一五〜一八基の原子炉でプル・サーマルを実施することとなっているが、二〇〇三年末現在まだ一基も実施されていない。実施に必要な地元の了解が得られていないことが最大の障壁となっている。

(20) 発足の経緯および当初の反応については、鈴木達治郎「ピースプレッジへようこそ」ＰＰＪニュースレター「ダイアローグ」創刊号（二〇〇〇年三月）。および「科学者の『誓約運動』難航」朝日新聞一九九九年八月二三日を参照のこと。

(21) 朝永・前掲書（注3）三二一〜三二二頁。

(22) 声明「科学技術の非武装化を」世界九月号（一九九八年）一三七〜一四一頁。

(23) 前掲の「科学技術の非武装化声明」(注22) においても、「核文明からの脱却」という項目で、原子力平和利用とプルトニウム利用からの脱却を主張している。

(24) ＰＰＪホームページ、http://www.peacepledge.gr.jp を参照のこと。

(25) ＰＰＪホームページ、http://www.peacepledge.gr.jp「寄せられた意見」欄に掲載。

(26) 「是か非か、日本核武装論」諸君八月号（二〇〇三年）。

(27) 倫理規定策定過程における、代表的な意見は原子力学会のＨＰに要点が掲載されている。主に安全問題についての疑問が多く、平和利用との観点での疑問は非常に少なかった。http://wwwsoc.nii.ac.jp/aesj/rinri/QandA.htm を参照のこと。

(28) 行動の手引き（一—二項より）：会員は、自らの尊厳と名誉に基づき、核兵器の研究・開発・製造・取得・利用に一切参加しない。日本原子力学会倫理規定（憲章および行動の手引き）（http://wwwsoc.nii.ac.jp/aesj/rinri/kensyo010627.htmhttp://wwwsoc.nii.ac.jp/aesj/rinri/tebiki.htm）より。

(29) 二〇〇三年六月、筆者が参加した世界パグウォッシュ会議ワークショップ「科学、倫理と社会」における議論。

(30) 米国パグウォッシュ学生会議（ＳＰＵＳＡ）の「科学者倫理誓約」運動（http://www.spusa.org/pledge/）で、これは、パグウォッシュ会議がノーベル平和賞を獲得した一九九五年にＳＰＵＳＡが始めた運動であり、ＰＰＪよりさらに幅広く「科学技術の社会への貢献」をうたったものである。既に全世界で五〇〇〇名以上の署名者数を数えている。

(31) ＮＲＤＣならびにロスアラモス研究グループのホームページ参照。（http://www.nrdc.org/nuclear/pledge.asp,http://www.lasg.org/pledge/pledgefrm a.html.)

(32) ロスアラモス研究グループとの情報交換より。二〇〇二年七月。

(33) Suzuki, Tatsujiro, "*Peace Pledge Movement for Scientists*," paper presented at the Pugwash Workshop on Science, Society and Ethics, Paris, 2003.

第10章　平和教育——平和を創る人を育てる

村上登司文

1　はじめに

日本の平和教育は第二次大戦の戦争体験の継承を中心に行われてきたといえよう。戦後六〇年近くが経過したとはいえ、第二次大戦での敗戦とそれからの復興が、戦後日本の社会発展の基礎となり、現在の日本社会の繁栄につながっていることには変わりない。しかし、過去の戦争体験が日本社会に及ぼす影響力は年数の経過とともに減少している。同時に日本の学校教師のほぼ全員が戦争体験を持っておらず、子ども達にとって戦争体験は過去の歴史的事項になりつつある。「ポスト冷戦」の一九九〇年代、そして「ポスト米国同時多発テロ」の現在の国際政治状況の中で、平和教育の意義と方法は大きく変わってきている。本章では日本の平和教育の展開をたどり、国際的視点から平和教育の方向性を探ることを目的とする。

平和教育概念の整理

現在、世界では多様な平和教育が実践されておりそれを整理する必要がある。ここでは平和教育が「平和」と「教育」の二つの概念により構成されていることに着目し、平和と教育の二つの概念の「関係」から五つの平和教育にタイプ分けする。

①「平和についての教育」(education about peace) では、戦争や紛争や構造的暴力などの平和問題を題材(教材)として取り上げ、こうした平和問題に関する知識を提供しようとする。この平和教育では、平和に関する知識を与えることを目的とする。教師にとっては平和問題の題材に何を選び、どのような知識を与えるかが課題となる。被爆体験学習や特定の戦争についての学習がこれに当てはまる。

②「平和のための教育」(education for peace) は、平和をめざしての教育であり、平和を志向する性格や態度や技能(スキル)を学習者に育成することを目的とする。平和を志向する性格や態度を形成する芸術教育や情操教育もこれに含まれる。集団間の争いを非暴力的に解決する能力、また平和的な社会を形成することに積極的に関わろうとする態度を形成しようとする。この教育は、平和問題を「直接」教えるのではなく、平和な社会の建設に対して人材育成を通じて貢献しようとする。平和のための教育では、命や人権を大切にする人権教育や、異文化に対する寛容的態度を形成する多文化教育や国際理解教育などと、教育目的や教育方法で重複する部分が多い。

③「平和を大切にする教育」(education in peace) または「平和を通じての教育」(education through peace) では、教育方法そのものが平和的であるべきとされる。教育方法が平和的である

とは、強制的、威圧的、抑圧的などの権威主義的な教育方法を教師がとらず、子ども一人ひとりの個性や感性と人権を尊重した教育方法を用いることである。平和問題を題材として授業で取り扱っていても、そこでの教育方法が権威主義的であったり体罰を用いるなど平和的でないと、それは平和教育とはみなせない。このタイプの平和教育実践は、児童中心主義の教育とか、個性尊重の教育などの用語で実践される教育方法と類似している。

④「教育における平和」(peace in or through education)では、教育行政、学校、教室などの各レベルの教育組織において、紛争・暴力・葛藤などが少ない平和的な状況(場)を形成しようとする。例えば、以下のことが課題となる。中央集権的でなく地方分権的な教育行政組織や民主的な学校管理組織にする。自由で明るい学校現場を作る。相手を非難・中傷することがない暖かい教室の風土を作る。いじめや暴力のない仲間づくりを行うなどが、「教育における平和」を達成する平和教育となる。

⑤「積極的平和としての教育」(education as a positive peace)では、単に戦争がない「消極的平和」の成立だけでは不充分とみなし、貧困・差別・不正義がない「積極的平和」な社会においてのみ、一人ひとりの教育権(学習権)が充分に保障されると考える。教育界における男女差別や障害者差別やマイノリティ差別をなくすことがめざされる。また、日本国内のみを問題にするのではなく、開発途上国の貧困問題を改善して子ども達の就学率を高め、教育権を人々に保障する社会状況を創ることに参加することも望まれる。

ここで述べた平和教育概念のタイプ分けは理念型であり(1)、実際の教育場面では、いくつかのタイプに分けられた平和教育が重複して実践されている。実際の平和教育実践は多様であり、多義的な平和教育が行われている。

平和教育の研究課題として、平和教育論を体系化し「平和教育学」にまで高めることがある。堀江宗生によれば、平和教育学は、平和教育自体を研究対象として社会科学的に分析する学問である。その際、「まず平和教育に関連する事象を『社会過程』としてとらえ、社会科学的に分析し、理論的整理を行うところから出発しなければならない」と述べた[2]。そうしたアプローチが必要であるとの認識から、平和教育の状況と展開について、調査データを用い、因果的説明を加えながら述べていく。

2　日本の平和教育の展開

平和教育のはじまり

日本の平和教育は、学校教育だけでなく社会教育でも、またマスメディアによっても行われてきた。日本で、平和教育という場合、学校内の「平和についての教育」を一般に指すことが多い。それでは、「平和についての教育」を中心に、学校内の平和教育について歴史をふりかえってみよう。

戦前に平和教育の萌芽的なものをたどることができる。中野光は「両大戦間には平和教育にとっての貴重な遺産があり」と述べ、戦前の一九一九年に結成された啓明会（二一年に日本教員組合啓明会と改称）の国際教育運動を紹介し、平和教育の源は戦前にあるとした。[3] 二〇年代前半の「国際教育」の名で行われた平和教育の主張や運動の特徴は、それまでの敵愾心を助長するような偏狭なナショナリズムを克服し、愛国心と人類愛を統一すべきであるとした点にある。しかし、それと同時に日本が西欧列強との競争社会にあるという国際認識を深めることが必要であると考えていた。戦前において、こうした国際教育が広く実践されることはなく、日本の教育は軍国主義教育に取り込まれていく。

一九四五年の日本の敗戦により教育方針の大転換があった。占領軍教育改革指令により、戦前の軍国主義教育が否定された。軍国主義的、極端な国家主義的教育を排除することから戦後の学校教育が始まった。日本は第二次大戦での敗戦体験を持ち、それを繰り返さないという反省から、日本国憲法で平和主義が定められた。その憲法の理念を受けて、四七年三月に教育基本法が制定された。教育基本法前文は「…世界の平和と人類の福祉に貢献しようとする決意を示した。この理想の実現は、根本において教育の力にまつべきものである」と述べる。教育基本法の第一条（教育目的）には、「教育は、人格の完成をめざし、平和的な国家及び社会の形成者として、真理と正義を愛し、個人の価値をたつとび、勤労と責任を重んじ、自主的精神に充ちた心身ともに健康な国民の育成を期して行われなければならない。（傍点は筆者）」とある。日本国憲法と教育基本法の両者により日本の法体系の中核に平和教育の理念が埋め込まれたといえよう。

年代別展開

以下年代ごとに平和教育の展開をみていこう。一九五〇年代には、東西冷戦下で再軍備を進める保守政治勢力に対抗する形で、日本国憲法の平和主義をより所とする平和教育論が生成される。それは反戦平和を強く志向していた。日本教職員組合（日教組）の大会のスローガンに「教え子を再び戦場に送るな」（五一年）が掲げられ、戦争の遂行を目的とした「戦中の教育」を否定し、戦後始まった「民主教育」を守ることこそが平和教育であると論じられた。そこでは、戦後の民主主義の教育が「ほんとうの教育」とされ、それが平和教育と理解された。

五〇年代前半に「民主教育一般が平和教育である」と論じられたため、平和教育に特別な内容や方法が必要であると論じられることが少なくなり、平和教育論そのものの構築はあまり進まなかった。他方、日本の隣接地域で戦争が行われたとき、戦争に巻き込まれるのではという危機感から、反戦平和をめざす平和運動が高揚した。朝鮮戦争（五〇―五三年）が起こると、日教組は平和運動に積極的に関わっていく。教室でも教師が、米軍基地や日米安保条約への反対意見を教えることもあった。

六〇年代には、教室の小・中学生達は全員戦後生まれとなり、戦後一五年以上が経ったという年月の影響を受けて戦争体験の風化が進む。戦争風化は高度経済成長により促進され、空襲の焼け跡に戦後即席に建てられた建物は取り壊されて新しいビルが建ち並び、戦争体験を想起するものが人々の目の前から消えていった。日教組は文部省による教育の中央集権化に対抗する政治運動として、教育の民主化を要求する教育運動を展開した。

七〇年代には、被爆教師達からの要請を受けて、被爆体験風化に抗して、広島・長崎を発信源とする被爆体験継承をめざす平和教育が各地の教師により展開されるようになった。その展開を追う形で各地の戦争体験の継承をめざして、教師による平和教育実践が展開された。教科外活動として「とりたてての平和教育」（文部省検定教科書を使った通常授業ではなく、特別活動や総合学習など時間を特に設定して子どもたちに教える平和教育）が主唱され、特別活動や学校行事や修学旅行（広島、長崎への修学旅行）などを通じた平和教育の実践が広がった。また、ベトナム戦争でアメリカ空軍機による北ベトナム爆撃（一九六五年開始）が激化したこの七〇年代に、北爆のイメージに重ね合わせて、日本各地の空襲体験を継承する平和教育実践が広がった。日教組は各県や全国で行う教育研究集会を通じて、こうした反戦平和を教える平和教育実践運動を進めていく。

教育学界においては、一九七六年の日本教育学会大会で「平和教育」の課題研究部会（七六―九三年）が設置され、平和教育論を学問的に構築する場ができた。この課題研究部会では後に積極的平和の概念の下で、構造的暴力も視野に入れた平和教育論が展開された。この課題研究部会は九四年に「平和・人権・国際理解の教育」（九四―九八年）と名称が変更され、さらに「平和教育・平和文化」（九九―二〇〇〇年）と改称される。

八〇年代には、八二年に起きた近隣アジア諸国からの日本の教科書批判が平和教育にも大きな影響を及ぼした。韓国や中国と国交が結ばれる以前は、外国に向けては最小限の戦争責任を認めるが、国内的には戦争責任の問題を否定あるいは不問に付するとの、ダブルスタンダード（二重基準）が成立していた。八二年の教科書問題以降は朝鮮や満州（中国東北部）の植民地支配、ならびに中国や東南アジアへの侵略戦争における日本の戦争加害体験を継承することが、平和教育において必要と認識されるようになった。こうして八〇年代を通じて、戦争加害体験の継承が一部ではあるが実践されるようになる。他方、ヨーロッパが源の平和学の影響を受け、「積極的平和」や「構造的暴力」の概念が日本にも紹介される。平和教育実践においても、平和の概念が拡大してゆき、広義の平和をめざす平和教育の必要性が説かれた[4]。

九〇年代には、戦争加害体験継承の必要性が認識され「侵略」の用語が学校の社会科教科書でも使用されるようになった。各地の平和教育実践でも、戦争加害体験の継承が行われるようになる。また国内では、九〇年頃に多くの平和博物館が開館し、平和博物館開設ブームとでもいえる状況があった。平和博物館は社会教育における平和教育の重要な拠点である。しかし、開館ブームは戦後四五年以上が過ぎて戦争体験者が減少し、直接的に戦争体験が継承されにくくなったという時間的経過の結果でもある。戦争体験が「博物館入り」して展示物やビデオを通して、子ども達に間接的に継承されることが多くなった。この時期は、世界がグローバル化していく状況を受け、平和教育を進めるには地球的視野が必要であると説かれる。また、平和教育に人権教育や国際理解教育の題材を取り入れ、さらに共生や環境に配慮した平和教育が必要であると説かれるようになる。一方で、九〇年代後半以降、加害体験継承の平和教育に対して自虐的との偏向批判が強くなされるようになった。

二〇〇一年の同時多発テロ事件以降、アメリカ主導のテロとの「戦い」が続いている。テロを防ぐための戦争が正当化され、アフガニスタンやイラクに対するアメリカ主導の戦争が行われた。

日本政府はアメリカによる戦争を支持し、自衛隊を戦後復興を目的としてイラクに派遣することが決まった。一方、イスラエルとパレスチナなど中東では、自爆テロと報復攻撃という暴力の連鎖が止まらず、解決のきざしが見えない。国内では、北朝鮮による拉致問題の認知をきっかけとして国防意識高揚に向けてタカ派の勢力が増している。日本国憲法第九条を修正対象とした憲法改正、さらに教育基本法の改正もタイムテーブルに載っている。終戦後に法体系に組み込まれた反戦平和主義をめざした平和教育理念を変更しようとする政治的流れが拡大している。

教育現場では戦後五〇年目以降、過去の戦争体験の記憶が「再風化」し、国旗・国歌を国のシンボルとした自国中心教育が強まっている。そうした中で新たな平和教育のあり方が追求されている。それは平和教育を広い視点から再構築しようとする試みである。平和教育、開発教育、人権教育、国際理解教育などの教育領域の連携がめざされている。日教組は各学校で総合的学習の時間が始まるのを受けて、開発教育のアプローチを含んだ平和教育のガイドブックの『これが平和学習だ』を発行した。(5) 教育委員会が平和教育の手引きを発行するのは珍しく、大阪府教育委員会は人権教育の視点を取り入れた「平和教育に関する事例集」(〇三年)を作成し発行した。今後こうした広義の平和教育実践の試みが続いていくものと思われる。

3　平和教育の実践状況と子どもの平和意識

平和教育実践の状況（兵庫県の事例）

学校ではどのような平和教育が具体的に行われているのであろうか。全国水準以上に平和教育を実践している兵庫県を事例として、筆者が関わった小中学校を対象とした調査（九五年）からその状況を見てゆこう。(6) 回答した一二二三校の兵庫県の小・中学校（回収率六二％）では、学校全体で何らかの形で平和教育に取り組んでいると回答した学校が半数以上（五二％）あり、回答した学校の多くで平和教育の実践が行われている。

しかし、特定の校務分掌（学校内の役割分担）を設けて平和教育を組織的に行っている学校は少ない。平和教育推進委員会の校務分掌を置いている学校は極めて少なく、平和教育担当をおいている学校も回答校全体で一五％ほどにすぎない。平和教育と名が付く校務分掌以外で平和教育を実践している学校は回答校全体の二〇％であり、同和教育、道徳、国際理解などの名称の校務分掌で平和教育を実践していると答えた。

つぎに、小・中学校で実践されている平和教育の題材をみていく。回答によれば、「広島・長崎の原爆」が最も多く八割を越え、人権教育（七八％）に続いて、「空襲による被害」（六一％）などの被害体験と、「アジアへの侵略戦争」（五五％）などの加害体験が続く。そして、クラスのいじめ（五一％）、環境の保護（五〇％）、在日外国人との共生（四四％）の題材があり、国内の地上戦である「沖縄戦」(三八%)も取りあげられている。このことから、小中学校の平和教育の題材は、過去の戦争体験の継承を行うものが大きな部分を占めているが、人権、いじめ、環境、異文化共生の題材を含んでいることがわかる。

平和教育が学校のカリキュラム編成で重視されているかの問には、回答した小・中学校の七割で、平和教育が大切にされていると答えた。平和教育を行う教科としては、社会と国語が主要な教科となっている。学校行事での平和教育実践については、映画会と修学旅行がその中心である。修学旅行の行き先(九五年時点)については、回答した小学校の二六%が広島に行き、中学校では四三%が長崎に行っており、修学旅行を通じて平和教育を行っていることがわかる。九〇年代後半からは、中学校で沖縄に修学旅行に行く学校が増えている。

平和教育の題材の変化

平和教育で扱われる題材や、平和教育実践は政治状況の変化や政治的規制を受けやすい。平和教育の題材の中には、日本の特定の政治状況下で「偏向」と批判されたり、「偏向」とされた題材が扱われなくなったり、後に「偏向」と見なされなくなる場合がある。日本の平和教育で扱われた題材の変化について、次の四つの時系列的なケースをみていこう。

まず、政治的論争題が扱われなくなるケース。自衛隊や日米安保に反対する平和教育は、一九五〇年代に大きな政治問題となり、日教組対策の目的も込められ、それを中止させる政治的規制は非常に強いものであった。ソ連の崩壊とともに対米協調の政策が一般化し、九〇年代には国内での防衛政策に対する主な対立点が解消された。現在では、自衛隊や日米安保の存続を、批判の対象として平和教育で否定的に取り扱うことはほとんどない。

次に、政治的論争題が偏向した内容とみなされなくなるケース。米ソの冷戦構造の下で核軍拡競争が進み、反核平和運動が全国に広がった。日米安保で米軍の核の傘に入っている状況下で、自民党による「核アレルギー」解消論が六七年頃に盛んに議論された。その一方で六七年に非核三原則が表明された。しかし、日常の教育活動の中で平和の学習を行い、原爆を「とりたてて」教育の中心としないとの文部省の方針があった。広島と長崎の平和記念式典に首相が参列するのが恒例となり、被爆体験継承の重要性が国レベルでも確認された。その結果、広島・長崎への修学旅行が次第に問題視されなくなり、それに対する規制がほとんどなくなった。

三つめに、時事的な論争題なので、時間が過ぎれば扱われなくなるケース。湾岸戦争時（一九九一年）において、その時の日本の外交政策である多国籍軍側への資金協力を教室で批判させまいとする規制が一部の県であった。湾岸戦争終了後は世間の注目を集めず、学校でも平和教育の題材として取りあげられなくなった。二〇〇四年では湾岸戦争に代わって、イラク戦争と自衛隊のイラク派遣が時事的な論争題である。

四つめに、日本人のナショナリズムに関わる論争題なので、保守とリベラルの両勢力から絶えず政治的規制を受け議論され続けるケース。日本による戦争加害を教科書に記載することに対し、保守的ナショナリズムを志向する側から教科書検定を通じて記述を減らすよう規制が加えられる。八〇年代前半に日本が過去の侵略戦争・植民地化を正当化することに対して、近隣アジア諸国から批判が強まり外交問題となる。九〇年代前半に文部省の検定を受けた教科書で、侵略・加害の記述が増加する。九〇年代後半に戦争加害体験の継承が自虐的と批判される。二〇〇一年の検定教科書における侵略・加害の記述が減少する。現在も、戦争加害の教育は「偏向」（あるいは「自虐的」）であるとの批判を受けている。

子どもの平和意識

マスメディアによる戦争体験継承や学校での平和教育により、子ども達にどのような平和意識が形成されているのだろうか。平和意識とは平和問題に関する人々の意識であり、社会意識としての性質を持つ。平和意識は、平和に関する興味・関心、知識、認識、意見、貢献意欲などを総合したものであるといえよう。調査で明らかにされる平和意識は、戦争に関する「狭義の平和意識」から、戦争についてだけでなく、幅広い平和問題に関する「広義の平和意識」まである。

戦後の日本は戦争をしない平和な社会状況が長く続いており、日本国民の反戦平和意識は強い。それに対応して子ども達の平和意識も高くなっている。筆者による中学二年生（約千百人）に対する調査では、日本は今後どのような戦争も行うべきではないと考える中学生の割合が八割と高い。また、国を守るよい戦争（正義の戦争）があるという意見について反対する中学生の割合も高い（賛成一四%、反対五七%、どちらともいえない二九%）[7]。

朝日中学生新聞の調査（全国の二千人以上の中学生に対する調査）では、中学生達は、もし戦争が起こったときに「反対する」を選択する生徒が多く（三割）、一方で日本は今軍備が必要と答

図表10—1　被爆状況について各メディアから聞いた割合（広島県の小中学生）

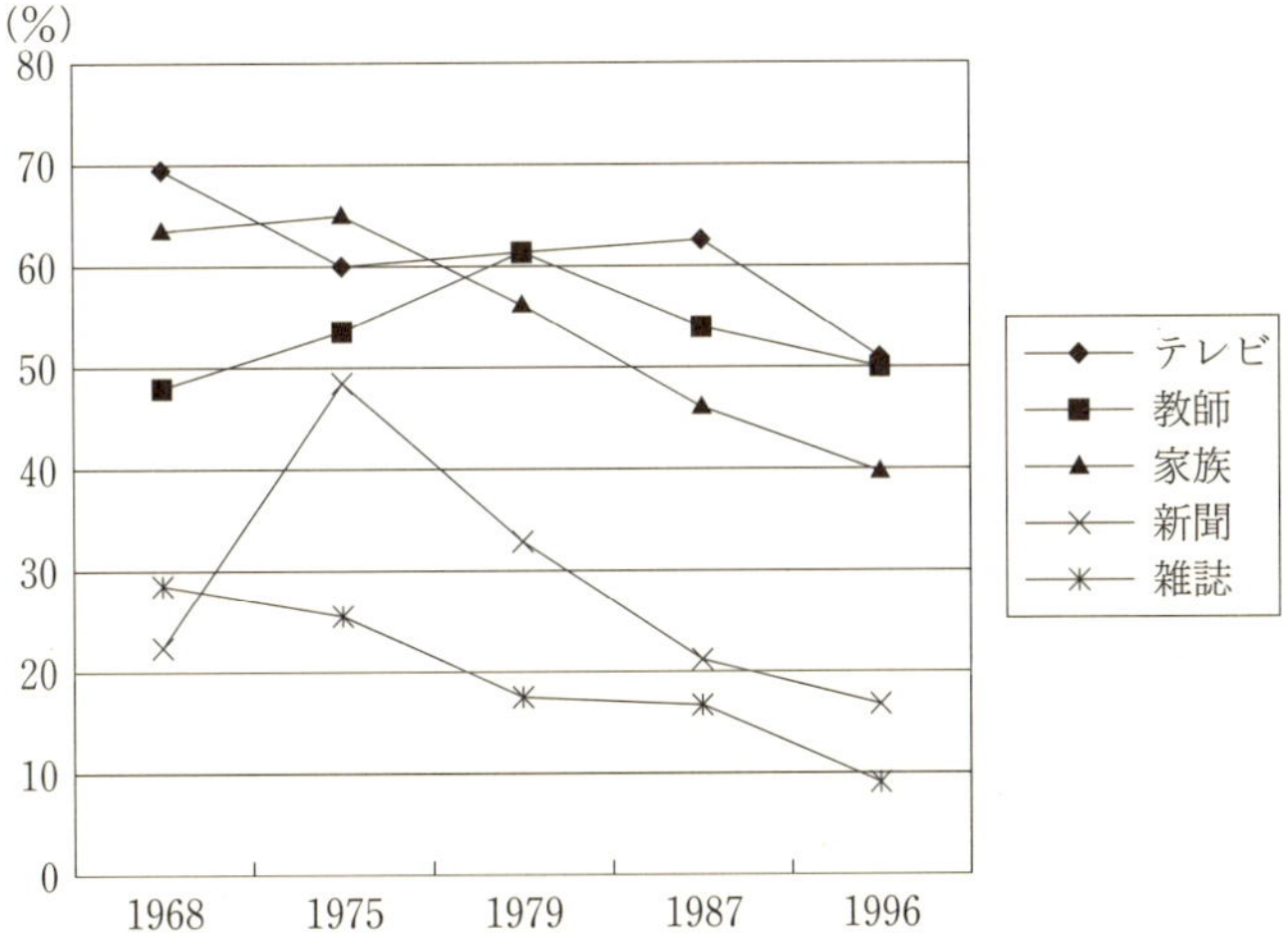

える生徒が四割強いる。中学生達は過去の戦争体験の集合的記憶を持っているが、第二次大戦で被害が最も大きい国が「日本」と誤って認識している中学生が回答者の七割もいることからも、戦争についての学習の多くは日本の被害体験の継承が中心となっていることがわかる。[8]

広島県の小中学生に対する平和教育調査には、「原爆を投下された様子を誰に聞いたか」の質問がある。この設問では、原子爆弾が落とされたときの様子を見たり聞いたりしたメディア（媒体）について聞いている。一九六八年調査から九六年調査までについて、各メディアから聞いた割合の変化を示したのが図表10—1である。[9]

九六年調査ではいずれのメディアからの見聞も低下している。その理由としては、戦争体験者の高齢化と死亡により、各家庭において戦争体験を聞く機会が減少している。日本の戦争が半世紀以上も昔のことになり、戦争体験の集合的記憶が薄れ、各メディアによる過去の戦争への関心や継承活動が低下している。被爆都市広島市を有する広島県においてさえ、小中学生達がマスメディアから被爆状況を見聞する割合が低下しており、テレビ・新聞・雑誌などのマスメディアによる戦争体験継承活動が停滞し始めている。

つぎに、子どもの成長発達に対応した平和意識の発展をみていこう。子どもが小学生から中学生へと成長するに応じて、平和問題について学校で学習したり、日常生活で見聞することが増えていく。子どもは、学年が進むにつれて、平和問題（特に歴史的事項）についての知識の量が増え、その知識もより正確になってくる。ただし、小学生から中学生への成長期に、広島・長崎への原爆投下を怒る正義感や、被爆者などの戦争犠牲者に対する共感的理解が増えているとはいえない。特に戦後半世紀が経過した九六年調査でそれらの低下傾向が著しい。数値を見ると、八七年調査と比べて九六年調査では、原爆を投下されたことについて「人道上許せない」との回答は一五ポイント低下し、被爆当時の様子やその後の被爆者の苦しみについて「自分が体験したのではないから実感にならない」との回答が九ポイント増えている。

大人では、男性より女性の方が戦争や軍隊を好まない傾向があり、より平和主義的で戦争忌避的な意識を持つ傾向がある。朝日中学生新聞調査や筆者の調査では、中学生の女子と男子の間に、平和意識調査のほとんどの回答項目で、顕著な違いが現れていた。例えば、九九年朝日中学生新聞調査では、もし戦争になったら反対すると回答した生徒は女子の方が一二ポイント高く、自分自身が平和のために何かしたいと答えた生徒は女子の方が一七ポイント高い。中学生の段階で平和志向的な性向が女子中学生にあることが確認され、女性の方が「平和的」という定説に沿う調査結果となっている。

大学での平和学開講数

大学では小中学校とは異なった平和教育が行われている。それは戦争体験継承を中心とした平和教育ではなく、学問としての平和学を学生達に教える平和教育である。過去二〇年の間に、「平和学」講座を開設する大学が国内外で急速に広がっている[10]。

岡本三夫は大学における平和学の開設状況について、全国的な調査をしている[11]。六〇年には国内で一つしかなかった平和学関連講座（授業科目）が、八〇年には五五講座となり、八六年には一一三講座まで増加している。九六年の調査によると、開講数では一〇年前の二倍の二四三講座になっており、過去二〇年間に、大学における平和学の開設が広がったことがわかる。その理由として、岡本は、第一に平和概念の変遷とその浸透を挙げている。平和学では「積極的平和」や「構造的暴力」概念の使用により、環境や人権問題などを含めて広義の平和を考える傾向が強まり、国内外の様々な問題を平和学の課題として積極的に学問対象ととらえるようになった。

4　世界の平和教育

世界ではどのような平和教育が実践されているのであろうか。ここでは今後の平和教育の展開を探るために、一九九〇年代における平和教育の動向を把握したい。

ヨーロッパの平和教育研究

スウェーデンのビェルステッド（Åke Bjerstedt）が国際平和学会（IPRA）の平和教育部会（PEC）の六代目の事務局長（任期九一—九四年）になった。ビェルステッドによれば、九〇年までに、平和教育についての思弁的な研究や平和教育教材の出版は多くあった。しかし、平和教育を発展させる条件を経験的に詳しく研究したものが少なく、また平和教育実践を系統的に調査したものが少なかった。[12]

ビェルステッドは平和教育について実態調査、文献資料目録の作成、比較教育研究を行い、世界の平和教育の実態を明らかにしようとした。九〇年代前半に、ビェルステッドの調査報告や研究資料などを中心にして、世界の平和教育の動向が日本に紹介された。また、世界各国の平和教育の展開と、それを規定する社会的要因との関係が構造機能主義的に考察された。[13]

ビェルステッドによる平和教育研究の理論枠組み（研究領域図）が図表10—2である。[14]表では、暴力を人の領域と生物の領域の二つに分け、さらに暴力を「物理的暴力」「経済的・政治的（構

図表 10―2　暴力の形態とそれに関連する平和教育領域

暴力の形態	人の領域			生物の領域
	物理的暴力	経済的・政治的（構造的）暴力	心理的暴力	生態学的暴力
関連する平和教育領域	軍縮教育 紛争解決とコミュニケーションスキルの訓練	開発教育 人権教育	多文化教育	環境教育 消費者教育
	エンパワメント教育（能力感を広げる） 世界市民責任教育　（責任感を広げる）			

出典：Bjerstedt, Åke 1990, *Peace Education Miniprints*, No .6, p. 9 の図より作成した。

造的）暴力」「心理的暴力」「生態学的暴力」の四つの暴力形態に分類した。四つの暴力形態のそれぞれに対応する平和教育の領域として、「軍縮教育、紛争解決とコミュニケーションスキルの訓練」「開発教育、人権教育」「多文化教育」「環境教育、消費者教育」を示した。それらの各平和教育領域を支える教育領域として、「エンパワメント教育」と「世界市民責任教育」（education for world citizenship responsibility）の二つを挙げている。ビェルステッドの表は、広義の平和教育に含まれる各教育領域を、暴力という平和学のキィ概念から整理したものである。

ヨーロッパの平和教育の発展についていえば、八〇年代前半の第二次東西冷戦の時期に平和運動の広がりとともに、反戦教育や反核兵器教育として平和教育が広がった。そのことから、平和教育に対して平和主義的であるとか、西側陣営の一方的核軍縮をめざす平和運動を支持するので東側陣営に利する

「利敵行為」であるとか批判された。だが冷戦が終了した九〇年代に入ると、西欧でのそうした批判が少なくなっていった。理由の一つとして、平和教育が「包括的平和教育」の新しい枠組みでとらえ直されて実践されるようになったことが挙げられよう。包括的平和教育では広い内容領域を含み、さらに認知的側面（知識教授）だけでなく平和建設（peace building）、平和形成（peace making）、平和の仕事（peace work）などの行動面（態度形成）も重視されている。平和教育の教育内容と教育方法の両面で「包括的」であることがめざされているといえよう。

アメリカの平和教育

アメリカでは、七〇年代の平和教育は既存の政治体制に対して反対姿勢を示していた。それは「平和問題についての教育」であり、当時のベトナム戦争などの特定の紛争について教えるものであった。平和教育者は、人々（学習者）が運動家になり戦争に反対しデモをすることを願っており、当時はそのような状況であったという。[15] 第二次東西冷戦下の八〇年代前半には、「社会的責任のための教育者」組織が、「核教育」の名称で平和教育を推進していた。

九〇年代に入り「紛争解決」の用語がアメリカの平和教育で広く使用され、紛争解決の名称で行われる教育実践では和解の仕方を生徒に訓練している。アメリカの教師達は、紛争解決、環境教育、地球学習、多文化認識、集団の和解、暴力抑止、などの名称や言葉を用いながら、平和教育を実践しているという。[16]

リアドン（Betty A. Reardon）は「社会的責任のための教育」をさらに進めて「地球的責任の

ための教育」を提唱し、それをめざした「平和教育」を包括的に実践することを提示し、「包括的平和教育」(Comprehensive Peace Education)の概念を示した[17]。彼女の本では、平和教育は増大する世界の暴力に対抗することを教えるものとされる。包括的平和教育は、地球的社会秩序の変換をめざす「積極的平和のための教育」であり、平和建設の技術や方法の獲得のための学習を進める。それは「平和についての教育」を内容的に大きく越えたものである。リアドンは、包括的平和教育を学校教育のどの段階のどの教科でも実施しなくてはならないと主張する。リアドンは、アメリカだけでなく世界各地で平和教育セミナーを開催するなど、広く活躍している。

ハリス(Ian Harris)が九八年にPECの八代目の事務局長(任期九八―二〇〇二年)となった。彼はまた、アメリカ教育学会の平和教育SIG(Special Interest Group)の創設者の一人である。アメリカ人のハリスは、暴力事件や暴力犯罪が多いというアメリカの国内事情の影響を受け、平和教育の内容として学校で生じる暴力事件の解決を特に重視する。ハリスは、多くの人々は校内暴力を心配しており、「平和教育者達は校内暴力の火がどのように始まり、それが燃え広がらないようにするには何ができるかを問う。」そして「もし学校当局が、若者に悪影響を及ぼす暴力に適切に取り組まなければ、怒りおびえ困惑した生徒達は、暴力的な地域社会では役に立ちそうもない学校の勉強を投げ出し、学校を中退してしまう」と述べる[18]。ハリス事務局長の時期に、PECの関心事は地域や校内などの暴力とその非暴力的解決に傾斜したといえよう。

国際機関が進める平和教育

一九九九年五月にハーグで、「ハーグ平和アピール」の大会が、二一世紀の平和構築の課題と方法を明らかにするためにNGOなど多数の参加者を得て開催された。そこで「二一世紀のための平和と正義のためのハーグ・アジェンダ」が採択された[19]。この文書は、多くの市民運動組織による集中的な協議を経て作成されたものである。「ハーグ・アジェンダ」では、目的を達成するいくつかの方法が示されているが、その中で特に重要視されているのが「平和教育の地球キャンペーン」(Global Campaign for Peace Education)である。この地球キャンペーンが進める平和教育は、人権・開発・環境教育を含み、さらに人類の安全保障、軍縮問題、和解、批判的メディア認識、ジェンダー学、非暴力、国際関係などにより構成されている。平和教育の方法論としては、批判的思考を奨励し、子ども達が信念に基づいて行動できるように準備させる[20]。

二〇〇〇年が「平和の文化国際年」であり、〇一年から一〇年までが「世界の子ども達のための平和と非暴力の文化の国際一〇年」と設定されており、現在はその期間内にある。平和の文化のための教育では、平和教育があらゆる学校段階で学ばれることをめざし、教育省庁が平和教育を広げることに指導的役割を果たし、教員養成および教材作成において平和教育のために開発支援することを要請している。

ユネスコなど国際機関が進める「平和の文化」の形成や、平和教育の地球キャンペーンは、欧米における包括的平和教育の考え方に沿ったものとなっている。

九〇年代後半以降の平和教育研究

九〇年代前半に平和教育について比較教育学的な研究の蓄積が進んだ。そうした比較研究を通じて、世界の各地域や国によって、平和教育への関心や題材に違いがあることが明らかとなった。九〇年代後半には、反戦平和教育や軍縮教育は大きな関心を集めにくくなった。その一方で、非暴力的な紛争解決、異民族や異文化間の和解、平和的社会の建設などに対して、平和教育研究者達の関心が集まってきている。

注目すべき出版物としては、過去三〇年間の平和教育の動向を知る文献として、元 PEC 事務局長であったバーンズとアスペスラハが、九〇年代前半までに発表された平和教育関連論文の撰文集を編集し、九六年に出版している[21]。九八年にイスラエルのハイファ大学に平和教育研究センターが開設されており、そこのスタッフが中心となって平和教育の理論と実践についての学際的な研究が行われ、そのまとめの本が出版されている[22]。〇四年に平和教育のジャーナルが創刊された[23]。

情報技術が進展した影響で、世界の平和教育研究者達のネットワーク化も進んだ。平和教育に携わる人達も、九〇年代後半から、メーリング・リストやホームページを利用することによりインターネットでつながり、日常的に国際的な情報交流を行うことが可能となった。現在メーリング・リストなどで、集会や会議の開催案内、原稿の募集、戦争反対のアピール、平和教育関連ホームページの紹介など多種・多様な情報が配信されている。ただし、インターネットの普及状況は地域により異なり、情報アクセスにおいて地域的な偏在があり、南北間に情報格差を生じており、経済先進国中心の情報交換となっている。

5　まとめと平和教育の課題

以上の平和教育の展開について、冒頭で述べた平和教育概念の枠組みからどのようなことがいえるであろうか。まず、日本人の平和志向的な社会意識は、戦後半世紀以上にわたる学校教育やマスメディアや地域社会における戦争体験の継承を中心とした「平和についての教育」により形成されたものと考えられる。ただし、反戦平和をめざした平和教育の実践は、保守政権による再軍備・防衛力強化、そして愛国心の向上をめざす政治状況の中で、教育現場において政治的対立を起こすことが多かった。それゆえ、米軍・日米安保条約・自衛隊基地や、日本軍の戦争加害責任や、日の丸・君が代などの政治的論争題を、「平和」を教える題材として学校教育内で扱おうとすれば、学校外部からの政治的規制や教職員間の葛藤を生じて、学校内が「平和的」でなくなるという、意図と結果が異なる状況を生み出してきた。戦争体験継承を中心とした平和教育は、過去の戦争体験の集合的記憶を日本人の集団意識の中に、活性化した状態で保存し続けることであったが、九〇年代以降マスメディアや家庭で子ども達が見聞する戦争体験の情報量は減少しつつあり、戦争体験の「再風化」が進行している。

平和教育概念については、国内的にも国際的にも平和教育の概念を広い意味で捉えるようになり、「平和についての教育」から、より広い平和教育の概念を含んだとらえ方に転換している。

欧米では平和学による構造的暴力概念や積極的平和の考え方から、平和教育の内容に環境、開発、共生、ジェンダーなどの多様な問題を視野に入れた「包括的平和教育」の概念が広く使用されるようになっている。日本においても平和教育を人権教育や開発教育や国際理解教育と関係させて幅広く実践していこうとする動きがある。

教育方法については、国内的には行き過ぎた管理教育への反省があり、また学校現場で次第に人権教育が普及していく中で、八〇年代以降いじめ事件や不登校児童・生徒の急増への対策として、一人一人の子どもの存在を大切にする教育がめざされている。学力観においても子どもに形成すべき学力が問い直され、個々の子どもの興味・関心・意欲を評価しようとしている。その点から言えば、日本でも「平和を大切にする教育」が広がっているといえよう。

社会状況として、日本は戦後参戦することもなく平和で民主的で経済的に豊かな社会を享受しており、積極的平和な状況にあるといえる。中学生の多くは「積極的平和」の視点から、国内外の状況を平和的でないと考えるものが増えている。そう考える中学生の中には、平和のために何かしたいと思う生徒も多く、平和教育において、平和な社会に向けた参加方法やスキルを学習することを、子どもたちは求めているといえよう。

以上のような平和教育の展開を押さえた上で、これからの日本の平和教育にはつぎのような課題がある事を指摘しておきたい。包括的平和教育の概念が広がったことは、平和教育がこれから発展する可能性を示すが、一方で戦争を教える比重が小さい平和教育実践が世界では多くなっている。国内において戦争体験が再風化する中で、過去の戦争被害を伝えて戦争に反対する態度を形成する日本的平和教育の手法が、どの程度世界で通用するのか。しかし、戦争と武力行使に反対する日本的平和教育を世界に発信することは、テロと報復攻撃の連鎖が止まらない二〇〇一年以降の世界情勢の中で、戦争放棄の理想を掲げる日本が果たすべき重要な課題である。

平和教育は平和の理想をめざして政治的社会化を行うものであり、その意味で政治との関わりを避けることはできない。ただし、平和教育は教化ではないので、平和問題に対する子どもたちの自主的判断を育てるものでなくてはならない。平和教育実践において、教育方法の工夫と教材のバランスをとることが課題となる。学校現場での平和教育実践に対して政治的規制が働くことがあり、学校教師はあるべき平和の社会をイメージしながら、論争的な平和問題の扱い方を実践力として身につける必要がある。

平和教育は平和的な社会の形成に向けた政治的態度を形成することが重要な目的であり、形成のプロセスを実証的に明らかにし、同時に平和教育の効果を評価しなくてはならない。こうした課題に応えるためにも、平和教育について社会科学的研究を進めて知見を増やし、平和学の一分野としての平和教育学を成立させる必要があるといえよう。

注

(1) 理念型とは、現実には分散的に存在している諸特徴を取り出し、それらを理想的極限にまで想像上で高めた上で、相互に矛盾のない理想像にまで結合したものである。

(2) 堀江宗生「平和教育学をめざして——その系譜・課題・方法」平和研究五号(一九八〇年)一六〇頁。

堀江が平和教育学の概念を提示してから二〇年以上が経過しているので、平和教育の研究の蓄積も進んでおり、平和教育学を成立させることが望まれる。

(3) 中野光「両大戦間期における日本の平和教育」教育学研究五八巻一号(一九九一年)七九頁。

(4) 「学校における平和教育のあり方について――神奈川県平和教育懇話会のまとめ」(一九八七年五月)は、平和学からの影響を受けて、積極的平和をめざす平和教育概念に基づいた平和教育のあり方を考えている。

(5) 日教組平和学習冊子編集委員会編『総合学習の時間に生かす。これが平和学習だ』(アドバンテージサーバー、二〇〇一年)。

(6) 『「平和教育実態調査一九九五」の報告』子どもと教育(兵庫教育文化研究所)九二号(一九九六年)。

(7) 東京、京都、広島、沖縄の中学二年生に対して一九九七年に行った調査の結果から。村上登司文『平和博物館による戦争体験の継承とこれからの役割』(京都教育大学教育社会学研究室、一九九八年)。

(8) 朝日中学生新聞、一九八七年から二〇〇〇年にかけて毎年八月に掲載された中学生に対する平和意識アンケートから。

(9) 調査対象者数は調査年によって異なり、広島県下の小中学生の約二千人から七千人まで。出典は、広島県教職員組合、広島県原爆被爆教師の会編『未来を語りつづけて』(労働旬報社、一九六九年)。「平和教育アンケートのまとめ」広島教育五一七号(一九九六年)。

(10) 日本国内については、「平和学が学べる主な大学」『AERA Mook 平和学がわかる』(朝日新聞社、二〇〇二年)。平和学や紛争解決について学べる四〇〇あまりの世界各国の大学などの研究機関については、*Grobal Directory of Peace Studies and Conflict Resolution Programs*, 2000 Edition, COPRED, USA.

(11) 岡本三夫「日本の大学における平和学関連の第二次実態調査」広島平和科学二〇号（一九九七年）。
(12) Bjerstedt, Åke 1990, "Towards a Rationale and a Didactics of Peace Education : Progress Notes (1990) on the Project 'Preparedness for Peace' in Sweden", *Peace Education Miniprints*, No. 6, p. 4.
(13) 村上登司文「平和教育の世界的動向——ＰＥＣによる資料を中心として」平和研究一九号（一九九五年）。
(14) Bjerstedt, Åke, 1990, pp. 5-9.
(15) *Peace Building*, Vol. 2, Issue 4, 2000.1, p. 19.
(16) Harris, Ian, "Peace Education in a Postmodern World", *Peace Building*, Issue No. 1, 1995, p. 25.
(17) Reardon, Betty A., *Comprehensive Peace Education : Educating for Global Responsibility*, Teachers College, Columbia University, 1988, p. 74.
(18) *Peace Building*, Vol. 2, Issue 1, 1998.8, p. 2.
(19) Hague Appeal for Peace 1998, *The Hague Agenda for Peace and Justice for the 21st Century*.
(20) つぎのパンフレットから。Hague Appeal for Peace, *Global Campaign for Peace Education*.
(21) Burns, R. J. & Aspeslagh, R. eds., *Three Decades of Peace Education Around the World : Anthology*, Garland Publishing, Inc. New York and London, 1996.
(22) Salomon, Gavriel & Nevo, Baruch eds., *Peace Education : The Concept, Principles, and Practrices Around the World*, 2002.
(23) *Journal of Peace Education*, Vol. 1, No. 1, Taylor & Fraucis, 2004.

執筆者紹介（執筆順、*印は、編者）

*藤原《ふじわら》　修《おさむ》　東京経済大学現代法学部助教授　序論　Ⅲ—第8章

一九五九年生まれ、東京大学法学部卒、同助手、明治学院国際平和研究所特別所員などを経て現職。専攻：国際政治学、平和学。主な研究分野：平和運動史、日本の平和・安全保障問題。主な著書・論文：『原水爆禁止運動の成立』（明治学院国際平和研究所）、「沖縄米軍基地問題の政治過程」現代法学創刊号（東京経済大学）。

武者小路《むしゃこうじ》公秀《きんひで》　大阪経済法科大学アジア太平洋研究センター所長　Ⅰ—第1章

一九二九年生まれ、学習院大学政経学部卒、学習院大学法学部教授、上智大学外国語学部教授　国際連合大学副学長、明治学院大学国際学部教授、中部大学国際関係学部教授などを経て現職。主な専攻：国際政治学、平和学。主な研究分野：国際政治経済学、人権問題、人間安全保障。主な著書：『人間安全保障論序説——グローバル・ファシズムに抗して』（国際書院）、『転換期の国際政治』（岩波新書）、『国連改革と地球民主主義』（編著、柏書房）。

板垣《いたがき》　雄三《ゆうぞう》　東京大学名誉教授、東京経済大学名誉教授　Ⅰ—第2章

一九三一年生まれ。東京大学文学部西洋史学科卒、東京大学教養学部・東洋文化研究所教授、東京経済大学コミュニケーション学部教授などを経て現在にいたる。専攻：中東・イスラーム研究。主な著書：『イスラーム誤認』（岩波書店）、『歴史の現在と地域学』（岩波書店）、『「対テロ戦争」とイスラム世界』（編著、岩波新書）、『石の叫びに耳を澄ます』（平凡社）。

油井《ゆい》大三郎《だいさぶろう》　東京大学大学院総合文化研究科附属アメリカ太平洋地域研究センター教授　I―第3章

一九四五年生まれ、東京大学大学院社会学研究科博士課程単位取得退学、社会学博士。明治大学、一橋大学を経て現職。専攻：米国現代史、世界現代史。主な著書：『戦後世界秩序の形成』（東京大学出版会）、『未完の占領改革』（東京大学出版会）、『日米・戦争観の相克』（岩波書店）、『浸透するアメリカ、拒まれるアメリカ』（編著、東京大学出版会）。

＊岡本《おかもと》　三夫《みつお》　広島修道大学名誉教授　II―第4章

独ハイデルベルク大哲学部博士候補生中退（一九六八年）、京都大博士（文学）、四国学院大学講師・助教授・教授を経て現職。専攻：平和学、政治思想史。主な研究分野：核抑止論、被爆者の人権、平和教育。主な著書：『平和学を創る――構想・歴史・課題』（広島平和文化センター）、『平和学――その軌跡と展開』（法律文化社）。第一九期日本学術会議会員。

萩原《はぎわら》　能久《よしひさ》　慶應義塾大学法学部教授　II―第5章

一九五六年生まれ、慶應義塾大学法学部卒、同大学大学院法学研究科修士、博士課程修了。専攻：政治学、政治哲学。主な研究関心：二〇世紀の全体主義の経験の後で政治哲学はまだ可能か。主な著書・論文：『批判的合理主義　第二巻』（共著、未來社）、『批判と挑戦』（共著、未來社）、「ラビリンス・ワールドの政治学」法学セミナー一九九五・四～九六・四。

森《もり》　玲子《れいこ》　広島大学教員　II―第6章

広島大学政経学部卒、カリフォルニア州立大学大学院修士課程修了（一九八九年）、広島大学平和科学研究センター客員研究員などを経て現職。専攻：社会学、ジェンダー論、平和学。主な著書・論文：『女性学教育の挑戦――理論と実践』（共著、明石書店）、「留学生教育における平和の視点」広島平和科学二五号。

鈴木《すずき》　規夫《のりお》　愛知大学大学院国際コミュニケーション研究科教授　Ⅱ—第7章

一九五七年生まれ、成蹊大学大学院法学政治学研究科博士課程後期修了。博士（政治学）。日本学術振興会特別研究員などを経て現職。専攻：政治哲学、国際政治学。主な研究分野：イスラーム政治哲学、政治と宗教をめぐるモダニティの諸問題。主な著書・論文：『日本人にとってイスラームとは何か』（筑摩書房）、「現代イスラームにおける内戦」年報政治学（二〇〇一年）。

鈴木《すずき》達治郎《たつじろう》　（財）電力中央研究所上席研究員、（財）日本エネルギー経済研究所研究理事、東京大学大学院COE特任教授（兼務）　Ⅲ—第9章

一九五一年生まれ、東京大学工学部・米国マサチューセッツ工科大（MIT）修士卒、工学博士。（株）ボストン・コンサルティング・グループ、MITエネルギー環境政策研究センターなどを経て一九九六年より現職。専攻：技術政策論。主な共著書：『どうする日本の原子力』（日刊工業）、『工学は何をめざすのか』（東京大学出版会）。

村上《むらかみ》登司文《としふみ》　京都教育大学教授　Ⅲ—第10章

一九五五年生まれ、広島大学大学院教育学研究科博士課程前期修了、英国ブラッドフォード大学平和学MA、広島大学博士（教育学）、鹿児島女子短期大学講師などを経て、現職。専攻：教育社会学、平和教育学。主な研究分野：平和教育の社会学的研究、平和教育の方法論。主な著書・論文：“A Comparison of Peace Education in Britain and Japan”, *Peace Research* 24-4, 1992 (Brandon University, Canada).「平和博物館と軍事博物館の比較」広島平和科学二五号。

グローバル時代の平和学 第1巻

2004年7月10日　初版第1刷発行
2006年6月30日　初版第2刷発行

いま平和とは何か
―平和学の理論と実践―

編　者　藤《ふじ》原《わら》　修《おさむ》
　　　　岡《おか》本《もと》三《みつ》夫《お》

発行者　岡村　勉

発行所　株式会社 法律文化社

〒603-8053　京都市北区上賀茂岩ケ垣内町71
電話 075(791)7131　FAX 075(721)8400
URL:http://www.hou-bun.co.jp/

印刷：㈱太洋社／製本：藤沢製本所
装幀　白沢　正
ISBN4-589-02760-7